부교역자
사역스쿨

이 책을 주님의 사랑하는 동역자

_______________ 님께 드립니다.

부교역자 사역스쿨

오정호

국제제자훈련원

목차

서문

바로 "그 사람"이고 싶습니다

필자는 현재 섬기고 있는 새로남교회에 부임한 첫 주에 교우들과 함께 나눈 기도제목을 지금도 가슴 깊이 새기고 있다. 그 기도제목은 "하나님의 마음에 합한 사역자가 되기를 원한다"는 것이었는데, 30년의 세월이 흐른 지금도 그 마음에는 변함이 없다. 주님이 찾으시고 사용하시는 사람으로 발견되어 후회 없이 쓰임 받기를 원한다. 사역자로 부름 받은 이들이라면, 그 누구인들 이런 마음이 없을까?

그런데 현실은 녹록하지 못한 것 같다. 요즘 주위에는 목회가 이전보다 더 어렵다고 토로하는 이들이 점점 늘어나고 있다. 그러나 우리 모두가 경험하듯, 사역의 문제는 사역자의 문제이며 목회 현장의 어떠함은 목회자로부터 출발한다. 부름 받은 사역자는 양 떼를 소중히 여기는 마음을 통해 진실로 회중이 잘 되기를 원한다. 여기에서 '잘 된다'는 의미는 하나님께 쓰임 받되 후회함이 없이 쓰임 받는 것을 말한다.

필자는 이 작은 책자가 복음 사역에 뛰어든 모든 사역자에게 한 모금의 시원한 생수로 드려지기를 바란다. 그렇기에 이 책이 동역자들의 손에서 펼쳐질 때마다 필자의 그런 마음이 전해지기를 진심으로 소원해 본다.

또한 일전에 주님께 쓰임 받기를 소원하며 주님 앞에 내려놓았던 마음의 한 자락을 펼쳐낸 시로 본서의 서문을 대신하기를 원한다. 하나님께서 찾으시는 바로 "그 사람"이 되고 싶은 마음을 담아본다.

은혜로우신 주님이 모든 동역자의 사역 현장에 생기를 충만케 하시기를 간구한다. 특히 본서는 목회 전선에 본격적으로 배치될 총신대학교 신학대학원 학우들을 염두에 두고 기본 강의의 줄거리를 세운 것이기에, 많은 부분이 새롭게 보완되어야 함을 미리 밝혀둔다. 아울러 본서의 내용에 대한 생산적인 비판과 조언 그리고 보완해야 할 점에 대한 의견을 언제든지 환영한다는 점을 밝힌다ojh524@hanmail.net.

한 사람을 찾습니다

한 사람을 찾습니다
땅에 발을 딛고 서 있지만
그 영혼은 하늘 주목하는 자를 찾습니다

한 사람을 찾습니다
몸을 입고 있지만
세속에 물들지 않고
영혼의 무게에 관심 가진 자를 찾습니다

한 사람을 찾습니다
날마다 기적을 체험하지 못하지만
평범한 일상 가운데
하나님의 함께 하심을 믿음으로 고백하는 자를 찾습니다

한 사람을 찾습니다
한 알의 밀알
한 줌의 소금
한 줄기 빛 되어
주님의 은혜 세상에 옮겨 놓는 자를 찾습니다

한 사람 되기를 원합니다
성인의 반열
위인의 전당
영웅의 대열에 오르지 못하나
내 모습 이대로 사랑의 주님께 발견되기 소원합니다

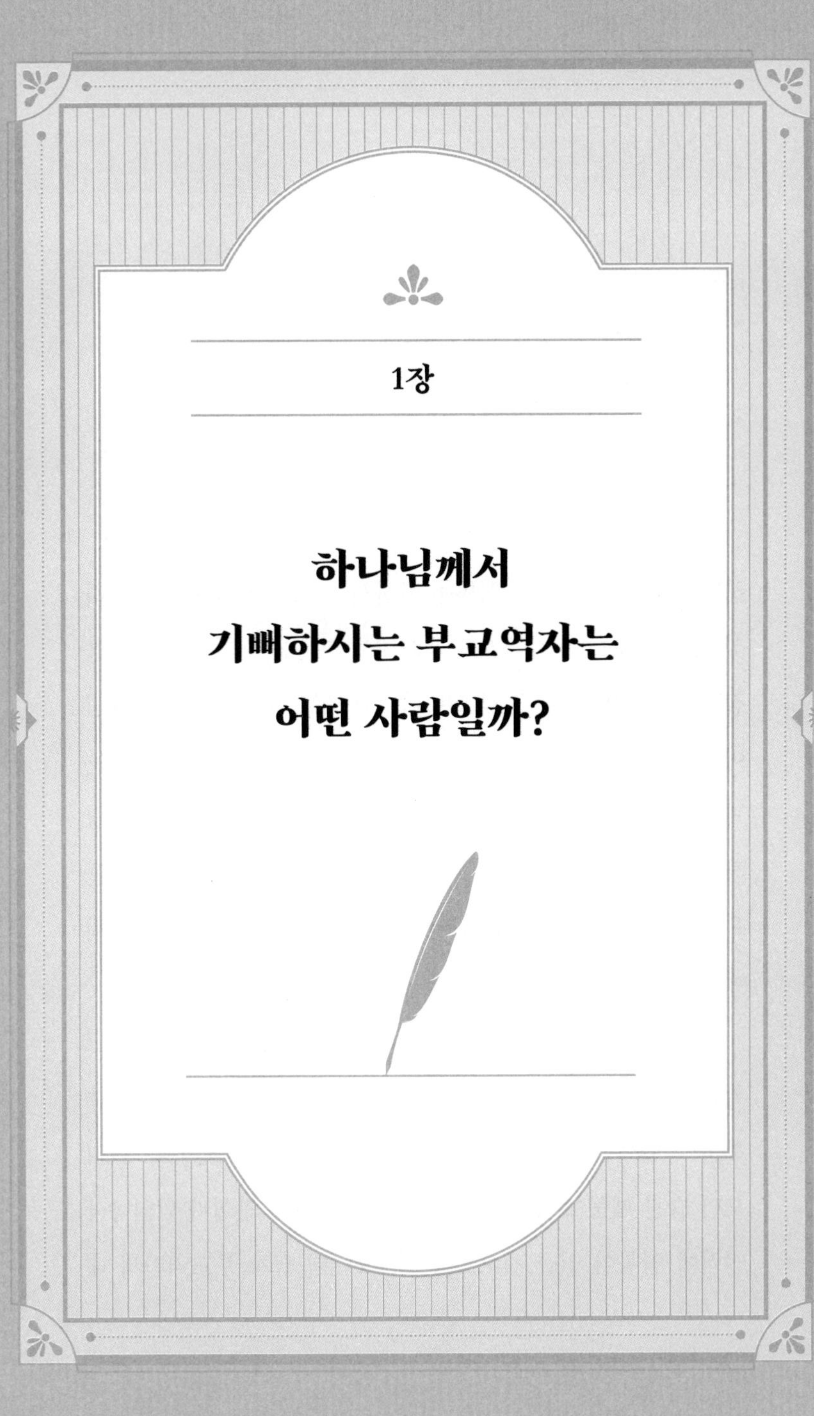

1장

하나님께서 기뻐하시는 부교역자는 어떤 사람일까?

하나님께서 이 땅에 교회를 허락하시고 또한 사역자를 허락하셨다. 한국교회가 지금까지 계속해서 복음을 전파하며 부흥을 감당할 수 있었던 것은 각 교단마다 신학교 운영을 통해 사명감이 투철한 사역자를 배출했기 때문이다. 그리하여 한국교회는 과거보다 더 조직화, 체계화된 모습을 갖추고 목양 사역을 담당하게 되었다. 이러한 과정 가운데 신학교에서 배출된 사역자들은 독립적인 사역 이전에 인턴십 사역을 담당하게 되면서 교회에는 담임목사와 부교역자라는 사역자 그룹이 형성되었다.

부교역자 그룹은 목회 사역에 절대적인 동반자이지만 그 역할이나 성격에 관한 규명자료와 연구는 그리 많지 않다. 대부분 독립적인 목회 리더십을 갖기 이전의 한 과정으로 여겨오던 습관 때문에, 인턴십 사역자로서의 자기 인식과 담임목사 인식에 영향이 있을 것으로 본다. 그런데 점차 부교역자에 대한 자기 인식과 교회 안 인식이 달라지고 있다. 과거에 단순한 인턴십 개념으로써 잠시 거쳐 가는 사역으로 인식해 왔다면 최근에는 사역의 협력자, 동반자로서의 인식이 확대되며 부교역자들이 교회에서 전문 사역자로서 자리매김하는 변화도 일어나고 있다.

필자는 오래전부터 부교역자의 리더십 계발과 목회훈련에 대해 깊은 관심을 가지고 있었다. 왜냐하면 복음의 다음세대가 이들의 손에 달려 있기 때문이다. 이들이 어떻게 훈련받고 어떤 리더십을 배우느냐에 따라서 한국교회의 미래는 달라질 것이다. 부교역자의 리더십 계발은 한국교회의 미래와 직결된다.

또한 부교역자는 미래 한국교회의 주역인 동시에 현재 현장에서 사역을 담당하는 사역자다. 이들의 소명의식과 목회 리더십의 영향력은 곧바로 영혼 구원과 성도들을 견고한 그리스도의 사람으로 세워가는 일에 직접적인 영향을 주게 된다. 그렇기에 부교역자의 리더십이 계발된다면 개교회의 모습도 많이 달라질 것이다.

현재 한국교회는 목회 1세대가 물러나고 2세대, 3세대로 세대교체를 하고 있다. 한국교회의 미래는 올바른 목회 리더십 계승에 있다고 해도 과언이 아닐 것이다. 다음세대에 복음이 바르게 전해지기 위해서는 부교역자들이 건강한 목회 리더십을 배워 발전 계승하게 해야 한다.

부교역자들이 배워야 할 목회는 신학교에서 가르치는 것

이상이다. 신학은 목회의 중요한 기초를 만들어주지만 신학을 배운 자체가 목회를 의미하진 않는다. 신학교에서 배운 지식이 원론적인 내용이라면, 목회는 그것을 요리하며 현장에 적용하는 과정이다. 많은 시행착오가 있을 수 있으며, 원리와 더불어 방법적인 기술도 필요하다.

부교역자는 누구인가

먼저 부교역자란 누구인가에 대한 개념적인 정의부터 내리고자 한다. 부교역자라는 말은 익숙하게 사용되고 있지만 우리 교단대한예수교장로회 합동총회 헌법에는 그 용어가 나오지 않는다. 다만 부목사에 관한 설명을 통해 부교역자의 역할이 무엇인지에 대해 나름 이해할 수 있는데, "부목사는 위임목사를 보좌하는 임시목사니 당회의 결의로 청빙하되 계속 시무하게 하려면 매년 당회장이 노회에 청원하여 승낙을 받는다"[1]라고 되어 있다. 또한 국어사전에는 교역자教役者를 '교회의 종교 사업에 종사하는 사람, 목사, 전도사'로 규정하고 있다. 하나님의 소명에 따라 교회에서 전도와 목양 사역에 종사하는 사역자를 교역자라고 하는 것이다. 이렇듯 부교역자는 담임목사와 대비하여 사

1 ——《대한예수교장로회 (합동) 헌법》, 정치 4장 4조 3항

용되는 용어로, 우리 교단 헌법에 나타난 것처럼 위임목사를 보좌하며 위임목사의 사역을 돕는 사역자로 규정한다. 또한 부교역자는 부목사, 강도사, 남·여 전도사로 구분되어 있다.

부교역자의 리더십 계발의 필요성은 부교역자가 가진 정체성과 깊은 연관이 있다. 계속해서 깊이 다루게 되겠지만, 먼저 부교역자는 하나님 앞에서 부르심을 받은 사역자다. 이것은 담임목사와 아무런 차이가 없는 사명자로서의 소명의식에 관한 부분이다. 부교역자 역시 하나님 앞에서 부르심을 받은, 담임목사와 동일한 사역자라는 것을 인식해야 한다.

그리고 두 번째로 생각해야 할 점은 담임목사와의 관계 속에서 부교역자의 역할과 정체성을 인식해야 한다. 부교역자는 담임목사와 동일한 사역자로 부르심을 받았지만, 많은 경우 부교역자이기에 담임목사보다 소명의식이나 사명감이 약화되어 하나님 앞에서 부르심을 받은 사람이 아닌 고용인으로서 사역하는 태도를 갖는 경우가 있다. 부교역자이기 전에 하나님의 부르심을 받은 사명자로서의 정체성에 관한 결단이 필요하다.

또한 다음세대를 이끌어 갈 차세대 리더로서의 목회 리더십 계발이 요구된다. 군에서도 장군을 길러내기 위하여 전통 있는 사관학교를 졸업한 후에 일정한 야전과정을 거치게 한다. 이처럼 올바른 목회 리더의 한 사람으로 성장하기 위해서는 반드시 리더십 계발이 필요하다.

한편, 부교역자의 목회 리더십 계발은 크게 세 가지 관점에서 볼 수 있다. 첫 번째는 하나님과의 관계에서 계발이다. 이것은 소명과 사역에 대한 분명한 이해에서 출발한다. 두 번째는 능력과 성품에 해당되는 자기 계발 영역이다. 마지막으로 중요한 세 번째는 담임목사와 동역의 관계를 통해 얻게 되는 리더십 계발이다.

부교역자인 디모데에 대한 바울의 당부

성경에서 담임목회자와 부교역자의 관계를 형성하는 모델은 모세와 여호수아, 엘리야와 엘리사, 바울과 디모데 등이 있다. 특히 바울은 목회서신을 통해 디모데에게 목회 방법을 직접 전수하며 부교역자 교육을 실시했다. 지금 이 시대에 적합한 부교역자 모델을 찾아 살펴보자면 디모데를 들 수 있기에 여기서는 이들을 통해 부교역자 리더십 계발에 대해 살펴보고자 한다.

디모데는 바울에게 믿음의 참 아들로 불릴 만큼 신실한 동역자이자 사역 후계자였다딤전 1:2. 그는 루스드라에 거한 이방인으로 바울의 1차 전도여행 때 루스드라에서 예수님을 영접하고 그리스도의 사람이 되었으며행 14:6-23, 2차 전도여행 때는 바울의 동역자로 부름을 받게 되었다행 16:3. 아버지는 헬라인, 어머니는 유대인인 그는 어려서부터 외가를 통해 하나님의 말씀을 배우게 되었는데, 바울은 그의 외할머니 로이스와 어머니

유니게로부터 내려온 믿음과 신앙에 대해 칭찬했다딤후 1:5.

디모데는 아버지를 따라 할례를 받지 않았는데, 그의 할례 문제가 초대교회에 중요한 논쟁의 대상이 되자 바울이 그를 동역자로 부를 때 사역에 불편을 주지 않기 위해 할례를 행했다행 16:3. 그러나 또 다른 제자 디도에게는 할례를 행치 않음으로 할례는 구원과 무관함을 보여주었다갈 2:3. 또한 디모데는 바울의 제자로서 그의 크고 작은 일을 돌봐주는 충실한 동역자가 되었다. 바울이 방문해야 할 곳이나 중요한 일을 전하는 것을 대리로 담당하는 역할을 했고행 17:14-15 바울이 편지를 보내는 일에도 참여하게 되었다고후 1:1, 빌 1:1.

디모데는 바울에 의해 복음을 접하고 사역자의 길에 들어서게 되었고 바울의 사역을 끝까지 도운 동역자로 남았다. 그런 디모데를 향한 바울의 사랑과 관심이 디모데전·후서에 잘 표현되어 있다. 바울이 마지막 순간에 그를 찾은 것을 볼 때, 디모데는 가장 신실한 부교역자로서의 모습을 가진다.

바울은 디모데전·후서를 통해 디모데에게 목회 리더십의 계발을 권면하는데, 그에게 부탁한 리더십 계발은 크게 세 가지로 요약된다.

1) 하나님과 관계된 영성 계발

바울은 사역자로서의 디모데에게, 하나님 앞에 자신을 세워가는 경건의 훈련에 힘쓸 것을 당부한다딤전 4:7. 경건에 이르기를 계속해서 연습해야 하며 이 경건의 연습은 다른 어떤 육체적인 훈련과 연습보다 중요하고 더 영향력 있는 사역자의 기초가 됨을 가르친다딤전 4:8. 또한 경건의 훈련과 더불어 경건의 능력을 갖도록 권한다딤후 3:5. 이 경건은 다른 방법이 아닌 말씀과 기도로만 이루어지는 것이다딤전 4:5. 영적 지도자로서 하나님 앞에 바르게 서기 위해 말씀과 기도에 더욱더 전념할 것을 당부한다.

또한 바울은 디모데에게 다시 만날 때까지 말씀 읽는 것과 권하는 것과 가르치는 일에 전념하도록 권한다딤전 4:13. '전념하다'라는 말은 한 가지 일에 깊이 빠져 연구하고 몰두하는 것을 뜻한다. 바울은 시간을 정해주고 그 기간에 말씀 연구를 깊이 충실할 것을 당부한다. 영적 지도자로서 깊은 말씀 연구와 기도 기본기에 충실하여서 경건의 능력이 나타나는 하나님의 사람으로 서도록 권면한 것이다.

2) 성도들과 관계된 리더십 계발

디모데전서에서 바울은 에베소에 디모데를 두면서 그 당시 지역 교회를 어떻게 목양할 것인지에 대해 가르친다. 디모데를 위해 지도자를 세우는 일과 훈련하는 일에 많은 내용을 할애한다. 또한 교회 내 남성과 여성 리더들이 이방의 풍습을 따르지 말고 분노를 일으키지 말며, 오직 기도에 힘쓰고 말씀을 교회 질서에 따라 배울 것을 권한다2장. 뿐만 아니라 리더를 세우는 원칙과 과정에 대해 세밀히 설명하고 리더의 자격에 대하여 알려준다3장.

바울은 성도들의 연령과 상황에 맞춰 그들과 어떻게 관계를 형성해야 하는지도 가르친다. 나이가 많은 남자와 적은 남자, 나이가 많은 여자와 적은 여자로 구분하여 당시 문화를 존중하면서 그들을 가족과 같이 돌보며 영적으로 이끌 것을 권한다5장. 또한 초대교회 내의 중요한 문제로 대두됐던 과부의 구제에 대해서도 설명한다. 가능하면 교회가 아닌 가족과 친지들이 그들을 돌보게 한 후에 교회가 돌볼 것과, 과부의 명부를 만들어 참과부를 구별하여 말씀을 따라 사는 경건한 과부를 존중해줄 것을 당부한다. 젊은 과부로서 범죄 가능성이 있는 자들에게는 결혼을 권하기도 한다5장. 초대교회의 대다수 구성원이었던 노예와 상관들에게는 직장에서의 관계, 교회에서의 삶에 대해 가르친다6장. 이렇듯 디모데전서는 디모데와 성도들과의 관계 리더십 계발에 가장 많은 내용을 할애하고 있다.

3) 디모데 자신을 위한 리더십 계발

디모데가 에베소에서 사역할 때 그의 나이가 어렸던 것으로 보인다. 바울은 그가 어리더라도 사람들이 연소함을 업신여기지 못하도록 디모데에게 지도자로서의 품격과 말, 행실과 사랑, 믿음과 정절에 있어서 믿는 자의 본이 되도록 힘쓰라고 권한다딤전 4:12. 또한 영적 지도자로서 말씀훈련에 최선을 다할 것을 당부한다딤전 4:13. 이처럼 영적 지도자는 성도들 앞에서 믿음의 본을 보이는 자가 되어야 한다. 바울은 디모데의 영적인 리더십뿐만 아니라 건강관리도 당부한다딤전 5:23. 그래서 자주 생기는 위장병을 특별히 잘 관리할 수 있는 방법까지 제시한다.

바울은 디모데가 영적 지도자로서 말씀과 기도, 언어와 행실에 본이 되는 삶을 살 뿐만 아니라 그것을 계속해서 계발하고 발전시켜 그의 성숙이 모든 사람 앞에 나타나도록 하라고 한다딤전 4:15. 이 구절에서 쓰인 성숙은 개혁한글 성경에 '진보'라고 기록되어 있으며 이 단어의 원어적인 뜻은 '전진함을 통해서 얻게 된 성공', '탁월'을 의미한다. 이는 다른 사람들과 확연히 차별된 영적인 진보를 말한다.

이처럼 바울은 믿음의 아들이자 신실한 동역자이며 차세대 후계자인 디모데가 영적 리더로서 모든 사람 앞에 성숙과 변화된 모습으로 나아갈 것을 당부했다. 그리고 디모데를 향한 바울의 권면은 이 시대를 사는 부교역자들에게 시사하는 바가 크다.

담임목사 바울의 입장에서 본 디모데

부교역자는 하나님 앞에 개인적 부르심을 받은 사명자이지만, 교회 조직 안에서는 담임목사의 목회를 돕는 위치에 있다. 그렇기에 담임목사와 부교역자 위치였던 바울과 디모데를 통해 올바른 부교역자의 모습을 살펴보고자 한다. 바울은 디모데에게 목양적 기술을 훈련할 것과 사역자로서 영성과 실력을 갖출 것을 권면했다.

1) 믿고 대신 파송할 수 있는 사역자

바울은 빌립보교회에 보낸 편지에서 자신을 대신하여 디모데를 보낸다고 한다빌 2:19-30. 우리는 이를 통해 바울의 사역에서 디모데의 위치와 존재감을 확인할 수 있다.

대리인이 될 수 있으려면 지도자로부터 무한 신뢰를 받아야 한다. 그리고 신뢰는 그냥 쌓이는 것이 아니며 인격, 사역 등이 합쳐져서 결정된다. 이렇듯 부교역자는 담임목사의 대리인으로서 믿고 파송할 수 있는 사역자가 되어야 한다. 부서나 교구를 맡긴 것은 부교역자를 믿는 것이기 때문이다. 그런데 그 믿음에 신실하게 반응하는 사역자가 있는가 하면, 반대로 근심과 걱정을 불러일으키는 사역자도 있다. 그러나 부교역자는 처음부터 끝까지 전적인 신뢰를 받는 사람이 되어야 한다.

신뢰란 의지하고 굳게 믿는 것을 말한다. 이러한 신뢰는 하나님을 의지하고 굳게 믿는 데서 시작된다. 다음은 오브리 맬퍼스Aubrey Malphurs가 말한 '신뢰가 쌓이는 8가지 요소'[2]다. 이를

2 —— 오브리 맬퍼스, 《리더가 된다는 것은》(서울: 국제제자훈련원, 2008), pp. 77-96.

통해 사역 현장에서 어떻게 신뢰를 얻고 형성해 갈 것인지에 대해서 생각해 보도록 하자.

첫째, 인격을 연마해야 한다. 인격은 신뢰를 쌓는 기초가 된다. 우리가 누군가를 믿을 수 있다고 말할 때 가장 먼저 대두되는 것은 그의 인격이다. 신앙 인격과 자연 인격의 조화가 이루어져 사역자 이전에 한 자연인으로서 인격을 형성해야 한다.

둘째, 능력이 있어야 한다. 일을 잘 처리하는 능력은 따르는 사람에게 신뢰를 갖게 한다. 자신에게 맡겨진 일을 불분명하게 처리하거나 계속해서 공백이 생기면 신뢰가 떨어지기 마련이다. 반대로 맡겨진 일이 작아도 마음을 담아 최선을 다해 처리하여 사역의 전문성을 발휘하면 신뢰받게 된다. 그러므로 사역자는 자신에게 직무가 맡겨졌을 때 최선을 다해 임하는 태도를 가지고 사역의 열매를 만들어낼 수 있어야 한다.

셋째, 사역에 분명한 방향성을 제시해야 한다. 미래에 대한 명확성을 가지고 방향을 제시할 때 신뢰한다. 어디로 갈 것이고 어떤 일을 하게 될 것인지 명확히 하는 지도자를 신뢰하게 된다. 미래에 대한 꿈도 없고 사역도 갈팡질팡한다면 신뢰를 잃게 될 것이다.

넷째, 자신이 알고 있는 정보를 알려줘야 한다. 따르는 사람들은 무슨 일이 일어나고 있는지 알고 싶어 한다. 그때 투명하게 정보를 제공하여 투명한 관계로 대하면, 사람들은 신뢰하게 된다. 언제나 정직하게 임하며 투명한 사역관계를 형성해야 한다.

다섯째, 설득력을 키워야 한다. 사람을 설득할 수 있을 때 신뢰가 생긴다. 특히 설교에 설득력이 있으면 생동감, 매력, 활력이 나타난다. 메시지를 전할 때 불분명한 의사전달로 내용이 모호해지지 않도록 명확하게 그리고 분명하게 설득할 수 있어야 한다.

여섯째, 용기를 주어야 한다. 난감한 상황에서 용기를 줄 때 신뢰하게 된다. 하나님께서도 모세를 잃은 여호수아에게 용기를 주셨다. 이처럼 자신을 따르는 자들에게 용기를 주는 일은 그들로 하여금 신뢰하며 따르게 한다.

일곱째, 돌봄의 자세를 가져야 한다. 성의껏 돌보고 관심을 가지면 저절로 신뢰가 형성된다. 누구든지 관심받고 사랑받고 싶어 한다. 마음을 다하면 신뢰가 생긴다.

여덟째, 정서적 안정을 찾아야 한다. 감정에 신경 써서 건강한 정서로 신뢰를 높이는 분위기를 만들어야 한다. 정서적인 안정감이 없으면 신뢰가 떨어진다.

2) 담임목사와 뜻을 같이하는 사역자

바울은 디모데를 향해 '뜻을 같이하는 자'라고 소개한다빌 2:20. 뜻을 같이하는 자가 그밖에 없다는 말은 담임목사로서 부교역자에 대한 최고의 찬사일 것이다.

담임목사와 뜻을 같이하는 부교역자의 모습은 사역의 충

성도를 통해서 잘 나타난다. 그가 얼마나 담임목사의 사역에 동참하고 뜻을 같이하는지가 그 기준이 되는 것이다. 대기업의 경우에도 사원을 뽑을 땐 학벌을 보지만 그를 키울 땐 충성도를 본다. 그래서 대기업 임원의 10퍼센트는 충성파로 구성된다. 또한 한 대기업 임원의 절반은 비서실 출신이고 한 대형 신문사는 반드시 비서실을 거쳐야 편집국장이나 사장이 될 수 있다고 한다. 조직의 중요한 부분을 충성스러운 사람에게 맡겨야만 조직이 계속 발전할 수 있기 때문이다.

담임목사가 교회의 중요한 일을 맡겨야 할 때가 있다면 능력 있는 사역자보다는 충성스러운 사역자를 택하게 될 것이다. 그러므로 부교역자는 뼈를 묻을 각오를 보여줘야 한다. 담임목사를 향해 날아오는 돌을 먼저 맞을 준비를 해야 한다. 그리고 신기한 것은 담임목사와 장로들과 교인들은 눈에 보이지 않아도 이 충성도를 알아본다는 것이다.

반면, 불필요한 사역자도 있다. 그들은 평론하기를 좋아하는 자다. 화려한 이력서를 갖고 있어서 함께 사역하게 되었지만, 일에 대해 불평이 많고 제대로 하지 않는다. 늘 사변적이고 사역에 대해 평론하며 담임목사의 사역을 평가하기 바쁘다. 그래서 이런 사역자들을 향한 교회의 고민은 '어떻게 내보내면 좋을까' 하는 것이다. 의외로 조직 안에는 이런 평론가가 많다.

그렇다면 이제 담임목사의 뜻에 맞는 부교역자의 특성을 살펴보도록 하자.

첫째, 맡겨진 부서와 교구를 훤히 꿰고 있는 사역자다. 이 시대는 사역의 완성도를 높일 수 있는 사역자가 아쉬운 때다. 교회의 중점 사역전도축제, 성경통독, 예배당 건축, 교육관 증축, 해외선교, 소외계층 돌아보기 등에 마음을 두는 사역자가 의외로 적은 것이 현실이다. 진돗개는 자기 영역 안에 들어온 동물을 반드시 제압한다고 하는데 그와 같이 사역자도 자신의 사역 영역에 속한 모든 것을 훤히 꿰고 있어야 한다.

둘째, 시간이 흐를수록 교우들로부터 '진국'이라고 칭찬받는 사역자다. 사역의 평가는 시간이 지날수록 나타나게 된다. 기술이나 잔재주가 없더라도 우직하게 인격과 신뢰로 사역을 감당하는 사역자는 시간이 지날수록 교회에서 칭찬을 받게 된다.

셋째, 동료들과 연합하여 시너지 효과를 창출할 줄 아는 사역자다. 더불어 조화롭게 팀워크를 이루어 사역하는공존, 공생, 상생 모습은 아름답다. 동료는 경쟁자가 아니라 함께 사역하는 동역자라는 것을 알고 실천하는 사역자는 성도들의 기쁨이 된다.

넷째, 자신의 위치와 분수를 지키는 사역자다. 오버over하는 부교역자는 흔하고 수분守分의 모습을 보여주는 사역자는 귀하다. 겸손하게 자신의 자리와 위치를 아는 지혜가 필요하다.

다섯째, 자신의 진로와 사역 현장에 대해 진솔한 대화를 나누는 사역자다. '담임목사와 소통疏通이냐, 불통不通이냐'는 사역의 판도를 가른다. 독단적인 일방적 통보는 자신과 교회에 결코 도움이 되지 않는다. 결론을 내기 전에 대화하고 반드시 '출필곡반필면出必告反必面' 해야 한다.

여섯째, 담임목사에게 날아오는 비난과 오해를 대신 맞을 수 있는 사역자다. 결정적인 순간에 부교역자는 어느 편에 설 것인지 생각해야 한다. 담임목사 목회의 불만적인 요소에 기름을 끼얹는 사역자는 많으나 폭풍의 시기를 컵 안의 물처럼 잠재우는 지혜롭고 충성된 부교역자는 생각보다 많지 않은 현실이다.

일곱째, 유행에 편승하기보다 신학적 기초가 견고하며 동시에 혁신적인 목회 현장을 추구하는 사역자다. 사역의 겉멋보다 내실을 다지는 교역자에게 신뢰가 간다. 가벼우면 오래 못 간다. 반대로 무겁기만 하면 변화가 어렵다. 말씀을 중심에 두면서 열정과 균형과 절제의 미덕을 가진 부교역자와 동역하는 기쁨을 누리고 싶어 한다.

여덟째, 목회 야망이 아닌 목회 소명이 견고한 사역자목회 소명>목회 야망다. 사역지를 목회 야망을 위한 정거장으로 여기면 안 된다. 오늘 맡겨진 자리에서 양 떼를 위해 최선을 다해야 한다. 소명이 분명한 사역자는 반드시 열매를 거둔다.

아홉째, 소나무처럼 언제나 앞뒤가 동일한 모습의 사역자다. 자신의 유익에 따라 좌고우면하지 않고 교회 앞에서 반듯한 사역자로서의 정체성을 잃지 않는 사역자가 되어야 한다.

3) 사역의 우선순위가 분명한 사역자

하나님의 일을 위해 부르심을 받았다고 자부하면서도 예수님의 일을 구하지 아니하고 자기의 일을 구하는 사역자가 의외로 많다. 자기 눈에 안 보이면 남들에게도 안 보인다고 착각하는 것이다. 부교역자로서 사역의 우선순위가 불분명하게 보이는 경우를 살펴보면 다음과 같다.

① 컴퓨터에 빠진 부교역자 ② 가족에 빠진 부교역자 ③ 학위에 빠진 부교역자 ④ 돈에 빠진 부교역자 ⑤ 측근 교우에 빠진 부교역자 ⑥ 탁상공론에 빠진 부교역자 ⑦ 자기 고집에 빠진 부교역자 ⑧ 자기가 맡은 부서와 교구에만 빠진 부교역자 ⑨ 불확실한 미래 때문에 두려움에 빠진 부교역자 ⑩ 교회 쇼핑에 빠진 부교역자 ⑪ 각종 세미나에 빠진 부교역자

4) 사역이 체질화되어 검증된 사역자

바울은 디모데를 검증된 사역자로 소개한다. "디모데의 연단을 너희가 아나니 자식이 아버지에게 함같이 나와 함께 복음을 위하여 수고하였느니라"빌 2:22. 디모데는 바울과 함께 사역 현장에서 복음을 위해 고생하며 사역을 체득함으로 검증된 사역자가 되었다.

사역을 체질화하기 위해서는 현장 전문가가 되어야 한다. 전문성은 한 분야에서 오랫동안 일해야 길러지는 것이고 전문가는 능력이 탁월한 사람이다. 그래서 피터 드러커Peter Ferdinand

Drucker는 "지식 노동에서 중요한 것은 능률이 아니라 목표를 달성하는 능력"이라고 했다. 스스로 목표를 정하고 이를 달성하는 방안을 찾는 것이 필요하다.

지금은 전문성 시대다. 교회에서도 부서의 특화를 통해 전문가를 뽑는다. 단순 작업을 오래하면 숙련공이 된다. 그러나 전문가는 숙련공의 차원을 넘어서는 것이다. 현장 경험을 통해 사역이 체질화되어 일관성을 나타낼 때 지식과 경험이 전문성으로 나타나게 된다. 사역의 전문성에 대해서는 7장에서 보다 더 깊이 있게 다루고자 한다.

부교역자 십계명 - 담임목사가 원하는 부교역자

일 일편단심 교회와 맡은 부서를 섬겨주세요.

이 이론 무장과 현장 사역의 균형 감각을 가지세요.

삼 삼고초려의 정신으로 부서와 교구를 돌아보세요.

사 사역자의 고상한 품위를 지켜주세요.

오 오매불망 맡겨진 영혼에 집중하세요.

육 육하원칙에 따라 깔끔하게 보고서를 작성하세요.

칠 칠전팔기의 용기로 실패의 두려움을 뛰어넘으세요.

팔 팔팔한 모습이 트레이드마크가 되게 하세요.

구 구원 받은 간증이 많은 풍성한 사역을 이루세요.

십 십년을 하루같이 초지일관 충성되게 사역하세요.

토의 및 생각해 볼 주제들

01 사역자로서 영성 계발과 자기 계발을 위해 나는 어떤 노력을 기울이고 있는가?

02 사역자로서 신뢰를 쌓기 위해 내가 더욱 힘써야 할 부분은 무엇이라고 생각하는가?

03 담임목사 뜻에 맞는 부교역자의 모습 중에서 내가 더 보완해야 할 부분이 있다면 무엇인가?

04 타인으로 하여금 사역의 우선순위가 바뀌었다는 오해를 불러일으킬 만한 요소가 나에게 있다면 무엇인가? 또한 그것을 어떻게 극복하고자 하는가?

부교역자 십계명

스스로 작성해 보는 십계명

일 -

이 -

삼 -

사 -

오 -

육 -

칠 -

팔 -

구 -

십 -

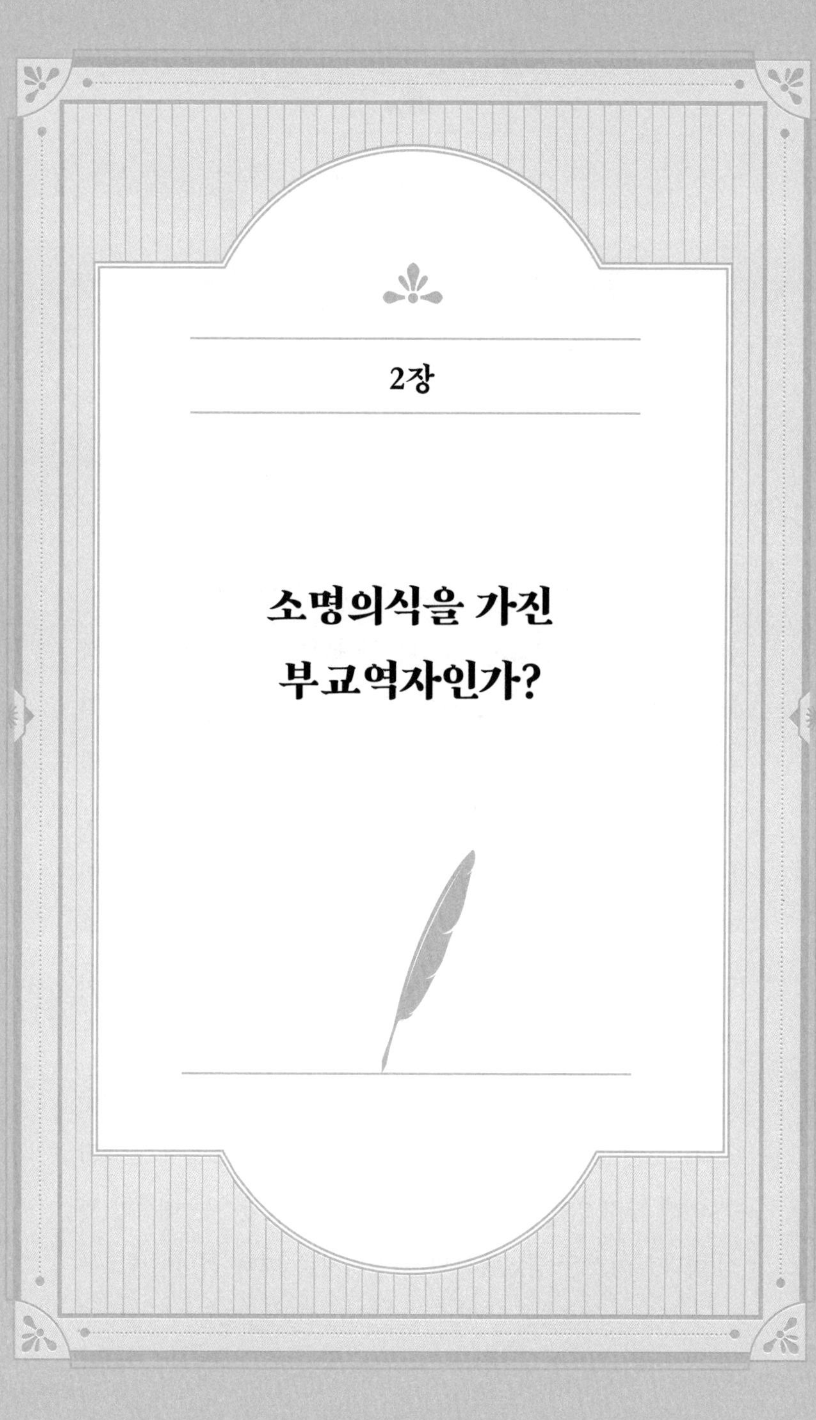

2장

소명의식을 가진 부교역자인가?

목회자의 자질 가운데 가장 중요한 것은 하나님께로부터 부르심을 받았다는 소명Specific call이다. 하나님께서 양무리를 목양하도록 부르셨다는 내적 확신과 사람들에게 인정받게 되는 외적 확신이 있을 때, 주님이 위탁하신 사역을 아름답게 이룰 수 있게 된다. 그런데 담임목사와 부교역자의 차이점 중 가장 큰 부분이 바로 책임과 소명이다. 부교역자의 책임의식과 소명의식이 담임목사의 것과 간격이 있는 것이 사실이다. 그렇기에 부교역자에게 가장 필요한 것은 하나님의 부르심에 대한 확신이라고 할 수 있다.

목회자에게 있어 소명은 '하나님의 말씀을 전파하며 예수 그리스도의 양 떼를 돌보라는 하나님의 명령과 그 일에 관계되는 여러 가지 임무를 하나님께로부터 부여받았다는 내적인 확신'이다.[3] 이것은 담임목사와 부교역자를 떠나 하나님께로부터 받은 고유한 것으로, 존 칼빈John Calvin은 "만약 어느 누가 교회에서 참 목자로 간주되려면 그는 교회의 객관적 혹은 외적인 소명과 목사 자신만이 의식하는 은밀한 내적 소명을 생각해 볼 필요가 있다"고 했다.[4] 그리고 이러한 목회자의 분명한 소명의식은 교회의 부흥과 사역의 질을 결정하는 요인으로 작용하게 된다.

부교역자는 담임목사와 동일한 사역자로서의 소명의식을 가져야 한다. 근래에는 목회의 전문성이 강화되어 평생 부교역자로서 사역하게 되는 변화가 한국교회에서도 일어나고 있다. 이러한 변화 속에서 평생 부교역자로 사역하더라도 하나님 앞에서 사역을 하고 있다는 분명한 소명의식은 중요하다.

그러나 대부분의 부교역자는 신학교 졸업 후의 사역지를 경력을 쌓는 수단으로 오해하고 있다. 담임목사라는 최종 목표로 가기 위해 실습이나 경력 관리 혹은 자기 사역의 실험 정도로 여기는 이들이 있다. 또 어떤 부교역자는 자신이 담임목사로 옮길 수 있는 자격이 된다고 생각하지만, 청빙을 받지 못하는 현실에 목회의 기쁨을 느끼지 못하고 좌절하기도 한다. 이러한 이유는 처음부터 부교역자 사역을 오해한 탓이다.[5] 부교역자는 하나님께 부르심을 받은 사역자라는 확신과, 맡겨주신

3 —— 이주영, 《현대목회학》(서울: 성광문화사, 1995), p. 40.

4 —— 위의 책, p. 40에서 재인용.

5 —— 로버트 J. 래드클리프, 《성공적인 부교역자》(서울: 대한기독교서회, 2003), p. 6.

사역지가 어디든 그곳이 내게 주신 목양지라는 분명하고도 투철한 소명의식이 있어야 한다. 하나님께서는 교회에서 뼈를 묻을 각오로 충성하는 태도를 기뻐하신다.

다음은 필자가 새로남교회에 부임하게 된 과정과 초창기 사역의 내용이다. 이를 통해 목회자의 소명에 대하여 생각해 보고자 한다. 누구나 목회 현장에서 어려운 일을 당할 수 있다. 그러나 그것을 이겨낼 수 있는 근본적인 힘은 목회에 대한 하나님의 분명한 부르심과 그에 대한 확신과 소명에 있다. 하나님께서 자신을 목회자로 부르셨다는 소명과 현재의 사역지가 하나님께서 보내신 곳이라는 분명한 소명의식은 그 어떤 목회의 난관도 이겨내게 한다.

소명을 따라 온 새로남교회[6]

필자는 보수 교단 목회자의 가정에서 성장하여 사랑의교회에서 옥한흠 목사님으로부터 만 7년간 목회 사역을 배웠다. 이후에는 옥 목사님의 제안을 따라 미국 유학생활을 하며 좀 더 넓은 세계에서 다양한 사람을 만나 폭넓은 교제를 나눌 수 있었다. 이 경험은 필자에게 '영적인 역지사지易地思之'이자 안목을

6 —— 오정호, 《새로남교회 건축이야기》(서울: 생명의말씀사, 2009), pp. 48-59.

새롭게 하는 시각 전환Paradigm Shift의 계기가 되었다. 다른 교단에 대한 편견과 기존의 아집을 깨뜨릴 수 있게 된 것이다. 그 결과 복음의 본질은 양보가 없어야 하지만, 그 외의 것에는 양보하고 공유함이 합당하다는 것을 깨달았다. 그래서 교회와 교역자 간의 평화, 교회 내 모든 사역에서의 화평이 목회의 기본 방침이 되었다. 그리고 복음 안에서 함께 하나님의 영광을 위할 수만 있다면 교단의 벽을 뛰어넘어 어깨와 어깨를 맞대고 나갈 수 있는 일들에 헌신하기를 원하게 되었다. 이렇듯 목회자에게 목회 경험은 큰 자산이 된다.

필자의 유학생활에는 언어, 재정 등 여러 문제가 뒤따랐다. 나이가 들어 시작한 공부이기에 쉽지 않았고 언어의 장벽 앞에서 고전을 겪기도 했다. 하지만 필자는 그 과정 속에서, 목회자는 어느 곳에 있든지 주님이 함께해 주셔야 하고 하나님만이 신뢰할 대상이라는 것을 철저히 깨달으며 의지하게 되었다. 정작 큰 장벽은 필자 안에 있음을 느꼈다. 필자를 목회자로 부르신 하나님의 존귀한 소명 앞에 자신을 세우는 일이 중요하다는 것을 알게 되었다. 외부의 어려움은 필자 안의 은혜를 더욱 강하게 하고 사명을 빛나게 하는 유익이 될 수 있기 때문이다.

1) 불쌍한 양 떼를 위해 가라

1992년, 옥 목사님의 제안을 하나님께서 주신 기회로 믿으며 아내와 아이들을 데리고 미국 유학길에 오른 지 2년쯤 되던 때였다. 미국 남가주사랑의교회에 세미나를 인도하러 오신 옥 목사님이 풀러신학교 박사과정에 입학한 필자를 만나고자 하셨다. 그리고 목사님은 만나자마자 질문을 던지셨다. "오정호 목사는 목회 중심이요, 아니면 신학교 교수를 할 생각이요?" 그래서 필자는 단번에 "저는 목회를 하기 위해 배웁니다"라고 말씀드렸다. 그러자 목사님은 "그렇다면 내가 오 목사와 의논해야 될 일이 있다"고 하시며 새로남교회에 대해 설명하셨다.

당시 새로남교회는 전임목사가 갑자기 사역지를 서울로 옮기면서 후임을 청빙하는 중이었다. 그런데 내부 갈등으로 7개월째 담임목사 자리는 공석이었고 심각한 방황을 겪고 있었다. 장로들은 패가 갈려서 한쪽이 목사를 지지하면 다른 쪽에서는 반대하는 갈등이 지속되었다. 그런 가운데 교인들은 지쳐가고 당회에 책임을 묻는 목소리도 높아졌다. 안수집사회도 장로들에게 문제를 해결하라고 촉구하면서 장로들은 다급한 상황이 되었다. 그러던 차에 장로들은 한국 교계에서 존경받는 옥한흠 목사님에게 도움을 요청했다. "옥한흠 목사님, 목사님이 추천하는 분이라면 저희가 마음을 모아 따르겠습니다."

이에 옥 목사님은 장로들의 안타까운 청을 마음에 담고 필자에게 말씀하셨다. 담임목사가 갑자기 교회를 떠난 후 후임목사를 오랜 기간 못 구하고 있으니 관심을 가져보라고 하셨다. 하지만 필자는 그 자리에서 선뜻 "예"라고 대답하지 못했다. 가족들과 상의도 해야 하고 미래에 대한 나름의 계획도 있었기 때문이다. 당시 필자는 풀러신학교 박사과정에 합격하고 미국의 한 신학교에서 강의도 하면서 공부를 계속할 수 있는 기회가 주어졌다. 또 가족들도 미국 생활에 나름대로 잘 정착하고 있었다. "목사님, 제가 지금 당장 대답할 수는 없고 저에게 생각할 말미를 주십시오."

그 후 필자는 집에 가서 가족들의 의견을 물었다. 이미 미국 생활이 익숙해진 아이들은 반대했고, 아내 또한 조금 있으면 박사과정을 마칠 텐데 중간에 학업을 그만둘 이유가 무엇이냐며 난색을 표했다. 그런데 그 순간, 필자의 마음에 한 가지 기억이 떠올랐다. 그것은 옥한흠 목사님이 사랑의교회를 개척하실 때의 일이었다. 그때 목사님은 총신대학교 휴게실에서 필자에게 이런 질문을 하셨다. "교회를 개척하면 장년부를 내가 맡을 테니 젊은이부를 오정호 전도사가 맡아줄 수 있겠는가?" 하지만 그때 필자는 내수동교회 청년부 후임지도자로 약속됐었기에 부득이 거절해야만 했다. 그 일이 머릿속에 스쳐 지나가자 이번에는 옥 목사님의 제안을 거절해서는 안 되겠다는 생각이 강하게 들었다. 그래서 다시 가족들과 논의하며 하나님께서 주신 기회일지도 모르니 새로남교회에 한번 가보겠다고 설득했다. 그렇게 가족들의 동의를 얻은 후 옥 목사님에게 연락드렸다. "목사님, 그 교회에서 비행기 티켓도 보내준다고 하니 제가 설교를 하러 나가겠습니다."

무더운 그해 8월, 필자는 새로남교회에서 첫 설교를 했다. 설교 후에는 위임 투표가 진행됐고 3분의 2가 넘는 찬성표가 나왔다. 그런데 이후 필자가 다시 미국에 돌아간 사이에 뜻밖의 소식이 들려왔다. 새로남교회 담임목사 위임 투표가 무효 처리되어 필자가 임시목사가 되었다는 것이다. 적법한 과정을 거쳤는데 무효라니, 이해하기 힘들었다. 나중에 알고 보니 노회 목사님들이 위임 투표를 인정하지 않았기 때문이었다. 교회가 위임목사를 세우는데 계속 분란이 생기니 노회는 노회대로 이를 인정하기 어렵다고 판단한 것이다. 노회와 교회 사이도 나빠졌다. 이 일로 교회는 더욱 어려운 상황에 직면하게 되었다.

한편, 이 상황을 안타깝게 여긴 청빙 담당 장로님이 미국에 있는 필자에게 전화했다. "목사님, 만일 목사님이 부임하지 않으시면 우리 교회는 갈라지게 됩니다." 간곡한 목소리였다. 그리고 그 요청에 필자의 마음이 움직이기 시작했다. 아내도 이 소식을 듣고 안타까워했다. 교회가 갈라지게 놔두면 안 되겠다는 마음과 교회 성도들에 대한 측은한 마음이 우리의 심령을 붙잡았다. 그러나 이것이 하나님의 뜻인지 확인해야 했다. 그래서 필자는 LA에 있는 하이데저트 기도원에서 묵상하며 기도했다. "하나님, 하나님의 인도하심이라면 말씀도 주시고 인도해 주옵소서. 하나님, 목회자의 미래는 아무도 알 수 없습니다. 주님의 손으로 이끌어 주세요." 그때 하나님께서는 잠언 29장 25절 말씀을 마음에 주셨다. "사람을 두려워하면 올무에 걸리게 되거니와 여호와를 의지하는 자는 안전하리라"잠 29:25.

이 말씀을 통해 필자는 내 목회의 안전지대는 오직 하나님이라는 확신을 가지게 되었다. 그리고 새로남교회 부임 후에 어려운 시간이 왔을 때도 이 말씀의 확신으로 인내할 수 있었다. 아무리 힘들어도 하나님의 뜻대로 어려운 과정을 견디면 그것이 곧 축복이 될 것이라고 믿었다. 목회자는 면류관을 쓰려고 교회에 가는 것이 아니라 주님의 마음으로 양 떼를 돌보러 가는 것이기에 힘든 길이라도 가야겠다는 결심을 하게 됐다.

결국 필자는 '불쌍한 양 떼를 위해 가라'는 하나님의 명령을 받고 태평양을 건넜다. 초연한 늦가을 형형색색 나무들이 잎사귀를 떨어뜨리는 때였다. 필자는 부임 일주일 전인 1994년 10월말에 한국에 도착했는데, 당시 귀국 열흘 전에 성수대교 붕괴 사고가 있었고 그것은 국제적으로도 큰 이슈였다. 10월 21일 한강에 위치한 성수대교의 중간 부분이 갑자기 무너져 내리면서 그곳을 지나던 시내버스와 차량들이 그대로 추락하여 큰 인명피해를 낸 사건이다. 필자는 무너진 성수대교 수습 소식을 들으며 많은 생각이 들었다. '다리를 건너다 사고를 당한 사람들과 그 가족들의 아픔은 얼마나 클까?' 그러면서 하나님의 교회도 세상의 유혹과 도전 앞에 그냥 무너져서는 안 되며, 필자가 부임할 새로남교회를 건강한 체질의 교회로 만들어야겠다고 결심했다.

2) 화목하고 신뢰받는 교회로

필자는 고국으로 돌아가는 비행기 안에서 새로남교회 담임목사로서 꼭 이루고 싶은 목회 비전을 차근차근 정리해 보았다.

첫 번째는 화목하고 신뢰받는 교회, 화합하는 교회다. 필자는 유학 시절에 미국 동포교회의 장점도 보았지만 분열의 아픔도 많이 보았다. 성도들 사이의 갈등도 있었고 목회자와 양 떼의 마음이 맞지 않아 어려움을 겪는 경우도 많았다. 그로 인해 성도들은 이민 생활 가운데 교회에서조차 위로받지 못했다. 그때 필자는 깨달았다. "하나님, 저는 능력 있는 교회보다 화목한 교회를 세우기 원합니다." 서로 화목하고 신뢰할 때 능력이 나온다. 성도들이 평안하고 목회자의 마음도 화평할 때 말씀의 능력이 살아 움직인다. 목회자가 강단에서 상처를 쏟아내면 갈등이 확대되고 재생산된다. 그래서 지금도 필자는 화평하고 기쁘게 신앙생활 하는 교회를 만드는 것이 목회자의 사명이라고 믿는다.

필자가 신뢰받는 목사가 되어야겠다고 다짐한 계기는 또 있다. 유학 비자를 받기 위해 미국대사관에 갔던 날, 필자는 보기 좋게 거절당했다. 재산도 없고 장로교 목사라는 이유에서였다. 또 그 다음에도 거절당했는데, 이유는 학업 후 돌아오겠다는 약속을 저버리고 현지에 눌러앉은 목사들 때문이었다. "목사님처럼 말했지만 지금도 미국에 눌러앉아 있는 목사님들이 많습니다." 필자는 장로교 목사이고 학업이 끝나면 반드시 돌아올 것이라고 말했다. 하지만 그 말을 못 믿겠다는 것이었다. 목회자의 생명은 바로 '신뢰'가 아닌가. 그런데 목회자의 말을 못 믿겠다니, 참으로 어처구니없는 일이었다. 그 일이 있은 후 필자는 신뢰를 받는 목회자뿐만 아니라 신뢰를 주는 목회자가 되어야겠다고 결심했다. 그리고 신뢰를 주기 위해 필자의 말에 책임지는 목회자가 되기로 다짐했다. 그런 이유로, 필자는 유학 시절에 미국교회 두 곳에서 청빙을 받았지만 거절했다. 또 형님인 오정현 목사님이 남가주사랑의교회를 은혜 가운데 목회하고 있었고 아내도 사역을 잘 담당하고 있었지만, 필자는 이민팀 사역에 합류하지 않았다. 사역을 시작하면 나중에 돌아가겠다는 마음이 약해질지도 모른다는 이유 때문이었다.

두 번째 목회 비전은 지역사회의 역할 모범이 되는 교회다. 교회는 지역사회와 동떨어질 수 없기에 교회가 담을 쌓는 일은 바람직하지 않다. 담은 단절의 아픔을 가져온다. 지역사회로부터 존중받고 사랑받는 교회가 되려면 이웃과 함께 해야 한다. 교회에 문턱이 없어야 한다. 역할 모범으로 지역사회에 뿌리내려야 한다. 그리고 필자는 이를 위하여 새 예배당 건축 설계에 이웃과 함께 하는 교회를 담았다. 담을 없애고 대로변에 유리월을 시공하여 언제나 교회 내부가 보이게 했다. 전망이 가장 좋은 10층에는 카페를 만들어 대전 시민 모두가 공유하는 공간이 되게 하고 이곳에서 나오는 수익금 전액은 사회에 환원하게 했다. 또한 교회의 주요 프로그램에 이웃과 함께 할 수 있는 기획을 통해 지역 주민들에게 칭송받는 교회가 되어 복음을 전하고자 했다. 그것이 교회의 존재 이유이기 때문이다.

세 번째는 제자훈련이다. 제자훈련은 하나님께서 우리에게 허락하신 지상 최대 명령이고 평생의 목회 철학이다. 그래서 필자는 교회 부임 후 교우들 중에서 믿음이 충만한 평신도 지도자와 교사를 세우기 위해 노력했다. 사역도 서두르지 않고 1년의 준비 과정을 두었다. 필자가 먼저 목회자로서 신뢰를 줄 수 있어야 한다고 생각했기 때문이다. 신뢰가 바탕이 되어야 바른 제자훈련도 가능하다고 믿었다. 그리고 필자의 믿음은 적중했다. 각종 예배 때마다 제자훈련에 대한 비전을 제시하고 성도들에게 제자훈련을 통해 변화될 모습을 꿈꾸게 할 때, 그들의 마음에 제자훈련을 사모하는 마음이 생겼다. 그 후 제자훈련은 지금까지 수많은 순장과 청년과 교사를 배출하는 원동력이 되었다.

3) 두 번의 위임 투표

1994년 10월 마지막 주, 목회 청사진을 가슴에 품고 대전에 도착했다. 도착한 지 얼마 되지 않았을 때는 아직 사택이 마련되지 않았기에 우리는 한 장로님 댁에 거주하면서 대전에 있는 교회 몇 곳을 정해 새벽예배를 나갔다. 이는 대전의 영적 형편을 살피기 위함이었다. 필자는 새벽에 하나님께 기도했다. "하나님! 제가 섬기는 교회도 대전 시민들을 위해 대전 성시화와 복음화에 앞장서는 교회가 되게 해주세요."

하지만 안타깝게도 새로남교회의 상처는 생각보다 깊었다. 오랫동안 기다린 새 목사님이 부임하면 환영 플래카드라도 붙어있을 법한데 아무것도 없었다. 교회 내에 만연했던 성도들 사이의 분열과 아픔, 반목 때문이었다. 이런 상황은 매우 심각해서 한 장로님은 대화 중 이런 말을 했다. "목사님, 저 상대편 장로를 절대 믿지 마세요." 무척 가슴이 아팠다. 장로들이 서로를 믿지 못하면 누구를 믿는단 말인가. 그로 인해 전임목사가 사임하는 과정에서 남모를 아픔이 많았다는 사실도 알게 되었다. 장로들이 패를 나눠 서로가 추천하는 목사님을 배척하는 어려운 상황이었다. 당회원 사이에 갈등이 발생하면 정말 해결이 어렵다. 마음의 골이 깊은 상태에서 서로의 얼굴을 계속 봐야 하기 때문이다. 그러니 만나면 서로 상처를 주고 또 받으니 쳐다보기 싫어지는 것이다. 이런 일들이 반복되었다.

그뿐만 아니라 교인들의 마음은 새로 부임한 목사에게 사택을 주는 과정만 봐도 알 수 있었다. 당시에 담임목사 사택은 따로 마련되어 있지 않았다. 그래서 한 여집사가 살던 집을 전세로 내놓았는데 세입자를 구하지 못하자 그 집을 담임목사 사택으로 주었다. 그 집에 가보니 손잡이는 떨어져 나가고 도배를 안 해서 벽에는 때가 찌들어 있었다. 이렇듯 아무도 새로 온 목사를 환영할 만한 마음의 여유가 없는 분위기였다.

성도들은 이전 담임목사에게 버림받은 마음의 상처와 영

적 박탈감을 가지고 있었다. 그렇기에 새로 부임한 담임목사도 믿을 수 없었다. 얼마 안 있다가 떠날지 모르는데 어떻게 인정하겠는가. 결국 신뢰를 다시 처음부터 쌓아가는 것밖에는 방법이 없었다. 그런 마음이 들자 필자가 위임목사 투표에서 3분의 2 이상의 찬성표를 얻었음에도 무효가 된 것은 이제 더 이상 문제되지 않았다. 두 쪽이 된 교회를 살리는 것이 중요했다. 하나님의 말씀으로 성도들의 상처 난 마음에 연고를 발라야 했다. 그 후 강단에서는 책망하는 말씀이 아닌 살리는 말씀이 선포되었고, 필자는 밤마다 아내와 함께 주님 앞에 엎드려 눈물로 회복시켜 주시기를 간구했다. 하나님만이 살리실 수 있었다.

그 후 시간이 지나자 조금씩 변화가 나타나기 시작했다. 교회를 떠나는 사람들도 있었으나 새로운 얼굴들이 빈자리를 채우기 시작하고 예배마다 말씀의 은혜가 임했다. 또 문제는 여전히 존재했으나 성도들은 무임목사 내외에게 신뢰를 보내기 시작했다. 그리고 1년이 지나자 두 번째 위임투표에서 성도들의 마음이 확인됐다. 필자가 99퍼센트의 찬성으로 정식 위임목사가 된 것이다.

4) 난관 속에 시작된 제자훈련 1기

필자는 청빙 전에 제자훈련을 할 목사라는 조건을 이야기했기에, 교우들은 언제부터 제자훈련이 시작될지 관심을 가졌다. 그러나 훈련은 바로 시작하지 않고 1년 동안 준비되었고, 1995년에 드디어 장로를 대상으로 한 첫 번째 제자훈련이 시작되었다. 그런데 문제가 생겼다. 제자훈련 도중 몇 사람이 교회를 떠나는 일이 발생한 것이다. 내막을 알고 보니 그들은 전임목회자가 대전에 자신의 부교역자를 보내어 새로 개척한 교회로 갔다. 문제는 그뿐만이 아니었다. 훈련에 적극적이지 않고 애를 먹이는 장로들이 있었다. 그들은 담임목사가 하자고 하니 억지로 한다는 식이었다. 그래서 숙제도 안 해오고 일부러 늦게 오기도 했다. 세 번 결석하면 탈락시킨다는 말에, 두 번 결석하고는 "한 번만 더 결석하면 탈락이죠?"라고 말하는 장로도 있었다. 차라리 탈락시켜 달라는 일종의 몸짓이었다. 참으로 가슴이 아팠다. 장로들은 모범이 되지 못했고 당회에 대한 불신도 커져갔다. 이와 반대로, 같은 기간에 집사 직분자들을 대상으로 한 제자훈련은 매우 성공적이었다. 그들은 1년 동안 신뢰를 쌓으려고 노력한 목회자의 마음을 알아주었다. 그리고 신실한 동역자가 돼주었다.

목회 위기 속에서도 교회가 흔들리지 않은 것은 제자훈련을 잘 받은 몇 명의 장로들과 집사들이 중심을 잡고 담임목사 곁에서 교회를 위해 기도하며 든든한 동역자로 서 있었기 때문이다. 그때 만약 변화가 없는 훈련생들이 계속 교회의 중직자로 남아 있었다면 교회는 새롭게 될 수 없었을 것이다.

필자가 부임할 때 여덟 명이었던 장로는 이민과 이사 그리고 전임목사 교회로의 이동으로 어느새 한 명만 남게 되었다.

또한 교인들도 많이 바뀌어서 기존 교인은 5퍼센트만 남고 그 자리에 새로운 교우들이 밀려들기 시작했다. 새 포도주는 새 부대에 넣어야마 9:17 한다는 말씀처럼, 하나님께서는 제자훈련을 할 수 있도록 자연스럽게 새로운 교인들을 보내주셨다. 이후 하나님의 은혜로 10년 동안 성인 교인 출석이 2천여 명으로 늘어났다. 그런데 그때까지도 장로님은 단 한 명이었다. 이에 대해 어떤 사람은 "독재하려고 장로를 세우지 않는다"고 말했다. 그러나 실상은 직분자를 세울 수 있는 상황이 아니었다. 그때 지금의 예배당인 새 예배당 건축을 시작했기 때문이다.

이처럼 교회가 폭풍 같은 여러 어려움을 이겨낼 수 있었던 동인은, 제자훈련을 통해 삶을 나눈 신실한 평신도 지도자들이 있었기 때문이다. 2024년 기준 새로남교회의 제자훈련은 29기에 이르렀다. 약 400여 명의 순장들과 800여 명의 주일학교 교사들이 현장에서 섬긴다. 말씀을 통해 한 사람이 변화되는 것은 많은 노력과 땀과 눈물이 필요한 일이지만, 그렇게 세워진 이들이 영적인 군대가 되어 교회의 주된 사역에 힘이 되고 있다는 사실이 늘 감사할 뿐이다. 새로남교회의 기적적인 예배당 건축도 하나님의 말씀 안에서 바르게 서고자 훈련된 순장들과 제자훈련생들이 있기에 가능한 일이었다.

5) 거듭되는 혼란 속에서도 계속된 성장

부임한 후에 열린 가을부흥회가 끝나고 기쁨과 은혜가 충만하던 어느 날이었다. 한 안수집사가 교회를 떠나겠다는 폭탄선언을 했다. 이유는 전임목사가 보낸 부교역자의 교회를 도우러 간다는 것이었다. '어떻게 은혜로운 날 이런 일이 생길 수 있을까?' 필자는 황당하고 슬프고 섭섭한 마음이 들었다. 마음 한편으로는 필자가 얼마나 부족한 목사인지 되돌아보았지만, 필자의 부족함을 인정해도 마음의 갈등은 지울 수 없었다. 그리고 교인들이 하나둘 교회를 떠나면서 마음의 충격과 아픔은 커져갔다.

그러던 어느 날, 새로남교회를 떠나 서울의 큰 교회로 부임했던 전임목사가 교회를 개척하기 위해 3년 만에 다시 대전으로 내려온다는 소문이 들려왔다. 그리고 그것은 사실이었다. 지난 해에는 부교역자를 내려보내 개척하고, 다음 해에는 직접 내려와서 자신을 지지했던 새로남교회 성도들을 불러 교회 개척에 동참시키고 있었던 것이다. 전임목사가 대전에 개척하자 더 많은 교인이 줄줄이 교회를 떠났다.

필자는 하나님 앞에 무릎을 꿇었다. 그러자 하나님께서는 이 모든 일에 더 큰 뜻이 있을 것이라는 믿음을 주셨다. 또한 하나님께서는 교회 규모가 아닌 반듯하고 건강한 교회를 원하심을 깨달으며 하나님께 인정받는 교회가 되어야겠다는 마음이 생겼다. 그렇게 생각이 정리되자 '전임목사도 사연이 있겠지'라는 마음이 생겼다. 그리고 마음에 평강을 얻자, 오히려 전임목사가 개척한 교회를 위해 개척 헌금을 드리기로 했다. 또

성도들에게 전임목사가 개척한 교회에 가고 싶으면 부담 갖지 말고 가라고 권했다. 성도들이 두 목사 사이에서 갈등하며 상처받는 것보다 어느 목사 밑에서든 신앙생활만 잘하면 그게 더 낫다는 진실한 심정이었다. 어차피 마음이 떠난 사람은 돌이킬 수 없고, 그렇다면 그들을 축복하며 떠나보내겠다는 마음이었다.

결국 제법 많은 사람이 전임목사를 따라 가기 위해 떠났다. 장로 두 명과 많은 안수집사도 떠났다. 그로 인해 교회가 크게 흔들리는 것은 어쩔 수 없는 현실이었다. 그저 필자가 할 수 있는 일은 남은 교인들을 위해 눈물로 기도하는 것이었다. 주님 앞에 엎드리는 것밖에는 별 수가 없었다. 그리고 이런 때일수록 더욱 '목회의 정도를 걷자'는 다짐을 했다. 사람의 마음을 얻는 것이 주의 손에 있다면 필자가 먼저 주님 앞에 반듯하게 서야겠다고 생각했다. 부임할 때 가진 주님의 마음, 초심을 유지해야겠다고 굳게 마음먹었다.

교회의 혼란은 이뿐만이 아니었다. 어떤 장로는 사이비 교주를 따라 신비주의에 빠져서 1년이 넘도록 사사건건 시비를 걸고 목회에 협조하지 않았다. 또 무리를 이루어서 주일 낮 예배를 마치면 따로 모여 그들만의 집회를 열었다. 그리고는 주변에 제자훈련에 대한 비판적인 말을 쏟아냈다. 이로 인해 신비주의에 빠진 장로를 치리해야 할 것을 조언하는 성도들도 있었다. 하지만 필자는 묵묵히 참았다. 기도하면서 사랑으로 품어주면 언젠가는 다시 깨닫고 돌아올 것이라 믿었다.

그 후 그가 주일예배에 참석하지 않은 어느 날이었다. 걱정이 되어 집으로 전화를 걸었더니 그의 가족은 "친척집에 갔다"고 했다. 그러나 이후 열흘쯤 지났을 때 그가 뇌출혈로 갑작스럽게 세상을 떠났다는 말을 들었다. 주일예배를 빠진 것도 아파서 누워있었던 것이다. 유족들은 '죽은 장로가 부활할 것'이라는 신비주의자의 말을 믿고 쉬쉬하며 죽은 사실을 알리지 않다가 결국 아무 일도 일어나지 않자 장례를 위해 교회로 연락했다.

6) 진실과 투명성의 원리

어느 날 옥한흠 목사님으로부터 전화가 왔다. 목사님은 "대전의 오정호 목사에 대하여 기독신문에 투서가 들어왔는데, 교회 공금 수천만 원 횡령 내용이 어찌 된 것이냐?"고 대뜸 물으셨다. 물론 투서 내용은 모두 음해였다. 새로남교회 집사라며 투서를 넣은 사람도 우리 교회 성도가 아니었다. 누군가의 거짓말이었다. 그 일은 나중에 하나님의 은혜로 극복할 수 있었지만, 당시에는 큰 아픔이었다. 그런데 그때 당시 대전에 있는 다른 교회들에도 투서가 갔었는데 성도들은 아무 말도 하지 않았다. 오히려 필자를 믿어주었다. 담임목사에 대한 신뢰가 없었다면 해명을 요구하거나 이런 이야기 자체만으로 문제를 삼았을 것이다. 필자는 당회 후 제직회 시간에 교인들에게 투서 내용을 스크린을 통해 보여주었고 그 후 더 이상 문제가 되지 않았다. 이 외에도 유학자금을 일 년에 오십만 불 이상 썼다는 거짓 루머도 돌았다.

이러한 어려움들을 이겨낼 수 있었던 것은 주님은 거짓이 반드시 드러나도록 하신다는 것을 믿었기 때문이다. 이것은 제자훈련에서 강조하는 투명성의 원리이기도 하다. 하나님 앞에서 목회자의 양심을 가지고 사는 것이다. 지상의 모든 교회는 담임목회자의 확대판이다. 목회자의 인격과 안목이 목회 현장에 그대로 투영되기 마련이다.

필자가 어려운 일을 겪을 때마다 주님은 오히려 아내와 함께 깨어 기도하게 하셨다. 필자를 불쌍히 여겨주시며 평화롭고 은혜로운 교회가 되게 해달라고 기도하게 하셨다. 필자는 집에 가지 않고 40일 동안 강대상 앞에서, 아내는 본당 뒤에서 밤을 새며 기도했고, 강단에 올라가서도 말씀을 빙자하여 사람들의 마음을 친다든가 책망하는 말씀은 전하지 않았다.

지나고 보니 하나님께서 힘을 주시고 위로해 주셔서 목회의 특수훈련을 통과하게 하신 것이 감사할 따름이다. 그리고 힘겨웠던 시간 곁에서 꿋꿋이 아픔을 함께해 준 아내를 향한 고마운 마음은 지금도 간직하고 있다. 김용태 원로장로님 내외와 많은 권사님들이 담임목사를 위해 밤마다 교회를 지키며 기도해 준 감사함 또한 평생 잊지 못할 것이다. 이들의 초지일관 충성이 목회의 칼바람, 불바람에 맞설 수 있는 용기와 에너지를 공급했다. 그래서 지금 돌아보면 모든 힘든 시간이 오히려 진정한 사랑을 느끼는 행복한 추억으로 남아 있다.

7) 하나님의 마음에 합한 자

사도행전 13장 22절에 "이새의 아들 다윗을 만나니 내 마음에 맞는 사람"이라는 구절이 있듯이, 필자는 사역 이전에 사람이 더 중요하다고 생각한다. 사람이 사역을 하는 것이기 때문이다. 사역을 통해 하나님의 사람을 배출하기도 하지만 열쇠는 사람이다. 하나님의 마음에 합한 사람이 하나님의 마음에 합한 목회자로 설 수 있다.

이처럼 목회의 원리는 먼저 필자 자신이 하나님의 마음에 합한 자, 곧 마태복음 6장 33절처럼 먼저 하나님 나라와 정의를 추구하는 목회자상이 되는 것이다. 어떻게 하나님을 기쁘시게 하며 하나님의 어떤 명령에 순종해야 하는지는 이미 말씀에 다 드러나 있다. 그렇기에 필자는 주님이 강조하신 최고 명령과 최대 계명, 곧 영혼 구원과 영혼 사랑에 대한 명령의 응답이 목회 현장에서 강력하게 효과적으로 펼쳐지는 통로로 쓰임 받는 목회자상을 추구해 왔다.

필자는 하나님의 은혜로 목회자 가정에서 성장했다. 부산 가야제일교회 개척 이후 43년을 한결같이 달려오다가 원로목사로서 노후를 복음의 열정으로 이어가신 아버지故 오상진 목사와 어머니故 최명순 사모의 돌보심이 오늘날 목회자로서의 필자를 있게 했다. 또한 목회자의 정도正道를 한국교회에 보여주신 옥한흠 목사님과 말씀 사랑의 지고지순한 모습으로 평생을 달려오신 박희천 목사님을 만난 것은 필자의 목회생활에 평생의 복으로 임했다. 인생의 고귀한 만남은 하나님의 인도하심과 섭리로만 가능하기에 이러한 복된 만남을 허락하신 하나님께 머리 숙여 감사할 뿐이다.

이제 필자는 목회적인 은혜와 축복을 다른 사람들에게 베풀어 풍성한 목회의 열매를 이루기를 소원한다. 여기서 중요한 것은 주님의 영혼 구원과 사랑의 명령에 대해 자신이 얼마나 성숙한 자세로, 인격적으로, 목회적으로 진실하게 반응하느냐다. 제자훈련을 하는 목사로서 과연 사도 바울처럼 "내가 그리스도를 본받는 자가 된 것 같이 너희는 나를 본받는 자가 되라"고전 11:1라고 자신 있게 외칠 수 있느냐는 것이다. 아마 이 갈등은 필자가 온전한 목회자로 서기까지, 시간이 지나면 지날수록 더 깊어지지 않을까 생각한다. 청소년이 성장통Growing Pain을 겪어야 성숙하는 것처럼 필자는 이러한 고민이 더욱 깊어져야 한다고 믿는다.

목회는 종합예술이며 어느 구름에서 비가 쏟아질지 알 수 없는 영혼 구원의 최전선이기도 하다. 한시라도 목회적 긴장을 풀 수 없고 풀어서도 안 된다. 문제없는 목회 현장이 지상의 교회에 있을까? 문제없는 목회 현장은 결코 이 땅에 존재하지 않는다. 그렇기에 중요한 것은 문제가 아니라 그 문제에 대한 극복 의지와 대안 제시라고 생각한다. 목회자들과의 갈등이나 미

성숙한 교우들로 인해 발생한 문제들, 심지어 목회의 시베리아 같은 찬바람도 어떤 태도와 각도에서 다루느냐가 그 결과에 차이를 나타낸다.

필자의 목회 현장의 어려웠던 이야기들을 동료들과 나누었을 때 그들이 보인 반응은 '오 목사, 대단하다'였다. 그러나 필자는 그 모든 과정도 하나님의 은총이라고 생각한다. 그리고 '그러한 과정 없이 오늘의 내가 과연 가능하겠는가?'라고 질문해 본다면 여전히 목회의 알파와 오메가는 '하나님의 은혜'라는 명제에 도달하게 된다.

조심스럽지만 필자가 후배 사역자들에게 이야기해주고 싶은 것은, 자신의 영성거룩한 신앙을 관리하고 지성을 연마할 수 있도록 스스로를 다듬어가기를 바란다는 것이다. 무엇보다 삶에서 주님과 동행하여 주님과의 친밀한 관계를 늘 유지하는 것이 목회와 사역의 생명이라고 믿는다. 목회의 여정 중 큰 고난과 어려움을 만나더라도, 하나님께서 함께하신다면 언젠가는 목회자의 마음에 불타오르는 소명과 은사들을 쓰실 날이 반드시 오기 때문이다.

토의 및 생각해 볼 주제들

01 목회자로 부르심을 받은 나의 소명에 대한 간증문을 기록하고 나누어 보라.

- 나는 왜 목회자가 되었는가?(내적 소명)

- 목회자로서 나타난 외적인 소명은 무엇인가?

- 나는 어떤 목회자가 되길 원하는가?

02 사역에 어려움(사역적, 경제적, 관계적)이 있을 때 나는 어떤 태도를 취하고 있는가? 이때 소명은 나의 사역에 어떤 영향을 미치는가?

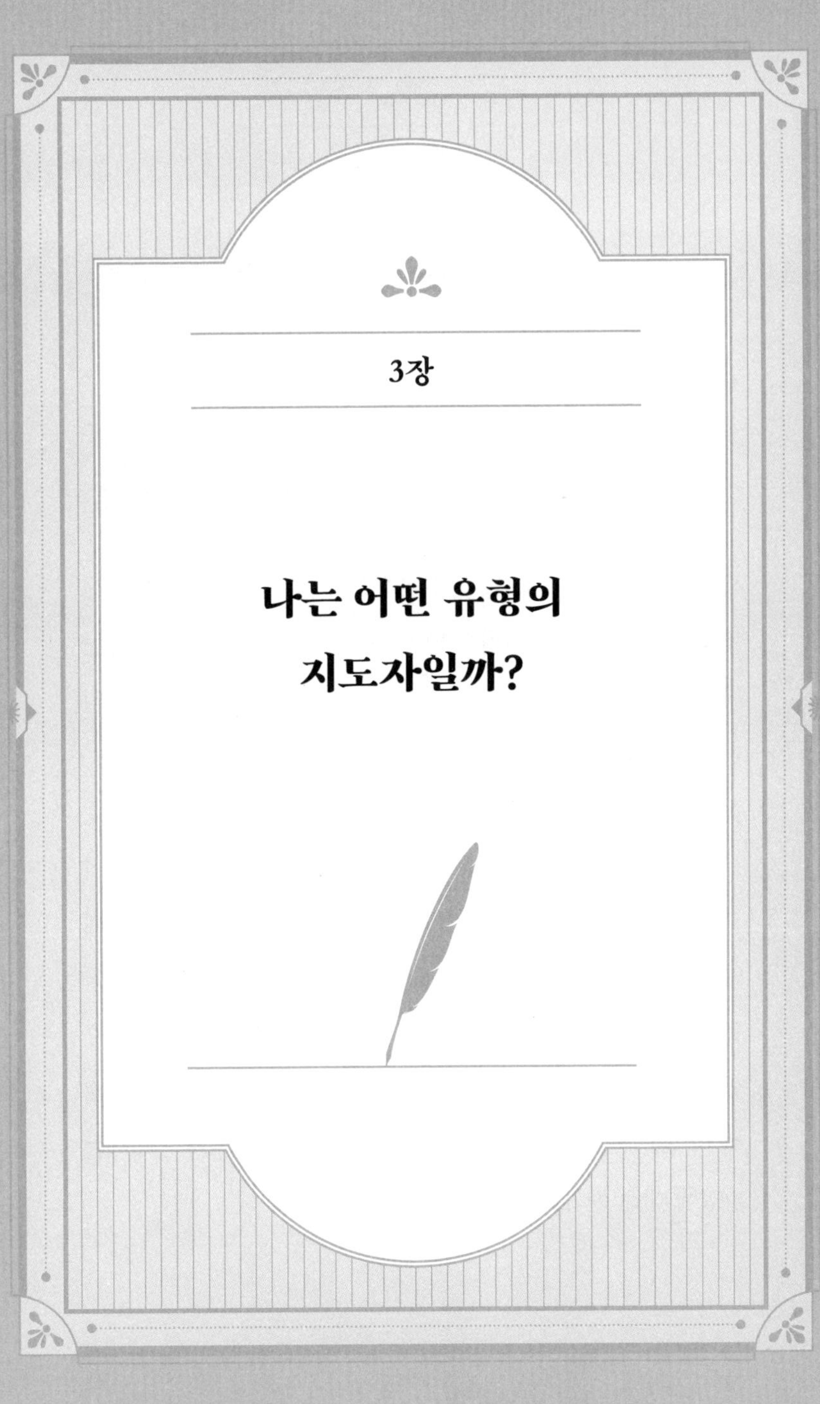

3장

나는 어떤 유형의 지도자일까?

사역자는 자기 자신을 정확히 이해하는 사람이어야 한다. 자신에 대해 정확하게 이해해야 남을 도울 수 있으며, 사역할 때 능력이 극대화된다. 사역이 어려운 이유 중에 자기 자신과 사역에 대한 이해도가 떨어지는 경우가 많다. 남을 이해하며 돕는 것은 자기 자신을 아는 것으로부터 시작한다.

부교역자는 성품, 재능, 용량, 은사, 리더십 유형 등 객관적으로 분석할 수 있는 방법을 통해 자신을 알아야 한다. 어떤 때 열정을 가지고 어떤 때 의기소침한지, 또 어떤 일이 사역에 역동성을 가져오고 어떤 일이 사역에 어려움을 초래하는지 알고 있어야 한다. 이렇듯 좋은 사역자가 되기 위해서는 자신에 대해 다방면으로 알고 있어야 하는데, 여기서는 자신을 이해하는 방법에 대해 살펴보도록 하자.

사역을 이해하라

사역하면서 가장 중요한 것은 자신이 담당하고 있는 사역지를 손바닥 들여다보듯 훤히 볼 줄 알아야 한다는 점이다. 담당 부서나 교구에 속한 성도들의 필요를 알고 그들을 이끌어갈 방향성을 가지고 있어야 한다. 그뿐만이 아니라 사역자의 마음은 늘 양 떼에 있어야 하고 현장을 떠나지 않아야 한다. 사역 현장에서 성도들에게 모든 것을 보여주어야 한다.

또한 사역자는 성도들을 이해해야 한다. 이를 위해 상담학이나 심리학 같은 인간 이해의 과목을 공부하는 것도 좋을 것이다. '인간은 은혜를 받아도 천사가 아니다'라는 의미를 파악하여 인간의 죄성도 이해해야 한다렘 17:9. 사람은 누구나 자기중심적이고 자기 유익을 위해 행동하며 하나님 앞에 죄성을 가진 존재임을 잊지 말아야 한다. 그러나 동시에 인간의 변화 가능성에도 주목해야 한다고후 5:16-17. 변화와 성장의 가능성이 바로 우리 사역의 이유이기 때문이다. 극단적인 낙관론과 비관론은 건강한 사역의 기초가 될 수 없으며, 있는 그대로 성도들을 이해할 수 있어야 한다.

그러나 여기서 심도 있게 다루겠지만 먼저 사역자는 무엇보다 자신을 깊이 이해해야 한다. 이에 관하여 다음의 질문들은 어떻게 사역해야 할지에 관한 통찰력을 가져다줄 것이다. (1) 내가 할 수 있는 것과 할 수 없는 것은 무엇인가? (2) 하나님께서 나를 통하여 일하고자 하시는 은사는 무엇인가? 메시지를 잘 전하는 설교자이지만, 개인상담 분야에는 열매가 약한 경우가 있다. (3) 왜 하나님께서 이 시점에, 바로 여기에 나를 부르셨는가? (4) 내가 상대하는 여러 부류의 사람들과의 만남을 어떻게 극대화할 것인가? (5) 나 때문에 상대가 얻을 유익은 무엇인가? (6) 나의 배우자가 사역의 동역자로서 어느 정도 참여할 것인가? (7) 경제적인 부분이 내 사역에 어느 정도 영향을 주고 있는가?

은사를 통한 자기 이해

21세기 교회 사역에 있어서 성도들의 은사 활용은 아주 중요한 주제가 되었다. 우리나라도 은사배치 사역이 더 이상 생소하거나 낯선 주제는 아닌 듯하다. 이미 많은 교회가 참여하고 있거나 부분적으로 시도하고 있다.

은사의 발견과 활용은 평신도들의 봉사를 위해 계발되었지만 실상은 목회 현장에도 그대로 적용된다. 특히 목회자가 자신의 은사와 강점을 알고 사역의 장을 펼쳐 나간다면 교회 성장에 훨씬 큰 힘을 받게 될 것이다.

은사는 하나님께서 교회를 섬기도록 우리에게 주신 선물이다. 그러므로 그것을 발견하여 활용하는 것은 아주 중요하다. 성도 모두의 은사가 활용되는 공동체는 어렵더라도, 지도자만이라도 은사를 활용하여 섬김의 장에서 충성을 다해야 한다.

또한 은사 외에도 성격 유형에 따른 장단점, 지도력 유형에 따른 장단점, 심지어는 혈액형 유형을 통한 자신의 장단점을 정확하게 파악한다면 많은 유익이 있을 것이다. 경험을 통해 동일한 문제에서 실패와 실수를 반복하게 될 경우, 자신의 성향에 어떤 문제가 있는지 분석한 후 집중적으로 훈련하는 것은 지도자로서 아주 중요한 태도다. 가르치는 은사가 있다고 해서 모두 설교를 잘할 것이라고 생각한다면 큰 오해다. 단 한 가지 일도 설명하기 어려운 수많은 조합으로 나타나기 때문에 가장 중요한 것은 자신을 정확하게 파악하는 것이다. 우리나라에는 은사에 대해 소개하고 있는 책이 여러 권 있다. 모두가 유사한 내용을 담고 있는데 여기에서는 앞서 언급한 은사 설명에 기초를 두어 사역적 특성과 설교자적 특성으로 나누어 살펴보고자 한다.[7]

은사는 한 개인에게 여러 가지가 중복되어 나타나고 그것이 종합적으로 활용되어 쓰임 받게 된다. 그러므로 하나씩 분리하여 사역적인 특성을 설명하는 것은 다소 무리가 있으나, 이러한 은사들이 사역에 어떤 유익을 주는지 살펴봄으로 자신의 강점과 약점이 무엇인지 알고, 또 어떤 사역에서 더 열심히 노력해야 하며 어떤 부분에서 도움받아야 하는지 숙지하고 있

7 —— 빌 하이벨스, 《네트워크 은사배치 사역》(서울: 프리셉트, 2001), pp. 38-40, 42-45. 3장, 4장 참고.

어야 한다.

1) 다스림(행정관리)의 은사

- 은사 설명: 사역의 목표를 수행하기 위한 과정을 계획하고 수립하는 은사
- 특성: 철저함, 질서 체계 수립, 목표지향적
- 사역적 특성: 부서 총무나 행정목사의 역할을 담당하면 좋다. 사람과 조직을 체계화하고 목표를 향해 나아가도록 하는 능력이 있으며, 수련회 기획이나 단기 행사 진행에도 강점을 나타낸다. 이들은 선진교회에서의 좋은 행정 사례들을 많이 배우고 연구하여 능력을 더 계발하면 유익할 것이다.

2) 재주, 예능의 은사

- 은사 설명: 예술이나 물건을 통해 하나님께 영광 돌리는 은사
- 특성: 예술적, 창조적, 감수성
- 사역적 특성: 예술공연이나 전시 문화 사역에 강점이 있다. 성탄절 준비 행사나 교회 행사 때 필요한 예능적인 부분에서 큰 강점을 발휘하게 된다.

3) 영분별의 은사

- 은사 설명: 교회 안에 진리와 거짓을 분별하는 은사

• 특성: 통찰력, 예민함, 깨달음

• 사역적 특성: 교회에 침투한 이단을 감별하는 데 유익하다. 불순한 동기와 목적으로 교회에 들어와서 미혹하는 자를 분별하고 성도들을 보호하는 데 활용된다. 이 은사가 있는 사람은 이단 전문 사역에 대한 공부를 통해 교회 내의 건강한 성도들을 보호하는 데 기여해야 한다.

4) 권위의 은사

• 은사 설명: 다른 사람을 위로하고 돕는 은사

• 특성: 용기를 북돋워 줌

• 사역적 특성: 상담과 심방 사역에서 활용도가 높다. 이 은사는 기초적인 상담 기술과 방법을 배워두면 성도들을 돌아보고 그들에게 용기를 주며 세워주는 사역에 더 큰 유익이 있을 것이다.

5) 전도의 은사

• 은사 설명: 복음을 효과적으로 전달하는 은사

• 특성: 확신적, 헌신지향적

• 사역적 특성: 교회 내에 전도특공대나 일선전도대 등을 조직하고 전도폭발과 같은 전도훈련 프로그램을 진행하여 성도들에게 전도에 대한 열정을 계속 불어넣어 준다.

6) 믿음의 은사

- 은사 설명: 하나님의 능력에 대해 확신하는 은사
- 특성: 확신적, 긍정적
- 사역적 특성: 믿음이 흔들리는 사람들을 견고하게 잡아주는 역할을 한다. 기도모임이나 상담 등을 통해 낙심한 성도나 가정에 어려움이 있는 성도가 흔들리지 않도록 견고하게 잡아주고, 교회가 어려울 때 기둥과 같은 역할로 쓰임 받기도 한다.

7) 지식의 은사

- 은사 설명: 성경적 통찰을 교회에 전하는 은사
- 특성: 이해력, 관찰이 뛰어남, 학구적
- 사역적 특성: 다양한 지식을 가지고 있어서 여러 부류의 성도들을 만날 때 그들과의 접합점을 잘 찾고 쉽게 가까워진다. 설교나 성경공부 강의에서도 지식적인 장점이 두드러지게 나타난다.

8) 지혜의 은사

- 은사 설명: 하나님의 능력을 효과적으로 적용하는 은사
- 특성: 통찰력, 풍부한 경험, 상식적
- 사역적 특성: 이 은사는 플러스알파+a가 되게 하는 은사로, 기획이나 행정 그리고 설교 등 여러 분야에서 기존에 있는

사안이 더 잘 되도록 하는 데 능력을 나타낸다. 진로상담이나 명확한 답변을 듣고 싶어하는 성도들에게 분명한 방향을 제시해 준다.

9) 지도력의 은사

- 은사 설명: 사람들에게 비전을 주고 동기를 부여하는 은사
- 특성: 영향력, 부지런함, 비전
- 사역적 특성: 담임목사 등과 같이 주로 한 공동체의 지도자에게 나타나며 목표와 방향성을 제시하고 성도들을 이끌어가는 능력이다. 지도력이 강한 지도자는 교회 성장과 역동성을 불러일으키며 사역적인 결과물도 많이 나타낸다.

10) 예언의 은사

- 은사 설명: 적절한 방법으로 진리를 선포하는 은사
- 특성: 분별력, 권위적, 촉구
- 사역적 특성: 분별력을 기초로 상담이나 성경공부를 할 때 유익하다. 주로 설교적인 은사로 나타나기도 한다. 책망을 자주하게 되므로 포용하는 방법을 겸하여 활용하면 유익하다.

11) 가르침의 은사

- 은사 설명: 말씀을 이해하고 설명하여 적용시키는 은사

- 특성: 훈련, 지각력, 분석력, 표현력
- 사역적 특성: 성경공부나 설교에서 강점을 드러낸다. 강의나 성경공부, 소그룹 모임 등을 지도하며 가르칠 때 보람과 사역적인 열매를 나타내게 된다.

디스크(DISC) 유형으로 본 자기 이해

디스크DISC는 인간의 행동유형성격을 구성하는 4개의 핵심 요소인 Dominance주도형, Influence사교형, Steadiness안정형, Conscientiousness신중형의 약자다. 사람들이 행동의 경향성을 보이는 것에 대하여 미국 컬럼비아대학교의 심리학 교수인 윌리엄 몰턴 마스턴William Moulton Marston 박사는 1928년에 독자적인 행동 유형 모델을 만들어 설명했다. 마스턴 박사에 의하면, 인간은 환경을 어떻게 인식하고 또한 그 환경 속에서 자신의 힘을 어떻게 인식하느냐에 따라 4가지 형태로 행동한다고 한다. 그리고 이러한 인식을 축으로 한 인간의 행동을 각각 주도형, 사교형, 안정형, 신중형 즉 DISC 행동유형이라고 부른다. 이 유형 역시 두 가지 이상이 중복되어 나타나기에 조화를 통해서 자신을 살펴보는 것이 중요하다.

1) 주도형(Dominance)

- 주도형은 결과를 성취하기 위해 장애를 극복함으로써 스스로 환경을 조성하는 유형으로, 일 중심적인 성향을 많이 가지고 있으며 성격이 매우 급한 편이다. 일반적인 특징으로는 다음과 같다. "빠르게 결과를 얻는다. 다른 사람의 행동을 유발시킨다. 도전을 받아들인다. 의사결정을 빠르게 내린다. 기존 상태에 문제를 제기한다. 지도력을 발휘한다. 어려운 문제를 처리한다. 문제를 해결한다." 이 유형에는 주로 기업의 CEO나 리더들이 많다.
- 사역적 특성: 일 중심적인 사고를 가진 사역자로, 관계보다는 일과 그에 대한 결과를 더 중요시하고 성격이 많이 급하다. 사역에서는 늘 자신감이 넘치고 새로운 일 맡기를 좋아하며, 항상 앞장서서 일하기를 원한다. 약간의 논리적인 면도 없지 않으나, 고집이 세고 자신의 주장을 굽히지 않는다. 단점은 성도와 사역자와의 관계적인 부분에서 많이 힘들어질 수 있다. 성향에서 나오는 강인함과 주도적인 성격이 사람들을 부담스럽게 만들고 남에 대한 배려가 많이 약하다. 그리고 사람들이 자기로 인해 상처받거나 힘들어하는 것에 대해 알지 못하고 다른 사람의 이야기를 듣는 것을 힘들어한다. 이런 성향의 사역자는 개척을 좋아하는 바울 같은 유형이다.

2) 사교형(Influence)

- 사교형은 다른 사람을 설득하거나 그에게 영향을 미침으로써 스스로 환경을 조성하는 유형으로, 일 중심적이기보다는 관계 중심적인 성향이고 성격이 매우 급한 편이다. 일반적인 특징으로는 다음과 같다. "사람들과 접촉한다. 호의적인 인상을 준다. 말솜씨가 있다. 다른 사람에게 동기를 유발시킨다. 열정적이다. 사람들을 즐겁게 한다. 사람과 상황에 대해 낙관적이다. 그룹 활동을 좋아한다."
- 사역적 특성: 관계 중심적인 사고를 가진 사역자로, 일보다는 관계 맺는 것을 중요시하며 성격이 급하다. 사역에 있어서 늘 긍정적인 사고를 가지고 있으며, 유머 있고 열정적이다. 사람을 사귀고 만나는 것을 좋아하며 말하는 것을 굉장히 좋아하고 임기응변에도 능하다. 부흥사적인 기질을 가지고 있고 사람들 사이에서 분위기 메이커 역할을 한다. 단점으로는 관계를 잘 맺고 이벤트도 탁월하게 잘하지만, 깊이가 없다는 이야기를 듣기 쉽다. 또한 사역 일정이나 약속을 잘 잊어버리고 분주함과 꼼꼼하지 못함으로 인해 상대방이 많이 힘들어 할 수 있다. 깊이 생각하는 습관과 차분함이 절대적으로 필요한 사역자다. 성경인물 중에 베드로와 같은 유형이다.

3) 안정형(Steadiness)

- 과업을 수행하기 위해 다른 사람과 협력하는 유형으로, 늘 관계 중심적인 성향이고 성격이 느긋한 편이다. 일반적인 특징으로는 다음과 같다. "예측 가능하고 일관성 있게 일을 수행한다. 참을성이 있다. 전문적인 기술을 계발한다. 다른 사람을 돕고 지원한다. 충성심을 보인다. 남의 말을 잘 듣는다. 흥분한 사람을 진정시킨다. 안정되고 조화로운 업무 환경을 만든다."
- 사역적 특성: 관계 중심적인 사고를 가진 사역자로, 관계가 깨어지면 아무것도 하지 못한다. 우유부단한 성향을 가지고 있어서 결정을 빠르게 하지 못하는 단점이 있다. 그러나 늘 충성스럽고 성실하며 성도들이나 동료들의 말에 경청을 잘 한다쌍방 간의 의사소통. 속도가 느린 편이고 다른 사람과 부딪히면 피하여 속앓이를 많이 하는 성향이다. 안정형 사역자들에게 가장 필요한 것은 자신감이며, 성경인물 중에 아브라함과 같은 유형이다.

4) 신중형(Conscientiousness)

- 업무의 품질과 정확성을 높이기 위해 기존 환경 안에서 신중하게 일하는 성향으로, 모든 일에 꼼꼼하고 완벽주의를 추구한다. 일반적인 특징으로는 다음과 같다. "중요한 지시나 기준에 관심을 둔다. 세부사항에 신경을 쓴다. 분석적으로 사

고하고 찬반, 장단점 등을 고려한다. 외교적 수완이 있다. 갈등에 대해 간접적 혹은 우회적으로 접근한다. 정확성을 점검한다. 업무수행에 대해 비평적으로 분석한다."

- 사역적 특성: 일 중심적인 사고를 가진 사역자로, 모든 일에 꼼꼼하고 완벽주의를 추구한다. 모든 일에 세밀하다 보니 일 처리 속도가 느리다. 논리적인 사고를 많이 하며 비난이나 비판받는 것을 참지 못한다. 성도들과의 관계에 있어서 세밀하게 살피고 주로 업무적인 경청을 잘하며 행정력이 탁월하나, 주도적이지는 못하다. 일에 대해서는 철저하고 냉정하다. 성경인물 중에 모세와 같은 유형이다.

지도력 유형으로 본 자기 이해

리더십을 발휘하더라도 모두가 다 똑같지는 않다. 지도자는 자신만의 독특한 스타일이 있고 그것에 따라 리더십을 발휘하게 된다. 만일 리더십 스타일을 잘 이해하고 있다면 이것이 설교에 활용되기 전에 교회 내 모든 사역에서 아주 효과적으로 사용될 것이다.

설교자가 리더십 유형을 이해하는 것이 중요한 이유는, 설교자는 말씀으로 성도들을 교훈하며 이끄는 지도자이고 교회 안에서 설교가 리더십이 발휘되는 수단으로 활용되는 경우도 있기 때문이다. 아래의 자료는 엘머 L. 타운즈Elmer L. Towns의 '팀 리더십' 중 리더십 유형 분석에 해당되는 자료의 내용을 근간으로 했다.[8] 리더십 유형은 지도자형, 표현가형, 분석가형, 행정가형으로 분류하고 그것을 다시 조합하여 8가지로 분류한다. 분류가 세밀하면 세밀할수록 더 정확하겠지만, 여기서는 통상적인 4가지 분류를 통해 살펴보도록 한다. 자신이 어떤 유형인지 인지하고 장점을 파악하여 활용할 수 있는 가능성에 대해 생각해 보면 좋을 것이다.

1) 지도자형

- 특징: 행동을 취한다. 즉각적인 결과를 원한다. 모험을 감행한다. 스스로 결정한다. 경쟁적이다. 지도자 역할을 맡는다. 문제를 해결한다. 변화를 시도한다. 본인이 무엇을 원하고 있는지 알고 있다. 다양한 프로젝트를 좋아한다. 반복적인 일에 싫증을 낸다. 결정을 내리는 일에 능숙하다. 기업가가 많다. 지시적이다. 빠르다. 무관심하다. 냉담하다.
- 사역적 특성: 지도자형 리더십에 해당되는 전형적인 스타일의 목회자 중에는 한국교회 내에서 폭발적인 성장을 이루며 관심을 받고 있는 분들이 많다. 우리가 흔히 말하는 카리스마 있고 끄는 힘이 강한 지도자들이다. 이들은 성장과 부

8 —— 월터 A. 레이시, 존 J 페닝, 《지도력 유형 및 인성 진단 질문서》(서울: 프리셉트)

흥의 열망이 강해서 교회를 그쪽 방향으로 강력하게 이끌어 가고 메시지 또한 강력한 경우가 많다. 이러한 장점의 이면에는 강력함에 소외되거나 상처받는 부류도 생기게 되지만, 지속적인 에너지 공급과 성장을 시도한다. 적용과 실천, 행동에 대한 도전과 실제적인 메시지가 많으며 성도들을 강한 용사로 성장시키고 폭발적인 에너지를 불러일으킨다.

2) 표현가형

- 특징: 공격적이다. 설득력이 있다. 낙천적이다. 농담을 좋아한다. 열정적이다. 유쾌하다. 도움이 된다. 그룹 활동을 좋아한다. 귀찮게 굴기도 한다. 사교적이다. 몽상가다. 직관적이다. 말이 많다. 사람들의 감정에 민감하다. 사람들을 잘 감동시킨다. 사람을 의심하지 않는다. 언어표현에 능하다.
- 사역적 특성: 표현가형에 해당되는 설교자 중에는 탁월한 강해설교자나 집필가가 많다. 언어적 표현이 능하고, 설교를 통해 강력한 메시지를 전달하기보다는 이해시키고 설득시키는 방법을 선호하여 논리적인 전개나 문학적인 표현들을 활용한다. 주변의 작은 소재들을 설교에 잘 접목시키며 잔잔한 감동을 불러일으킨다. 이들은 상담 사역이나 심방 사역에서 강점을 드러낸다.

3) 분석가형

- 특징: 상세하다. 사실을 기초로 한다. 정확하다. 직선적이다. 계산적이다. 따진다. 열심히 일한다. 공격적이지 않다. 높은 표준을 가지고 있다. 규칙을 준수한다. 권위를 인정한다. 자료를 수집한다. 신뢰가 부족하다. 훌륭한 조직가다. 정확하다. 사람들과 잘 어울린다. 사람을 잘 다룬다.
- 사역적 특성: 본문 분석과 말씀 연구에 깊이가 있으며 본문 내용을 정확하게 이해하는 데 많은 시간을 투자한다. 예화 활용이나 정보수집에 있어서도 정확성을 중시한다. 분석가형에 해당되는 설교자들은 대체로 설교의 중심과 내용이 명확하고 본문 내용을 충실하게 설명하려고 한다. 수련회 혹은 행사 기획 등에 능하다.

4) 행정가형

- 특징: 조용하다. 남의 말을 잘 들어준다. 한곳에 머물러 있는다. 일에 집중한다. 팀에 소속된다. 공손하다. 긴밀한 관계를 가진다. 충실하다. 다양한 성격이다. 모험을 좋아하지 않는다. 질서정연하고 조직적이다. 일을 훌륭하게 해낸다. 인내심이 강하다. 현상 유지를 더 좋아한다. 가정 중심이다. 전통적이다. 친절하다. 상세함을 요하는 일에 능하다.
- 사역적 특성: 이 부류에 속한 목회자들의 전형적인 특징은 안정적이라는 것이다. 꾸준하고 지속적이며 잔잔하게 계속

적으로 성도들에게 영향력과 감화력을 끼친다. 사역에 깊이 몰두하며 말씀 연구에도 집중하는 경우가 많다. 과격한 변화보다는 전통적이며 질서정연한 사역을 선호한다. 교회에서 안정적이며 흔들리지 않는다.

MBTI 성격 유형 분석을 통한 자기 이해

MBTI는 'Myers-Briggs Type Indicator'의 앞 글자를 딴 약자로써, 카를 구스타프 융Carl Gustav Jung의 심리유형론을 토대로 캐서린 쿡 브릭스Katharine Cook Briggs와 그의 딸 이사벨 브릭스 마이어스Isabel Briggs Myers 그리고 손자인 피터 브릭스 마이어스Peter Briggs Myers에 이르기까지 무려 3대에 걸쳐 70여 년 동안 연구 및 개발한 인간 이해를 위한 성격 유형 모델이다.

MBTI는 자신을 이해하고 다른 사람을 이해하게 함으로 관계의 어려움을 풀어내는 데 탁월한 기여를 한다. 그래서 MBTI를 통해서 리더십을 분석하고 그것이 목회 현장에 어떤 영향을 미치는지에 관해 써놓은 서적들도 있다. 어쨌든 자신을 바르게 이해하는 것은 참으로 중요하다.

MBTI는 인간을 이해하는 것을 4가지 척도로 나누고 이에 따라 각각의 편향성을 갖는다.

• 에너지를 쓰는 방향에 따라: Extraversion외향-Introversion내향

• 정보의 인식과 수용 방법에 따라: Sensing감각 –Intuition직관
• 의사결정을 내리는 방법에 따라: Thinking사고 –Feeling감정
• 삶의 방식과 행동 양식에 따라: Judging판단 –Perceiving인식

그리고 이것을 다시금 조합하여 16가지로 분석하기 때문에 그 어떤 다른 분석보다도 객관성과 정확성을 보여준다.[9]

이러한 MBTI 검사를 통한 변화에 대해 놀라운 간증을 나누는 사람들의 이야기가 종종 들려온다. 그들은 부모와 자녀 혹은 부부간에 도저히 이해되지 않는 갈등으로 인해 심각한 상황까지 갔다가, 검사를 통하여 상대방이 생각하고 인지하는 것이 자신과 다르다는 것을 발견하며 서로를 이해하고 회복했다고 한다. 뿐만 아니라 명확하게 설명되지 않는 자신의 스타일이나 자기가 추구하는 것 그리고 자기 내면이 원하는 바가 다르다는 것을 검사를 통해 알게 되는 경우도 종종 있다고 한다.

이처럼 우리는 자기가 존경하고 선망하는 사람과 동일화되려고 노력한다. 그러나 때로는 근본적으로 그 사람과 스타일이 맞지 않음에도 불구하고 단지 선망의 대상이기 때문에 모방하려 하고, 그러다 보면 자신의 한계와 절망감을 수없이 경험하며 시간을 낭비하는 결과를 가져온다.

최근 생명공학의 발달로 유전자 정보에 대한 내용이 많이

9 —— 한국심리검사연구소(https://www.assesta.com/main/main.asp#)에서 제공한 인터넷 자료 참고.

발표되고 있다. 이들은 유전자 정보만 보면 그 사람이 언제 질병에 걸릴지, 어떤 질병에 약한지 분석된다고 한다. 이와 마찬가지로 성격 유형만 제대로 분석해도 사역자로서 가장 행복하고 기쁘게 사역할 수 있는 어느 정도의 근접한 틀이 나올 것이다.

사실 MBTI를 통한 성격 분석을 기초로 하여 사역과 설교에 미치는 요인을 찾아낸다는 것은 쉬운 일 같지만 그리 간단하지 않다. 아마 이 주제만으로 한 권의 책이 나올 정도로 방대한 분량이 될 것이며 더 많은 시간과 연구를 통한 조사가 필요할 것이다. 그러나 이러한 한계가 있음에도 여기에서 다루고자 하는 이유는 사역자의 성격과 성향에 따라 설교의 연구방법과 전달방법이 어떻게 달라질 수 있는가에 대한 인지와, 더 나아가 설교자로서 자신을 더 깊게 연구해 보는 전기를 마련하고자 함이다. 그러므로 대표적인 MBTI의 4가지 선호지표 표현을 통해 설교자의 모습을 생각해 보도록 하자.

1) 에너지 방향에 따른 부류

- 외향형Extraversion: 폭넓은 대인관계를 유지하고 사교적이며 정열적이고 활동적이다. 자기 외부에 주의를 집중한다. 외부 활동에 적극성을 띤다. 말로 표현하는 것을 선호한다. 경험한 후에 이해한다. 외부에 자기 존재가 쉽게 알려진다.
- 내향형Introversion: 깊이 있는 대인관계를 유지한다. 자기 내부에 주의를 집중한다. 내부 활동에 집중력이 강하다. 조용

하고 신중하며 글로 표현하는 것을 선호한다. 이해한 후에 경험하며 외부에 자기 존재가 서서히 알려진다.

- 사역적 특성: 외향적인 사역자는 좋은 분위기를 만들고 사역의 역동성을 불러일으키는 반면에, 에너지가 너무 강하면 무례하다고 느끼거나 강한 주도성으로 인해 역감정을 불러올 수 있다. 또한 세밀히 살피는 것이 다소 약할 수 있다. 내향적인 사역자는 역동성이 약하나 자신의 일을 꼼꼼히 처리한다. 대체로 부교역자 생활을 오래하면 내향적인 성향이 나타나게 되고, 외향적인 사역자도 조직 속에서 내향적인 장점들을 배우게 된다.

2) 정보 인식 방법에 따른 부류

- 감각형Sensing: 오감에 의존하고 실제 경험을 중시하며 현재에 초점을 맞추고 정확하고 철저하게 일을 처리한다. 사실적으로 사건을 설명한다. 나무와 숲 중에서 나무를 보려는 경향이 있다. 가꾸고 추수한다.
- 직관형Intuition: 육감 내지는 영감에 의존하고 미래지향적이며 가능성과 의미를 추구하고 신속, 비약적으로 일을 처리한다. 아이디어가 많다. 비유적이며 암시적인 묘사를 선호한다. 나무와 숲 중에서 숲을 보려는 경향이 강하다. 씨를 뿌린다.
- 사역적 특성: 감각형은 경험을 중시한다. 과거에 배운 경험과 통계 등을 중시하여 사역을 전개한다. 실수가 적고 꼼꼼

하나 사역의 속도가 느리게 나타날 수 있다. 반면에 직관형은 사역의 역동성과 속도에서 빠른 효과를 가져다주나, 실수가 있을 수 있고 사역에 비어 있는 부분이 나타날 수 있다. 그러므로 실사구시實事求是의 사역이 될 수 있도록 노력해야 한다. 부교역자에게 요구되는 행정적 사역은 대부분 감각형이므로 사역 속에서 경험과 통계를 통해 정확하게 일을 처리하는 성향을 점차 배우고 닮아가야 한다.

3) 의사결정 방법에 따른 부류

- 사고형Thinking: 진실과 사실에 주된 관심을 가지고 논리적이고 분석적이며 객관적으로 판단한다. 원리와 원칙을 중시한다. 맞다와 틀리다로 표현되고 규범과 기준을 중시한다. 지적논평을 한다.
- 감정형Feeling: 사람과 관계에 주된 관심을 가지고 상황적이며 정상 참작한 설명을 한다. 의미와 영향을 중시하고 포괄적이다. 좋다와 나쁘다로 표현되며 나에게 주는 의미를 중시한다. 우호적으로 협조한다.
- 사역적 특성: 사고형은 논리적이다. 일을 처리할 때 앞과 뒤가 분명해야 하고 언제, 어디까지 해야 하는지 자신의 역할과 범위를 규명해줄 때 사역을 잘 담당한다. 그러므로 감정형 담임목사가 사고형 부교역자에게 업무를 줄 때는 시기와 범위를 정해주는 것이 좋다. 감정형은 관계에서 탁월성

을 발휘한다. 심방이나 교제 등에서 나타내며 많은 사람과 친분관계를 유지한다. 그러나 사역할 때 감정이 개입되어서 본인은 원칙에 따라 정한다고 생각하지만 상대로 하여금 혼란을 느끼게 할 여지가 많다. 반면에 성도들과의 따뜻한 관계를 형성하거나 감정적인 교류를 만들어서 모임이 하나 되게 하는 데 능력을 나타낸다.

4) 행동양식에 따른 부류

- 판단형Judging: 분명한 목적과 방향이 있고 기한을 엄수하며 사전에 철저히 계획하고 체계적이다. 정리 정돈을 잘하고 계획을 잘 세우며 의지적인 추진을 한다. 신속한 결론, 통제와 조정, 분명한 목적의식과 방향 감각, 뚜렷한 기준과 자기 의사가 있다.
- 인식형Perceiving: 목적과 방향이 변화 가능하고 상황에 따라 일정이 달라지며 자율적이고 융통성이 있다. 상황에 맞추고 이해로 수용하며 유유자적한 과정을 좋아한다. 융통과 적응이 뛰어나다. 목적과 방향이 변화할 수 있다는 개방성과 재량에 따라 처리될 수 있는 포용성이 있다.
- 사역적 특성: 대체로 조직에서 원하는 유형은 판단형이다. 정확하고 체계적이며 분명한 목적을 가지고 일을 수행하는 것이 부교역자에게 요구되는 모습이다. 이 유형은 정확한 업무 처리와 행정적인 능력에 강하다. 인식형은 담임목회자

나 선교사, 청소년 사역자들에게 나타나는 유형으로, 조직이 자유롭고 자신이 활용할 수 있는 융통성이 많은 환경에서 나타난다. 오랫동안 부교역자 생활을 하게 되면 인식형의 사람에게도 판단형의 형태가 몸에 배어 판단형의 특징들이 나타난다.

MBTI 분류는 이상을 종합 배열하여 16가지 경우의 수를 만들고 정확하게 분석해 준다. 개인적으로 설교자적인 특징들을 분류해 보며 들었던 생각은, 16가지 유형으로 모두 사례분석하면 더 정확하겠다는 것이다. 그러나 지면의 한계와 다뤄야 할 또 다른 많은 부분이 있기에 이 정도에서 일단락하고자 한다. 또한 자신의 성격 유형을 꼭 검사해 볼 것을 권하고 싶다. 자신의 성격 유형을 테스트해 보거나 상담자로부터 상담을 받은 후라면 약간의 통찰력만 발휘해도 자신의 설교자적인 장단점을 쉽게 분석해 낼 수 있을 것이라고 생각된다. 이는 자신에게 적용되는 긍정적인 힘을 계발하여 유감없이 사용하는 것이다.

건강한 균형과 계발을 위해 노력하라

자기 자신을 이해하는 것은 정말 중요하다. 그러나 그 어떤 이론으로도 자신을 정확하게 설명할 수는 없다. 이 모든 것은 근

사치에 대한 통계이며 일종의 분류일 뿐이다. 아무리 잘 분류했더라도 자신과 맞는 부분, 안 맞는 부분은 분명히 있다. 가장 정확하게 나 자신의 정체성을 설명하려면 70억분의 1로 분석해야 모든 것이 정확하게 나올 것이다. 나라는 존재는 하나님 앞에서 귀하고 독특한, 이 세상에 하나밖에 없는 유일한 존재이기 때문이다. 그렇지만 조금이라도 자신의 성향이 포함되어 있는 유형검사를 모두 해 볼 필요는 있다. 검사를 통해 자신을 더 정확하게 알고 다른 사람을 이해한다면 사역자로서 유익이 많을 것이다. 또한 자신의 강점을 최대한 살리고 약점을 보완하는 것은 바로 자신을 이해하는 것에서 시작된다.

이 장을 통해 우리가 얻어야 할 교훈은 내가 누구인지 정확하게 파악하는 것이며, 자신의 장점을 최대화하고 단점을 최소화하여 건강한 균형을 유지하는 것이다. 여기서 중요한 것은 균형인데 균형이라는 단어와 인간이라는 단어는 연결하기가 심히 어려운 관계다. 건강한 균형을 유지하는 것이 목표일지라도 우리는 그 균형점에 다가가지 못하고 어느 한쪽에 치우쳐 있게 된다. 모든 일의 결정과 판단의 주체는 자신이 되기에 그렇다.

그러나 우리는 자신의 모난 모습을 강조하지 말고 건강한 균형점을 향해 계속 나아가야 한다. 여러 한계가 있더라도 자료들을 통해 자신을 분석하고 그것을 기초로 약점을 보완해 간다면 더 나은 모습을 기대할 수 있을 것이다. 절대로 완벽해지지는 않겠지만, 적어도 노력의 결과물을 얻게 될 것이다. 또한 자신을 객관적으로 분석하고 그것을 기초로 사역의 틀을 만들어 준비한다면 사역의 효율성과 능률성이 극대화될 것이다. 만약 지도자의 위치에 있다면 동역자들의 장점과 약점, 은사와 성격 유형 등을 종합하여 그들에게 적합한 사역을 제공했을 때 훨씬 효율적이고 능률적인 사역을 경험하고 모든 사람이 즐겁게 사역할 수 있을 것이다.

멋있는 미래목회를 꿈꾸는 사역자라면 한 번쯤은 한국교회를 이끌고 있는 목회자들 곁에서 배우고 싶은 열망이 있을 것이다. 어쩌면 그분들의 계보를 잇는 한국교회의 중심적인 인물이 되고 싶은 야망도 있을 것이다. 그러나 현실적으로 평범하게 살아가는 사역자가 그런 목회자들과 접할 기회는 그리 많지 않다. 그래서 때로는 그분들이 나의 이름 석자를 기억해 주는 것만으로도 감격스럽고 행복해지기도 한다. 이렇듯 사람은 자기가 존경하고 따르는 사람과 동일시하려는 성향이 있기에 어떤 스승 밑에서 배우는가는 사역의 전체 방향을 결정한다.

한 교회에서 오래 사역한 부교역자는 부지중에 담임목사의 흉내를 낸다. 말투나 사고하는 방식, 심지어 걸음걸이까지 담임목사를 닮는다. 이처럼 우리는 살아가면서 누군가의 영향을 받을 수밖에 없는 존재다. 그 영향 속에서 자신의 정체성을 형성한다. 그러므로 누군가에게 배우려고 할 때 우리는 먼저 왜 그에게 배우려고 하는지 동기를 생각해 봐야 한다. 대부분의 젊은 사역자가 배우고 싶어 하는 목회자 중에는 교회를 급성장시키고 세간에 주목받는 분들이 많다. 그러나 반드시 짚어봐야 할 문제는 교회의 크고 작음을 보고 배우려고 하기 보다 건강한 영성과 세계관을 가진 목회자로부터 배우고자 해야 한다. 교회가 크다고 다 건강한 것은 아니며, 작다고 건강하지 않은 것도 아니다. 성장지향적인 관점에서만 모든 것을 이해하고 받아들인다면, 기형적이고 역기능적인 모습까지 닮을 수도 있다.

앞서 설명한 것처럼 우리는 자신을 정확하게 분석해야 한다. 그 후에 자신과 가장 유사한 성격 및 스타일을 가진 목회자를 찾아보는 것이 좋다. 모든 사람에게 다 배울 수도 있겠지만 여러 가지로 한계가 많기에 자신과 가장 유사한 성향을 가진 사역자를 찾아 그 사역과 설교를 배운다면 큰 유익이 있을 것이다. 기질적인 유사점이 사역의 강점을 극대화해 준다.

토의 및 생각해 볼 주제들

01 사역자로서 나의 강점과 더 계발해야 할 부분은 무엇이라고 생각하는가?

02 내가 지금 담당하고 있는 부서의 특성과, 또한 관계된 성도들에 대해 얼마만큼 이해하며 알고 있는가?

03 나에게 나타난 두드러진 은사는 무엇인가? 이 은사가 사역에서 어떻게 사용될 수 있겠는가?

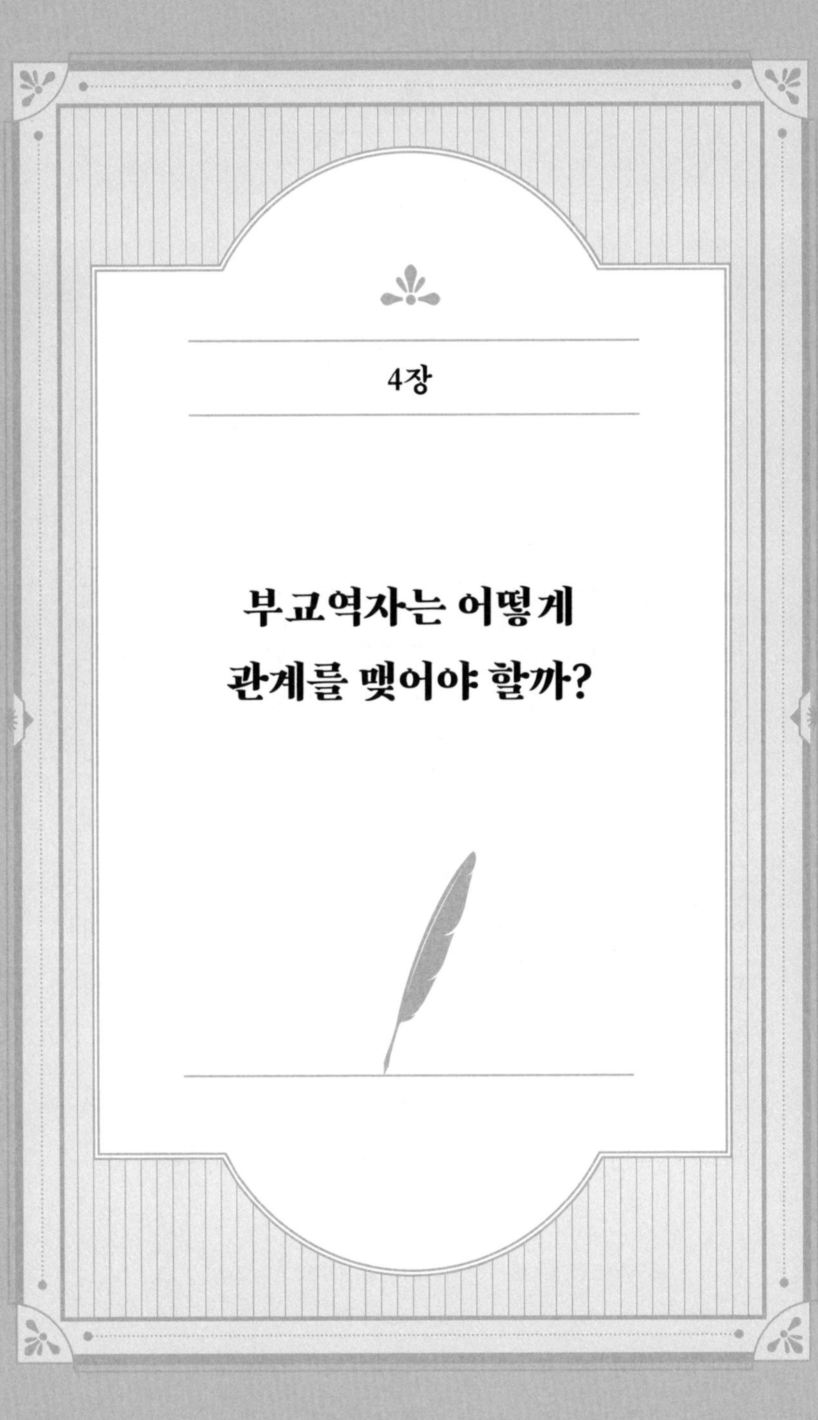

4장

부교역자는 어떻게 관계를 맺어야 할까?

미국 경영학의 아버지라 불리는 피터 드러커는 모든 경영문제의 60퍼센트가 잘못된 커뮤니케이션의 결과라고 주장한다. 또한 어느 가정상담가는 모든 이혼의 절반 이상이 부부간의 잘못된 커뮤니케이션의 결과라고 말하고, 범죄학자들은 모든 범죄자의 90퍼센트 이상이 다른 사람과의 커뮤니케이션에 문제가 있다고 한다. 이처럼 커뮤니케이션은 이해의 기초가 되기에[10] 커뮤니케이션을 잘하는 것이 곧 관계 형성을 잘하는 것이다. 그리고 잘못된 커뮤니케이션의 결과는 관계 악화를 가져온다.

관계는 목회 사역의 핵심이다. 목회의 대부분은 사람을 만나는 일로 이루어진다. 담임목사를 대해야 하고 동료들을 만나

10 —— 존 맥스웰, 《존 맥스웰의 관계의 기술》(서울: 생명의말씀사, 2003), p. 29.

야 하며, 성도들을 만나 심방과 상담과 양육을 해야 한다. 목회는 곧 관계라고 해도 지나치지 않을 정도로 목회 현장 속에 관계성이 지배하고 있다. 그러므로 행복한 목회를 이루기 위해서는 창조적인 관계를 만들어가는 것이 핵심이다. 여기서는 목회의 관계 기술에 대해 살펴보며 담임목사, 동료, 성도와의 관계를 어떻게 이뤄가야 하는지 알아보고자 한다.

관계의 열쇠는 자기 자신에게 있다

로널드 리처드슨Ronald Richardson은 목회자가 교회에서 가지는 관계가 목회자 개인이 처음 경험했던 원가족에서의 학습 패턴을 반복한다고 보았다. 원가족에서 성장한 경험이 사역자의 기능 수행에서 정서적으로 중요한 요소로 작용하고, 때로는 숨은 요소로 작용하게 된다. 그리고 어려운 일이 발생했을 때 원가족 때의 패턴으로 회귀하려는 성향을 가진다.[11] 이것은 목회자의 관계 형성 훈련이 이미 어린 시절에 가정 안에서 형성된다는 것을 잘 보여준다. 좋은 관계훈련은 이미 가정에서 습득하는 것이다. 그러므로 만일 가정에서 좋은 관계 기술을 배우지 못했다면 사역자로서 그것을 계발하는 일에 더욱 정진해야 한다.

11 —— 로널드 리처드슨, 《목회는 관계 리더십이다》(서울: 국제제자훈련원, 2008), p. 18.

사역지에서 관계의 문제를 자주 일으키는 사역자를 살펴보면 그의 어린 시절에 부모의 양육 태도와 가족 구성원들과의 관계가 나타남을 보게 된다. 작은 비난에도 견디지 못하여 심하게 분노하거나 집요하게 한 사람을 공격하는 행태, 심한 경우 폭력적인 언행을 일삼는 원인을 찾아가면 원가족들과의 관계에 있다. 또한 자기중심적이고 독선적이며 타인에 대한 이해 부족 혹은 지나친 경쟁의식과 잦은 분노 등은 사역자이기 전에 한 자연인으로서 그가 살아오면서 가진 문제들이다.

그런데 더 큰 문제가 있다. 관계에 문제를 일으키는 사역자들이 문제의 원인이 자신에게 있다는 것을 알지 못할 뿐만 아니라 인지하지도 못한다는 것이다. 그러니 한 사역지에서 혹은 사역지를 여러 번 이동하면서 유사한 관계의 갈등이 일어났다면 문제의 원인을 남에게 돌릴 것이 아니라 자기 자신에게서 찾아보는 지혜가 필요하다. 충분한 사랑과 인정을 받지 못한 과거가 사역 현장에서 관계의 어려움으로 나타나기 때문이다.

사람은 누구나 약점이 있다. 사역자에게도 약점이 존재한다. 그렇기에 중요한 것은 그것을 인지하고 극복하기 위해 노력하는 것이다. 깊은 말씀묵상과 기도생활을 통해 성령님의 도우심으로 연약한 내면이 위로받고 치료받아야 하며, 필요하다면 상담 전문가를 통해 쓴뿌리를 해결해야 한다. 이렇듯 사역지에서 관계의 문제가 일어난다면 자신을 돌아봐야 한다. 탁월한 사역자는 관계를 어렵게 하지 않는다. 오히려 어려운 관계를 풀어내고 더 많은 사람이 관계 가운데 역동성을 불러일으키도록 한다. 사역의 달인은 곧 관계의 달인이라고 해도 과언이 아닐 것이다.

그렇다면 어떻게 해야 좋은 관계를 이뤄갈 수 있을 것인가? 존 맥스웰John C. Maxwell은 인간관계의 기초가 되는 것을 격려하기, 인정해주기, 용서해주기, 경청하기, 이해하기라고 했다.[12] 이러한 기초적인 훈련에 충실할 때 관계 변화와 성장을 맛보게 되는 것이다. 그러므로 이 장에서는 사역의 관계 속에 이러한 기초적인 것들이 어떻게 활용되는지 살펴보도록 하자.

담임목사와의 멘토링

부교역자는 담임목사를 보좌하는 사역자다. 담임목사와 바른 관계를 형성하는 것이 사역에 기초가 된다. 그래서 담임목사와 올바른 관계를 형성했다는 것은 사역자의 모든 것을 설명해 준다고 해도 과언이 아니다.

담임목사와 부교역자 간에 올바른 멘토Mentor로서의 관계 형성은 사역의 성공적인 결과를 가져온다. 바울과 디모데를 비롯하여 성경 속 위대한 인물들도 모두 훌륭한 스승으로부터 말

12 —— 존 맥스웰(2003), 앞의 책, p. 29.

씀을 배웠다. 현재 한국교회 목회 현장에서 성공적인 목회를 하는 사역자들 중에도 홀로 혜성처럼 나타난 목회자는 없다. 위대한 지도자가 있기 전 위대한 스승이 있었다. 그러므로 담임목사와 부교역자의 바른 관계 형성으로 목회 리더십이 전수될 때 한국교회는 희망을 갖게 된다.

옥한흠 목사님은 한국교회 위기의 해결방법이 올바른 목회 리더십 계승에 있다고 보고, 사랑의교회 목회 리더십 계승을 성공적으로 수행했다. 이는 목사님이 제자훈련 사역으로 쌓은 한국교회에 대한 공헌보다도 훨씬 더 큰 업적을 남기게 되었고, 옥한흠 목사님과 사랑의교회 2대 목사인 오정현 목사님 사이에는 사역 계승 이전에 목회 멘토링의 관계가 형성되어 있었다.[13] 그러나 이 부분은 그리 간단한 일이 아니다. 부교역자로서 어려운 점도 있다. 담임목사가 부교역자를 경쟁자로 여겨서 사역의 창의성이 제한되거나 사역 임기에 대한 불안과 생계에 대한 위협 등이 있을 수 있다.[14] 그렇기에 담임목사와 부교역자 간에 올바른 멘토링의 전제는 부교역자를 품고 양육할 수 있는 담임목사의 인품과 그릇이다.

멘토링은 한쪽에서 일방적으로 만들 수 없다. 서로가 신실

13 —— 〈월간조선 2008년 1월호〉, 이근미, “모범적인 세대교체로 두 배 성장한 사랑의교회”, pp. 274-287.

14 —— 문민웅, “한국교회 남성 전임부교역자들의 스트레스에 대한 연구”, 연세대학교 연합신학대학원 석사논문(2004), p. 35.

한 관계 형성을 통해 멘토링 관계를 만들 때, 부교역자는 현장 사역뿐만 아니라 세대 계승자로서의 진정한 훈련을 받을 수 있게 된다. 그렇다면 부교역자가 담임목사와 바른 관계를 형성하기 위해서는 어떻게 해야 할까?

첫째, 담임목사의 고충을 이해하도록 힘써야 한다. 담임목사의 위치와 상황 등에 대한 이해가 기초가 될 때 올바른 관계가 형성된다. 그리고 이를 위해서는 담임목사가 갖는 무한 책임에 대한 스트레스를 이해해야 한다. 담임목사는 모든 일에 책임을 진다. 교회에서 발생하는 모든 일의 최후 책임자다. 성역에 따른 거룩한 스트레스, 바울의 표현을 빌리자면 "내 속에 눌리는 일"고후 11:28을 피하지 못한다. 부교역자가 청년들의 다양한 문제를 끌어안고 뜬 눈으로 밤을 지새울 때, 담임목사는 교회의 제반사를 가지고 강단에 엎드려 고민하고 있음을 기억해야 한다. 장로교회일 경우 부교역자는 담임목사와 당회원장로들과의 역학관계를 결코 이해하지 못할 것이다.

이렇듯 부교역자는 담임목사를 이해하기 위해 노력해야 한다. 담임목사에 대한 이해는 그의 마음속에 감동의 바람이 불게 할 것이고 상대방을 품는 따뜻한 가슴의 소유자는 어디서나 환영받는다.

또한 전가의 보도寶刀를 휘두르듯 비판의 날을 세우지 말아야 한다. 부교역자에게 요구하는 사항이나 지시사항 등 모든 것은 담임목사의 직책과 연관이 있다. 담임목사의 부담과 고충을 이해하기 위해 힘쓴다면 관계에 발전이 올 것이다. 상대방의 위치와 역할 그리고 고민에 대해 이해하고자 힘쓸 때 더 좋은 관계의 발전이 온다는 것을 기억해야 한다.

둘째, 투명한 관계를 통해 커뮤니케이션에 오해가 없어야 한다. 은근슬쩍 사역하지 말고 상호 신뢰 사역을 위해 담임목사와 투명하게 소통해야 한다. 특히 청년 사역자의 경우, 청년 사역의 특수성우월의식이든 피해의식이든을 강조하기보다는 소통을 강화해야 한다. 소신껏 사역하기 위해서는 현장과 사역 계획에 대하여 담임목사와 늘 소통해야 한다. 주도적인 의사소통을 하면서 질문을 기다리지 말고 사역 계획을 확신과 더불어 공유해야 한다. 또한 자기 사역에 대한 명확한 이해와 공유로, 사역을 위한 의사소통에 문제가 없어야 한다. 이것은 보고의 문제다. 정확성과 객관성을 가지고 대화할 수 있어야 한다. 투명한 관계가 되도록 사역과 자기 자신에게 정직해야 한다.

셋째, 충성해야 한다. 부교역자는 하나님께서 위임한 권위에 몸과 마음을 담아 충성해야 한다. 이 충성은 근본적으로 교회를 유익하게 하고 부서를 부흥하게 할 뿐만 아니라, 담임목사로부터 신뢰를 얻게 한다. 이렇듯 충성은 담임목사와의 관계를 여는 열쇠다. 우리의 생명이신 주님이 한 목숨 바쳐 충성하셨듯이 담임목사를 충성의 제1호로 생각하여 몸과 마음을 쏟아 부어야 한다딤전 5:17. 그러면 담임목사도 부교역자에게 최선의 지원과 격려를 아끼지 않을 것이다. 대한민국의 담임목사

중 부서의 부흥을 원치 않는 목사가 있을까? 담임목사의 신뢰를 얻고 사역하면 사역의 길이 평탄할 것이다.

담임목사 모임의 대화 중에 종종 거론되는 부교역자의 모습은 요새 신뢰할 부교역자가 많지 않다는 것이다. 그렇기에 이제 부교역자로서의 새로운 이미지를 만들어가야 한다. 사역의 위대함을 간직한 일꾼들은 이 시대의 진주처럼 귀하다. 섬기고 있는 담임목사에게 스스로 돌멩이가 되지 말고 보석이 되도록 힘써야 한다.

넷째, 사역의 적극적인 동참자가 되어야 한다. 담임목사가 목회 철학과 방향성을 가지고 교회를 운영해 갈 때, 부교역자는 방관자가 아니라 적극적인 동참자가 되어야 한다. 때로 담임목사와는 다른 기질과 성향으로 그의 목회 철학에 100퍼센트 동의가 일어나지 않는다고 하더라도, 부교역자로서 그곳에서 사역한다면 교회의 목회적 흐름에 적극적인 참여자가 되어야 한다. 의무를 감당하는 수준에서 벗어나 담임목사의 심정으로 사람을 만나고 일을 해결해야 한다. 부교역자로서 행한 것과 말한 것은 소문을 따라 반드시 담임목사의 귀에 들어가게 되어 있다.

또한 교육관 증축이나 예배당 건축, 특별사업 등에 능동적인 참여자가 되어야 한다. 능동적인 참여는 꼭 물질돈만이 아니다. 목회 방향과 철학, 교회의 제반사에 대하여 한 목소리를 유지해야 한다. 담임목사와 견해가 다를 때는 정중하게 질문하면서 사역의 적극적인 동참자가 되어야 한다.

다섯째, 담임목사의 개인적인 관심을 공유해야 한다. 담임목사의 어려운 일과 가정 문제에 대해 함께 울고 함께 웃을 수 있도록 해야 한다. 담임목사의 짐을 함께 나눠지려는 태도와 자세를 갖는 것이 중요하다. 담임목사도 천사가 아니다. 가정을 가진 가장이요, 감정을 소유한 연약한 존재다. 그러므로 기뻐할 일에는 함께 마음껏 기뻐하고, 목회의 어려움을 함께 나누기로 결심했다면 담임목사의 약점도 능히 용납하고 품을 수 있어야 하겠다.

또한 담임목사의 애경사에도 깊은 관심을 가져야 한다. 만약 자신이 부교역자로서 어려움을 당한다면 담임목사는 지혜롭게 지원할 것이다. 마찬가지로 새벽 조용한 시간에 담임목사의 위로자, 막강한 후원자가 되기를 진심으로 원하여 지혜를 구한다면 하나님께서 주체할 수 없는 응답으로 반드시 채워주실 것이다.

여섯째, 담임목사의 참모가 되어야 한다. 맹종이나 아부가 아니라 담임목사와 좋은 관계를 유지할 수 있어야 한다. 담임목사의 상황을 이해하고 격려를 아끼지 않으며 사안마다 적절한 참모가 되어야 한다. "나는 담임목회자의 목회 철학이 힘 있게 펼쳐지도록 조력자로서 이 사명을 잘 감당하고 있는가?", "나는 부교역자로서 나의 존재와 기능으로 하나님의 교회를 복되게 하고 있는가?", "나는 구별하여 선택된 목회자로서 한 영혼을 온전하게 세우기 위해 온몸과 마음을 송두리째 드리고 있는가?"라고 스스로 질문하는 부교역자만이 인생의 주군이신 우리 구주 예수 그리스도에게 붙들려 존귀하게 쓰임 받을 것이다.[15]

일곱째, 담임목사에 대한 예의를 갖춰야 한다. 부교역자는 공과 사를 구별할 수 있어야 한다. 친분을 오해하여 사역에 방해되게 해서는 안 된다. 또한 사역에 방해가 되는 변명을 늘어놓지 말아야 한다. 부교역자로 부르심을 받은 목적에 맞게 성실히 임해야 한다. 뿐만 아니라 자신의 감정 변화나 기분을 알리면서 감정에 대해 수용해 줄 것을 요구해서는 안 된다. "지금 내가 기분이 좋다, 좋지 않다" 등의 표현을 담임목사에게 하는 것은 부담을 주는 행위이며 결례다. 이 외에도 불필요하고 골치 아픈 논쟁은 피해야 하고 이전 사역지의 담임목사에 대한 흉이나 욕을 담임목사 앞에서 하지 말아야 한다. 그것은 '언젠가 당신의 욕도 할 것'이라고 알리는 것밖에 안 된다.

여덟째, 사역을 원활하게 하기 위해 담임목사의 지시가 있을 때는 자의로 해석하지 말고 그 뜻을 그대로 받아들여야 한다. 관계의 문제는 커뮤니케이션의 문제인데, 문제가 일어나는 이유는 뜻을 왜곡하여 받아들이기 때문이다. 사역 현장에서

15 —— 〈목회와 신학 2023년 9월호〉, 오정호, "담임목사가 조언하는 부목사의 6가지 목회 훈련", p. 61.

일어나는 의사소통의 문제를 살펴보면 담임목사가 지시한 것이 그대로 이행되지 않는 경우가 있다. 이러한 예는 담임목사가 무엇을 원하는지 정확히 파악하지 못했기 때문이다. 담임목사의 지시 내용을 그대로 받아들인 것이 아니라 자신의 경험과 생각으로 재해석한 것이다. 매번 동일한 의사소통의 문제가 발생하는 경우에 부교역자는 담임목사가 변덕이 심한 것처럼 이해하지만, 대부분은 그 자신이 의사소통 방법을 잘 숙지하지 못했기 때문이다. 그러므로 부교역자는 담임목사의 의중을 정확하게 파악해야 한다. 담임목사의 의중은 마음을 담아 진실하게 섬기기 원하는 부교역자가 포착할 수 있다. 담임목사와 엇박자를 내는 부목사는 그가 담임목사가 되었을 때 후회가 막급할 것이다.[16]

군대에서는 정확한 명령 전달을 위해 복명복창復命復唱을 하게 한다. 복명복창이란 상급자가 내린 명령과 지시를 되풀이하여 말하는 것으로, 이를 통해 명령과 지시가 정확하게 전달되었음을 확인할 수 있고 그 시행을 다짐하게 한다. 만약 어떤 지시를 받았는데 의사소통의 문제로 여러 번 어려움이 초래된다면 그 다음부터는 지시를 받을 때 지시내용 그대로를 담임목사 앞에서 한 번 더 확인하는 것도 방법이다. 그러면 자신이 바르게 이해했는지 점검된다.

16 —— 위의 책, p. 61.

동역자와의 관계 – 인정하기

동역자와의 관계는 서로가 상생할 수 있는 것이어야 한다. 이러한 관계를 만들기 위해 몇 가지를 살펴보자.

첫째, 동역자의 사역을 존중해야 한다. 동역자가 설교를 마쳤을 때 진심으로 축복해주고 그의 사역 중 잘하는 부분에 대해 칭찬과 격려를 아끼지 말아야 한다. 동역자의 사역을 존중해주면 사역에 시너지를 낼 뿐만 아니라 순전한 동역의 관계로 발전하여 자랑거리가 된다. 여호수아와 갈렙은 아름다운 우정과 동역의 모습을 이룬 성경적인 모델이다. 더 큰 비전을 위해서 자신이 가려지더라도 갈렙과 같이 축복할 수 있는 위치에 서야 한다.

둘째, 사역의 경쟁관계를 피해야 한다. 자기 부서를 위해 타 부서의 교사를 확보하거나 자신의 사역 위치를 활용하여 타 부서 사역자에게 어려움을 주어서는 안 된다. 정정당당하게 자기 사역에 전념하되, 전체를 생각하며 협조하는 법을 배워야 한다. 부교역자도 타락한 본성을 지닌 존재이기에 사람들이 모이면 파열음이 나게 마련이다. 그렇기에 원팀은 이러한 파열음을 극소화하고 공동선을 극대화하는 것이다. “내가 쓰임 받을 수 있다면 당신도 쓰임 받을 수 있다.” “당신이 쓰임 받을 수 있다면 나도 쓰임 받을 수 있다.” 원팀은 상호 존중의 토양에서 성장한다.[17]

셋째, 다투지 말아야 한다. 시기Envy는 동역자가 가진 성취나 업적을 갖고 싶어 하는 마음에서 일어나는 분노다. 또 하나님 앞에서 동역자가 누리는 환경이나 상황에 대해 불공평하다고 외치는 것이다. 이러한 시기는 동역자와의 관계를 파괴하고 사역을 어렵게 하므로 서로를 존중하고 더욱 귀하게 여겨주어야 한다. 다툼을 예방하기 위해 동역자 간에 개인적인 만남을 가져서 서로의 장점과 성격 등을 파악하고 우정을 쌓아가야 한다.

넷째, 서로 배워야 한다. 선한 경쟁은 발전을 가져다주지만 지나치면 관계와 사역을 망쳐버린다. 동역자가 나보다 낫다는 생각을 가지고 무엇인가를 배우기에 힘쓴다면 관계는 좋아질 것이다. 내가 그보다 낫다는 것을 증명하기 위해 사역한다면 뛰어난 것을 증명할 수 있을지는 모르지만 사람을 잃게 될 것이다. 반대로 그들이 나보다 낫다는 생각을 가지고 물어보며 배우고자 힘쓰는 태도를 가지면 관계에 발전을 가져온다.

동역자와의 관계에서 핵심은 존중과 인정이다. 그리고 나와 동역하는 사역자는 경쟁자가 아니다. 그들과 함께 있는 시간도 인생으로 보면 그리 길지 않다. 그러기에 머지않은 시점에 다시 만날 때 진정한 동역자가 될 수 있는 기초를 만드는 과정으로 이해해야 한다. 사역의 공과公過가 있을 때 비난보다는

17 —— 위의 책, p. 61.

칭찬과 존중 가운데 배우기를 힘써야 한다.

다섯째, 대화 시간과 비공식적인 모임을 자주 가져야 한다. 소수 무리가 모여 전체에 해를 끼치는 파당 짓는 일은 삼가야겠지만, 더 나은 분위기를 위해 비공식적인 모임을 갖는 것은 중요하다. 개인적인 만남이나 가족 간 식사, 공동 취미활동 등은 서로에게 신뢰를 갖게 하여 더 깊은 동역관계를 형성하게 한다. 함께 족구 같은 운동이나 개인적인 상담 등을 통해 비공식적인 모임을 함께 하면 한 번 만난 사역자에서 평생 동지로 발전하게 된다.

여섯째, 원팀으로 만드는 촉매제가 되어야 한다. 학교 졸업 기수나 나이, 부임시기를 가지고 동료에게 무례하게 행동하거나 파당을 짓는 것은 부목사로서 뱀을 피하듯 멀리해야 하는 일이다. 성령의 일하심은 사역의 조화와 섬김의 현장에서 발생하는 것이다. 국내파, 해외 유학파, 혈연, 지연, 학연 같은 인습과 지역주의를 성령님의 은혜와 복음의 능력으로 압도하지 않는 한, 권력에 대한 욕구가 부교역자의 마음속에 솟아오를 것이다. 상호 존중은 하나님께서 우리를 만나게 하셨다는 섭리적 계획을 "아멘"으로 받을 때 이뤄진다.

그뿐만 아니라 원팀을 이루기 위해 자기에게 부여된 직무에 확실하게 반응해야 한다. 군대 훈련소에서는 구령에 맞춰 함께 통나무를 들고 내리는 훈련이 있다. 전체가 일사분란하게 움직이는 그때, 한두 사람은 힘들이지 않고 시늉만 해도 별 표시가 나지 않는다. 그러나 부교역자가 은근슬쩍 눈가림하는 것은 목회 생명을 단축시키는 일임을 명심해야 한다. 본분에는 충성스럽게, 동료들에게는 끝까지 친절하고 예의바르게 처신해야 한다. '나는 부목사로서 우리 부교역자들을 원팀으로 만드는 촉매제 역할을 하고 있는가?'라고 스스로에게 끊임없이 질문해야 한다.[18]

성도와의 관계 – 경청과 격려하기

성도는 목양의 대상이며 성도와 사역자와의 관계에서 가장 필요한 기술은 경청과 격려다. 경청은 상대방의 말과 행동에 집중하여 그가 얼마나 소중한 사람인지를 인정해 주는 것을 말하는데,[19] 심방하거나 상담할 때 잘 경청해주는 것만으로도 많은 문제가 해결된다. 또한 경청은 성도들로 하여금 사역자에게 존중받고 있음을 느끼게 해준다. 너무 많은 말을 하기보다 잘 들어줄 때, 그들과 창조적인 관계로 바뀌게 된다. 이렇듯 성도들은 사역자의 교훈과 지시보다는 자신을 알아주고 들어주는 것을 원한다. 이와 관련하여 성도들과의 관계성에 대해서도 몇

18 —— 위의 책, p. 61.
19 —— 이영숙, 《나를 찾아 떠나는 여행 성품》(서울: 두란노, 2007), p. 226.

가지 살펴보도록 하자.

첫째, 중직자들을 자신의 후원 그룹으로 만들라. 교회를 사랑하고 많이 수고하는 교우들의 입에서 사역자의 이름이 언급될 때마다 긍정적이고 축복된 말이 나오도록 해야 한다. 주님의 사랑은 교회 사랑, 직분 사랑으로 뿜어져 나올 수밖에 없다. 그렇기에 장로교회의 부교역자는 당회원 장로들의 존재감을 드높이고 권위를 존중하며, 당회와 조화를 이루어야 한다. 교회 중직자로부터 인정받지 못하는 사역자는 사역을 그만두어야 할 시간이 점점 다가오고 있다는 전조다. 학력과 경력만으로는 좋은 평판을 만들어내지 못한다. 그러나 이 말은 중직자들에게 인정받기 위해 아부하거나 편법을 사용하라는 의미가 아니다. 유력한 직분자에게 줄을 대지 말고 교우 모두를 공평무사하게 대해야 한다. 그러기 위해서는 목회자로서 소명에 대한 확신을 바탕으로 한 내공이 있어야 한다.[20] 성도들은 다 보고 있고 사역자의 사랑과 섬김을 모두 기억하고 있다. 그들로부터 자발적인 칭찬과 인정이 나오도록 해야 한다. 중직자들이 나를 감시하는 대상이 아니라 나의 사역에 힘을 주는 천군만마가 되도록 그들을 감동시키는 관계가 되어야 한다.

둘째, 자주 대하는 교회 직원들에게 인간적인 신뢰를 받으라. 사역자로서의 평판은 교구나 부서에서 좋아야 하지만, 교

20 —— 오정호(2023), 앞의 책, p. 61.

회 직원들로부터의 평판도 중요하다. 오랫동안 교회 울타리 내에서 생활해 온 관리집사나 서무담당 직원의 눈과 귀는 고성능 레이더와 같다. 그들은 부교역자가 담임목사 앞에서 취하는 태도와 다른 사람들 앞에서 취하는 태도를 예리하게 비교, 대조할 수 있다. 한두 번의 실수는 적당하게 얼버무리면 은혜로 넘어가겠지만, 상습적으로 연약함이 반복되면 그들로부터 받는 신뢰에 치명상을 입는다. 자주 대하는 사람에게 신뢰받는 것은 사역자의 기본이다. 기본이 강한 사역자가 되어야 한다.

셋째, 침묵하는 다수의 성도를 존중하라. 일반적으로 성도들은 청중이 되어 말씀을 듣는 위치에 있고, 교역자는 강단이나 기타 모임에서 가르치는 입장에 있다. 그러나 성도들이 말없이 듣는 위치에 있다고 해서 그들을 어린아이나 초등학생처럼 취급하거나 다뤄서는 안 된다. 말없이 듣고 있는 다수를 존중해야 한다. 사역자에게 설교나 강의는 또 다른 커뮤니케이션의 방편이다. 그들에게 메시지를 전하지만 거기에서도 커뮤니케이션이 일어나고 있다. 그뿐만 아니라 그들은 교회의 영적인 지도와 목양을 받는 성도이지만 사회적으로는 나름 직위가 있으며 자기 학문에서 업적을 이룬 경우도 많기에 그들을 존중해야 한다. 그들이 말없이 듣고 있는 위치에 있다고 해서 교역자가 오만하게 지시적인 형태로 대하거나 인격을 무시하는 경우가 있는데, 이러한 일들이 쌓이면 지도자로서의 신뢰를 무너지게 한다. 사역자는 성도들을 말씀으로 섬기는 자임을 기억해야 한다.

넷째, 불가근불가원不可近不可遠의 원리를 기억하라. 성도와의 관계에 있어서 목회자의 불문율은 불가근불가원이다. 가까이 하지도 말고 멀리하지도 말아야 한다. 이 둘을 조화할 수 없을 때는 차라리 멀리하는 것이 낫다. 개척교회나 작은 규모의 공동체에서 목회자는 성도들에게 마음을 열어 가족처럼 지내기도 한다. 그러나 어느 시점이 되어 그 성도들이 교회를 떠나거나 목회자와 대립각을 세우게 될 때 받는 상처와 충격은 다른 경우보다 몇 배나 더 강력하며, 이러한 고민과 아픔을 토로하는 사역자들이 의외로 많다.

평신도와 사역자는 길이 다르고 사역을 보는 관점도 다르다. 그러니 사역자는 평신도에게 위로받거나 이해받고자 하는 욕구 자체를 포기해야 한다. 사역자로서 존중하며 목양할 수 있는 위치와 관계가 적절할 때 건강해진다. 친하다고 사역자의 격까지 포기하면 오히려 사역을 망치게 된다. 또한 사역자의 입장에서는 친한 평신도 소수보다는 적절하게 목양하며 친분이 있는 다수의 성도와 관계를 맺는 것이 훨씬 좋다. 개인의 고민과 아픔은 좋은 동역자 혹은 그룹을 만나서 위로받고 용기를 얻어야 한다.

사역을 시작할 때와 마무리할 때의 관계

부교역자는 사역의 시작과 마무리가 아름다워야 한다. 사역을 시작할 때와 마무리할 때 주의해야 할 관계들에 대해서 살펴보자.

1) 사역을 시작할 때 주의해야 할 점

첫째, 옛 지계석을 함부로 옮기지 말라. 개척한 사역 현장이 아니라면 사역을 시작할 때 첫 단추를 잘 끼워야 한다. 말을 많이 하지 않고 침묵 가운데 배우는 것은 지혜다. 또한 전임자의 장점을 겸손하게 수용하고잠 22:28 공적인 자리에서 전임자를 폄훼하는 일체의 행동은 금해야 한다. 때가 되면 나 역시 전임자의 자리에 서야 함을 기억해야 한다. 그리고 내가 유능하고 지혜로운 사역자라면 어느 정도 문제가 있는 곳에서 사역함을 오히려 기뻐해야 할 것이다. 왜냐하면 나의 능력을 나타낼 수 있는 기회와 현장을 얻었기 때문이요, 바로 그 점 때문에 하나님께서 나를 문제가 있는 곳으로 인도하신 것이기 때문이다. "사역 현장에서 문제를 피할 수 없거든 즐겨라."

둘째, 일을 많이 벌이는 것보다 사람과 많이 접촉하라. 일은 사람을 통하여 이루어진다. 일을 얻으려고 뛰다 보면 사람을 잃을 수도 있다. 반대로 사람을 얻고 나면 일은 합심하여 성취한다. 사람을 얻는 자를 사역자라고 부른다면, 일을 얻는 자를 야심가라고 할 것이다. 내가 지금의 사역 현장을 떠날 때 남겨놓을 것은 일이 아니라 사람이다. 부교역자는 사람을 얻기 위해 그곳에 왔다. 일과 사람을 충돌의 개념으로 인식하는 어리석음을 범하지 말아야 할 것이다. 먼저 나의 사람을 얻어라. 그리고 그 사람을 주님의 사람으로 만들어라.

셋째, 주소 불명의 목회 철학을 펼치지 말고 한 가지라도 자신을 던져 체득한 원리를 말하라. 신학교 책상에서 혹은 어깨너머로 배운 이론을 장황하게 늘어놓지 말아야 한다. 자기 몸과 마음을 던져 체득한 사역 원리만이 현장에서 열매를 맺을 것이다. 특히 자신이 선호하는 사역의 대가大家로부터 전수받은 금과옥조金科玉條가 사역의 전부인 양 단정하는 우를 범하지 말아야 한다. 내 눈을 잣대로 삼지 말고 양 떼의 눈, 교회의 눈, 주님의 눈을 의식해야 할 것이다. 자신의 분위기에 맞는 사역자들과 연계한 특정한 강사 선정이나 제한적 교류로 인한 영적인 편식은 성도들에게 평생 지울 수 없는 균형 상실을 불러온다. 실로 경계해야 할 일이다.

2) 떠나는 사역자로서의 모습

첫째, 뒷모습이 아름다운 사역자가 되기를 결심하라. 어느 교회든지, 단체든지 사역을 매듭지어야 할 때가 있다. 그때 매듭이 매끄럽지 않으면 서로에게 상처가 된다. 그러므로 뒷모습이 아름다운 사역자가 되려면 자신에게 엄격해야 한다. 맺을 것은 맺고, 풀 것은 풀고, 끊을 것은 끊는 사역의 엄격함이 필요하다. 또한 사역이 유종의 미有終之美를 거두기 위해서는 자기 생각을 차단하고 성령님이 주시는 인도하심과 위로하심의 소리에 마음 문을 열어야 할 것이다. 이를 위해서는 사역자로서 수분守分의 지혜를 구해야 한다.

아름다운 뒷모습을 위해서는 먼저 하나님의 인도하심에 대한 확신 가운데 사역이 출발해야 한다. 시작이 좋지 않으면 결말도 좋지 않고, 시작이 좋으면 결말도 좋다. 나의 사역은 아름다운 출발이었는가? 사역의 동기를 저울에 달아보시는 주님을 두려워해야 한다.

둘째, 주님의 양 떼, 담임목사의 양 떼, 후임자의 양 떼임을 기억하라. 사역 기간에 정이 든 성도들과의 이별이 다가오면 사역자의 마음에는 섭섭함이 자리 잡는다. 그러나 일단 사임하면 그것으로 족한 줄을 알아야 한다. 무대에 커튼이 내려진 후 자의적인 후속집회를 열지 말아야 한다. 정들었던 세월을 반추하여 성도들에게 먼저 접촉을 시도하는 것은 좋지 않다. 나를 인도하신 하나님께서 내가 두고 온 성도들을 은혜로 인도하실 것이고, 후임자가 주님의 방법을 따라 인도할 것이라는 믿음을 가져야 한다. 이 믿음을 가지지 못한다면 중증의 병을 앓고 있는 것이다. 내가 해냈다면 다른 이도 능히 해낼 것이다. 그동안 사역자로 써주신 하나님께 그리고 교회와 담임목사에게 감사하라.

우리 동역자들 가운데 '나의 양 떼'라는 너무 강한 확신 때문에 주님과 담임목사의 양 떼라는 사실을 망각하고 그들을 도적질하거나 이탈시키는 최악의 상황을 연출하는 이가 없는지 자못 궁금하다. 소문난 대형교회의 사역자들이 때때로 빠지는 함정은 담임목사와 교회의 능력을 아전인수 격으로 해석하여 자기 능력과 영향력이라고 착각하는 것이다. 그리고 이러한 착각의 뿌리는 교만이다. 자고함은 사역을 그르친다. 사역의 진면모는 단독 사역 현장에서 드러나기에 어느 순간이든지 겸양의 미덕을 잃지 말아야 할 것이다.

셋째, 은혜는 돌에 새기고 원수는 물에 새기라. 은혜를 물에 새기고 원수를 돌에 새기지 않도록 해야 한다. 이는 순전함을 트레이드마크로 하는 사역자들에게 어울리지 않는다. 또한 은혜를 은혜로 간직하는 이가 얼마나 될까? 늘 청년의 때만 있는 것이 아니다. 나도 변하고 너도 변한다. 세월도 따라 흐른다. 영원한 청년 목회자였던 사도 바울은 사역을 충성스럽게 섬기고 도왔던 동역자들에 대한 감사를 그의 서신서 곳곳에 새겨놓았다. 감사의 무게가 사역의 무게를 결정한다.

넷째, 사역했던 교회 인근에 개척하는 일은 없어야 한다. 교회 정책으로 분립 개척하는 경우라면 모를까, 자신이 사역했던 교회에서 일부 성도들의 마음을 얻어 인근 지역에 개척하는 것은 목회 윤리 측면에서 해서는 안 되는 일이다. 그런데 최근 한국교회 내에서 이런 형태의 교회가 개척되는 사례가 심심

치 않게 들려오고 있다. 나름 사역했던 교회의 내부 사정이 있을 것이다. 그러나 중요한 것은 사역자로서의 자세와 태도다. 성도는 내 성도가 아니라 하나님의 양 떼이며 담임목사를 통해 위임하신 영혼들이다. 이들의 마음을 얻어 인근에 개척하게 된다면 반드시 정체성의 문제가 대두될 것이며, 교회는 성장하기가 힘들 것이다. 그 교회를 나가는 사람들이 또 발생하게 될 여지도 있다. 사역의 원칙은 사역지에서의 아름다운 마무리 후에 섬겼던 교회의 성도들을 접촉하지 않는 것이다.

우리의 사역은 하나님 앞에서 행하는 것이다. 시작할 때 아름다웠다면 마무리는 더 아름답도록 해야 한다. 사도 바울이 갈라디아 교인들을 향해 그들의 행동이 어리석다고 말하면서갈 3:1 성령으로 시작했다면 성령으로 마쳐야 하는데 왜 성령으로 시작한 사역을 육체로 마치려 하느냐고 한 책망을 우리는 기억해야 한다.

토의 및 생각해 볼 주제들

01 내가 사역하면서 느끼거나 주변의 이야기를 통해 볼 때 반복적으로 일어나는 관계의 문제는 무엇인가?

02 담임목사와의 관계에서 느끼는 어려움은 무엇이고 더 나은 관계를 위해 필요한 것은 무엇인가?

03 동역자들과의 창조적인 관계를 만들기 위해 내가 노력해야 할 부분이 있다면 무엇이라고 생각하는가?

04 성도와의 관계에서 발생했던 어려움과 그것을 극복한 사례들을 기록하고 나누어 보라.

05 사역자로서 탁월한 관계의 달인이 되기 위해 더 노력하고 계발해야 할 부분을 정리해 보라.

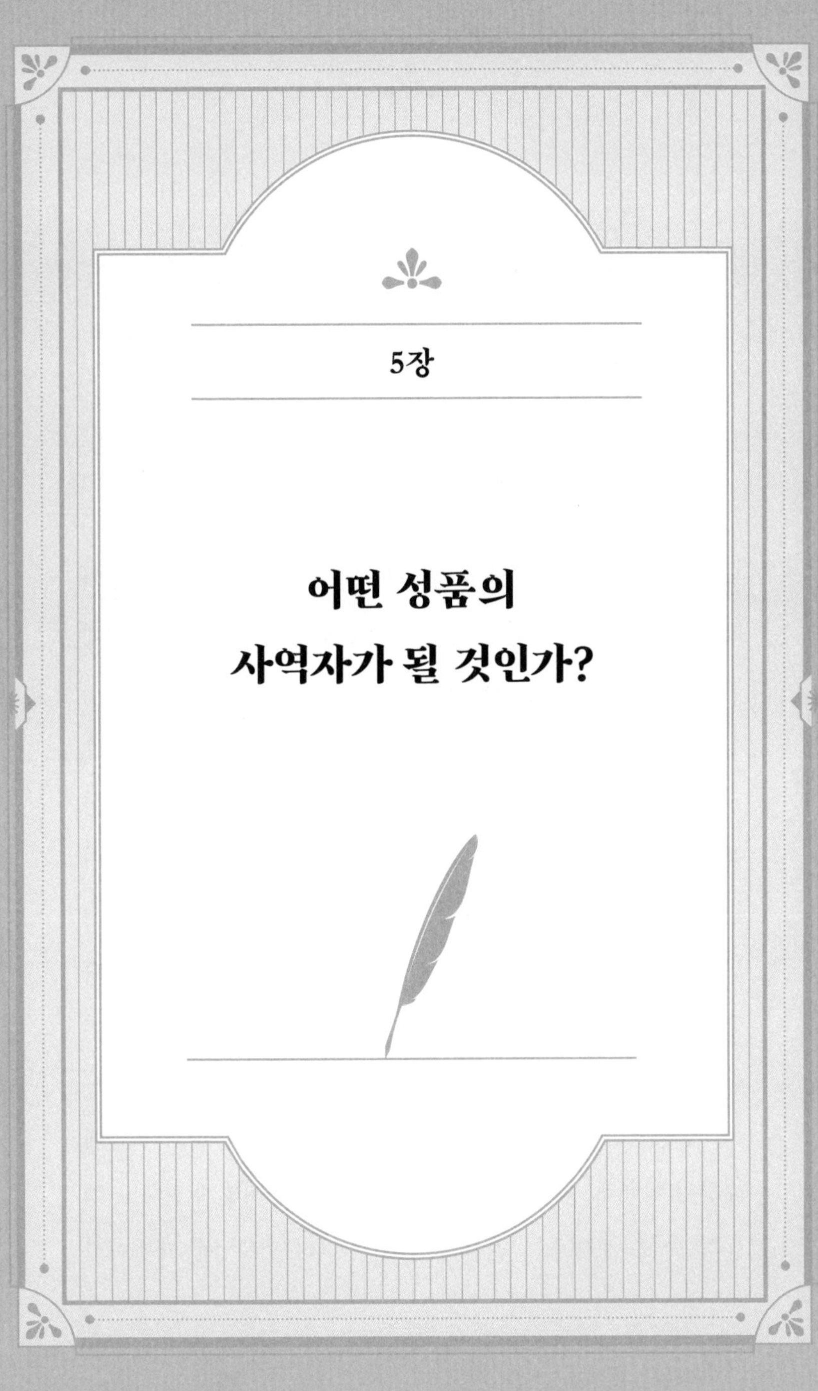

5장

어떤 성품의 사역자가 될 것인가?

목회자로서 최고의 도전은 거룩한 성품을 계발하는 것이다. 거룩한 성품이 없는 사역은 일종의 종교적 활동이며 종교 사업에 불과할 것이다. 이와 관련하여 최근 한국 사회는 인격적 리더십에 대한 이야기를 많이 한다. 재계는 말할 것도 없고 정관계, 교육계, 심지어는 종교계에서도 능력은 인정되지만 인격과 성품의 문제로 낙마하는 사례를 많이 보게 된다. 목회 사역을 하는 목회자에게 인격과 성품은 목회 그 자체이기 때문이다. 성도들로 하여금 하나님의 거룩한 성품을 닮아가도록 해야 한다면, 먼저 목회자가 예수님을 닮은 인격과 성품을 보이는 것이 중요하다.

성품Character이란 한 개인이 자신을 포함한 주위의 것들에 대하여 어떻게 생각하는지, 어떻게 느끼는지, 어떻게 말하고 행동하는지를 보여주는 인격의 총체다. 그러므로 성품 계발이라는 것은 좋은 생각과 바른 감정 표출 방법 그리고 좋은 느낌을 경험하여 그것을 잘 표현하고 구체적으로 행동으로 옮기는 것이다.[21] 사역을 하다가 여러 관계에서 마찰이 자주 발생하거나 심지어 거취를 옮겨야 하는 큰 문제가 발생한 경우, 능력보다는 성품의 문제일 때가 많다.

부교역자는 끊임없는 하나님과의 관계 점검과 자기 훈련을 통해 생각과 언어와 행동을 통제해야 한다. 이렇게 훈련된 사역자는 성도들에게 깊은 신뢰감을 주는 영적 리더로 성장한다. 그래서 헨리 마틴Henry Martyn은 "이 세상에서 가장 중요한 사업은 내 영혼을 거룩하게 하는 일"이라고 했으며 지도자의 성품 계발을 위해 일관된 진실성Integrity, 순종심Obedience, 겸손Humility을 말했다.[22] 그러므로 이 장에서는 부교역자로서 더욱 계발해야 할 성품 중 일관된 진실성과 순종 그리고 겸손에 대해 살펴보고, 이어서 부교역자 사모들의 자기 관리와 계발에 대해서도 살펴보도록 하자.

21 —— 이영숙(2007), 앞의 책, p. 5.
22 —— 명성훈, 《성경속의 리더십 마스터키》(서울: 국민일보, 2000), pp. 202-205.

인테그리티(integrity)한 사역자

미국의 심리학자인 헨리 클라우드Henry Cloud는 성공하기 위한 세 가지 원칙을 제시했는데, 첫째는 매우 뛰어난 능력이다. 자기 분야에서 다른 사람들보다 탁월한 능력과 재능을 가지고 있어야 한다. 빌 게이츠가 컴퓨터업에 있어서 탁월한 능력을 보유한 것처럼, 자기 영역에서 탁월한 능력을 발휘해야 하는 것이다. 또 둘째는 관계 구축의 대가가 되는 힘이다. 자기 능력을 극대화할 뿐만 아니라, 다른 사람의 능력과 자원을 상호 유익한 관계로 끌어낼 수 있는 힘이 있어야 한다. 자기 일만 잘하는 게 아니라 다른 사람과 좋은 협력 관계를 유지함으로 시너지를 일으켜서 더 수준 높은 결과를 만드는 것이다. 마지막으로 셋째는 다 된 밥에 재를 뿌리지 않기 위해 일관된 진실성, 즉 인테그리티가 있어야 한다. 일관된 진실성은 지능, 재능, 능력, 열정, 노력, 협상 기술, 기회를 성공으로 바꿔주는 열쇠이며 나쁜 일이 일어나지 않도록 보장해주는 안전장치다.[23] 미국 경제지 〈포춘Fortune〉이 선정한 25대 기업 CEO들이 가족 CEO에 이르기까지 성공한 이유를 관찰했는데 '언제나 일관된 진실성'이 성공의 요인으로 나타났다.[24]

23 —— 헨리 클라우드, 《헨리 클라우드의 인테그리티》(서울: 생명의말씀사, 2009), pp. 15-16.

24 —— 위의 책, p. 40.

여기서 인테그리티는 어느 곳에서나 변하지 않고 동일한 모습을 나타내는 성품을 말하며, 이는 지도자에게 요구되는 도덕적 성품이다. 이 단어에 대한 옥스퍼드 사전의 정의를 보면 ①정직과 강한 도덕적 원칙, 도덕적 올바름 ②분리되지 않는 온전한 상태 ③통일되었거나 흠이 없거나 구조가 양호한 상태 ④전자 데이터의 내적 일관성 혹은 변질되지 않은 상태라고 한다. 사전적인 뜻을 통해 봐도 인테그리티는 어느 곳에서나 변하지 않고 일관된 모습을 가진다. 그런데 사역을 하다 보면 때로 자신의 장점을 잘 보여주지 못하고 예기치 않은 순간에 단점이 드러남으로 인해 어려워하는 부교역자들이 있다. 그러나 그런 일시적인 실수는 언제든지 만회할 수 있다. 진실은 삶을 통해 드러나기 마련이다. 사역자로서의 모든 행위는 하나님께서 아시고 동료들이 알고 성도들이 알고 담임목사가 알게 된다.

우리는 늘 사역의 흔적을 남긴다. 좋은 평판과 성과를 남기기도 하고 실수의 흔적을 남기기도 한다. 또 관계의 흔적도 남긴다. 이 모든 흔적은 우리의 인격과 연관이 있다. 앞에서는 잘하는 척 아부하지만 뒤에서는 다른 행동을 한다면 동료들이 알고, 가까이 있는 성도들이 알고, 나중에는 모두가 알게 될 것이다. 자신의 그러한 행동에 대해 말하지 않았을 뿐 시간이 지나면 모든 것이 드러난다. 그러므로 인테그리티, 즉 일관된 진실성과 신실성이 더욱 요구된다.

인테그리티는 직위나 직책에 변화가 있더라도 일관돼야 한다. 교회에 부임했을 때 겸손해 보였던 사역자가 완장이 생기면 무섭게 돌변하는 경우가 있다. 부서의 선임이 되거나 행정목사가 되었을 때 인격이 변하는 경우도 빈번하다. 그들은 직위가 높아지자 오만함이 생겨서 동료 부교역자나 성도들의 관계에 균열을 야기한다. 그러나 사역의 성격과 역할에 따라 다소 변화된 모습은 필요하겠지만, 사람을 대하는 태도 자체가 변하면 안 된다. 또 자신을 위해 힘을 휘두르는 사람이라고 평가받아서도 안 된다. 오만한 사역자로 불린다면 슬픈 일일 것이다.

존 맥스웰은 "태도가 사실보다 중요하다"[25]고 했다. 내가 어떤 사역적인 열매를 맺는가보다 어떤 태도로 사역에 임하는지가 더 중요한 것이다. 또한 그는 "태도는 삶을 보는 관점을 바꾼다"고 말했다. 이처럼 태도는 일의 방식, 인간관계를 맺는 방식, 일하는 방식에 있어서 관점과 과정을 바꾸게 된다. 그렇기에 설령 당장 좋은 결과를 가져오지 못하더라도 바른 태도를 유지한다면 그 사람은 반드시 사역의 성공을 맛볼 것이다.

부교역자는 앞과 뒤가 동일하고 처음 부임할 때와 마지막 떠날 때가 동일하며 칭찬받을 때와 비난받을 때 모습이 동일한, 늘 일관된 모습을 가지고 있어야 한다. 그럴 때 동료들과 성

25 —— 존 맥스웰, 《존 맥스웰 리더십 불변의 법칙》(서울: 비지니스북스, 2023), p. 173.

도들은 지도자로서 전적인 신뢰를 보낼 것이다.

순종의 사역자

순종Obedience이라는 단어의 헬라어 원어를 살펴보면 '아래서'와 '듣다'라는 말의 합성어로 구성되어 있다. 낮은 위치에서 상대방의 말을 경청하는 자세에서 순종이라는 단어가 나온 것이다. 또한 좋은나무성품학교이영숙 박사의 12성품교육 이론에서는 순종을 '나를 책임지고 있는 사람들의 현명한 지시에 기쁜 마음으로 즉시 따르는 것'이라고 정의하고 있다. 이는 다른 표현으로 팔로워십Followership이라고 할 수 있으며, 이렇듯 부교역자는 먼저 하나님의 팔로워Follower이고 담임목사의 팔로워다. 그런데 팔로워는 수동적으로만 움직이는 사람이 아니다. 하나님의 뜻을 세우고 리더를 리더되게 하며 원팀을 이루는 중간자가 되어 상승효과를 이루는 것이다. 이때 중요한 요소가 바로 순종이다. 순종은 위로는 하나님께, 아래로는 나를 둘러싼 권위 있는 사람들의 지시에 기쁜 마음으로 따르는 것을 말한다. 이러한 순종에 대하여 몇 가지 살펴보도록 하자.

첫째, 순종은 거룩에 대한 선언이다. 예수님은 순종하심으로 구원을 이루셨고롬 5:19 죽기까지 복종하심으로 우리를 구원하셨다빌 2:8-9. 또한 예수님이 이루신 구원을 성취하는 것 역시 성도들의 순종을 통해 이루어지게 된다히 5:8-9. 이렇듯 순종은 그리스도의 온전하신 구속사역을 통해 나타나며, 우리를 구원의 아름다운 상태인 원래의 상태로 돌려놓는다. 하나님께서 그분의 자녀들에게 요구하시는 것은 단순하고 변함없는 순종이다.[26]

한편, 순종을 가로막는 근본적인 원인이 있다. 바로 우리의 죄성이다. 죄성이 하나님에 대한 온전한 순종을 방해한다. 노아와 아브라함 같은 믿음의 선조들은 온전한 순종을 통해 하나님의 구원을 이루어갔다. 비가 오지 않는 땅에서 배를 만들 수 있는 순종, 갈 바를 알지 못하지만 믿음으로 그곳을 향해 나아가는 순종이 하나님의 크신 일들을 이루게 했다. 그러나 사울왕은 자신의 눈앞에 보이는 경제적인 이익 때문에 하나님께 불순종하여 버림받았다. 이처럼 부교역자는 하나님의 말씀 앞에 온전한 순종의 연습을 해야 한다. 그리하여 더욱 신실한 하나님의 사람이 되어야 한다.

둘째, 순종은 자기 욕구와 자기 욕심에 대한 반항으로 성령님의 도우심을 구하는 것이다. 예수님이 하신 말씀의 핵심은 순종이다. 그리고 순종할 수 있는 유일한 길은 십자가를 지는 것이다. 왜냐하면 우리의 계획과 욕심이 죽지 않는 한, 결국 하나님의 뜻과 인간의 욕망은 대립하기 때문이다. 생명을 내려놓

26 —— 앤드류 머레이, 《순종의 학교에서》(서울: 생명의말씀사, 1988), p. 18.

지 않는 한, 우리는 하나님의 뜻에 어긋나는 욕망을 채우기 위해 길을 찾을 것이다.[27] 갈라디아서는 육체의 욕심을 따라 살면 성령의 뜻을 이루지 못하고, 성령을 따라 행하면 육체의 소욕을 이루지 않게 된다고 말씀한다갈 5:16. 이렇듯 순종은 성령님의 능력과 도우심에 전적으로 순복하여 자신의 욕심을 버리는 것이다. 순종할 수 없다고 생각되는 상황을 살펴보면 대부분이 육체의 소욕을 따르고자 하는 강렬한 열망으로 인한 것들 때문이다. 그러므로 하나님의 뜻을 따라 살아가고자 결단한 부교역자는 매일 육체의 소욕을 죽이며 성령님을 의지하는 훈련을 해야 한다. 육체의 소욕에 귀를 기울이면 하나님께 온전한 순종을 하지 못하게 된다.

셋째, 순종은 하나님의 주권에 대한 순복이다. 다윗왕에게는 자기를 죽이려고 덤벼드는 사울을 두 번이나 죽일 수 있는 결정적인 기회가 있었다. 그러나 그는 그렇게 하지 않고 하나님의 뜻을 구하고 인도하심을 구했다. 우리도 살아가면서 이해되지 않는 환경에 놓이게 될 때가 있다. 그때 우리가 순종할 수 있는 것은 우리를 이끄시고 도우시는 전능하신 하나님의 주권을 믿는 믿음 때문이다. 하나님의 주권을 온전히 믿을 때 우리는 온전한 순종을 할 수 있게 된다.

문하생이 되어 스승 밑에서 학문이나 예술의 가르침을 받

27 —— 존 비비어, 《존 비비어의 순종》(서울: 두란노, 2002), p. 97.

는 사람은 자기 생각을 버리고 스승의 생각과 견해를 따른다. 자신이 생각할 때 더 올바른 것 같아도 스승의 지혜와 안목과 경험이 더 크고 바르다는 것을 알기 때문에 온전한 순종을 하게 되는 것이다. 이처럼 우리도 우리를 창조하시고 다스리시는 하나님의 절대주권을 신뢰할 때, 이해할 수 없는 상황에서도 순종할 수 있게 된다.

넷째, 순종은 위임된 권력에 대한 순복이다. 바울은 서신서를 통해 당시 노예로 있던 형제들을 향해 상전에게 온전히 순복할 것을 명령한다. 믿음의 상전이라도 그를 형제로 여기지 말고 상전으로 여겨 깍듯이 섬기고, 믿지 않는 상전이나 하나님께서 허락하신 위임된 권력을 가짐으로 나의 권위 위에 있는 자들에게도 온전한 순복을 명령한다. 그리고 사람에게 하듯 하지 말고 주님께 하듯 하라고 한다골 3:23.

부교역자는 하나님께서 그 사역지로 보내셨다는 확신이 있다면, 하나님께서 허락하신 위임된 권위에 대해 순복할 수 있어야 한다. 그래서 담임목사에게 최선을 다해 순종의 예를 갖춰야 한다. 또한 사역 기간은 하나님께서 허락하신 권위이기에 최선을 다해 순종해야 한다. 합리적인 명령에만 순종하는 것이 아니라, 때로는 이해되지 않는 부분에 대해서도 온전하게 순종하는 태도가 필요하다. 이는 담임목사의 부정을 도우라는 의미가 아니다. 사역의 방향이나 생각이 자신의 것과 다를지라도 하나님께서 담임목사에게 부여하신 권위와 리더십을 인정하여 기쁘게 순종하는 태도를 말한다. 그래서 존 비비어John Bevere는 그의 저서 《순종》에서 "아프리카에서는 외모나 포장에 상관없이 모든 사역자를 하나님께서 보내신 사람으로 영접한다. 그렇게 영접하고 공경하기에 수많은 아프리카 사람들이 하나님의 능력과 임재라는 복을 받는다. 사역자를 하나님께서 보내신 사람으로 영접하고 공경하는 만큼 그 사람을 통해 하나님께 받을 것이다. 극진히 공경하면 당신에게도 공경이 돌아온다. 존경을 받게 된다"라고 말한다. 기쁘게 순복하는 태도는 담임목사와의 신뢰성을 높여서 진정한 팀 사역을 이룰 수 있게 해주며 사역자의 순종하는 모습은 평신도들에게 실질적인 본이 된다.

순종은 그리스도의 사람으로서 하나님께 대한 믿음의 반응이다. 그러므로 성도들에게 순종을 강조하기 전에 먼저 자신이 하나님 앞에서 순종하는 법을 배워가야 한다. 이를 위해 부교역자는 하나님의 말씀에 순종하는 훈련을 해야 한다. 자기 유익을 떠나 하나님의 뜻에 바르게 반응하는 훈련이 있어야 한다. 이것은 헌금생활, 예배생활 등 신앙의 기초적인 생활부터 자신의 목회지까지 광범위하게 적용된다.

많은 사역자가 소명의식이 결여되어 사역지를 옮기는 일이 빈번하다. 옮기는 기준도 하나님의 인도하심에 따른 순종이 아닌 주관적인 판단이다. 그러나 주님이 말씀하시면 나아가고 주님이 멈추라고 하시면 멈추겠다는 사역자의 태도가 필요하다. 주님을 향한 바른 순종의 태도는 사역하는 동안 주어진 모든 환경 속에서 온전한 순종을 행하게 한다.

겸손한 사역자

겸손Humility은 하나님 앞에서 자기의 죄를 자각하여 자긍하는 마음을 버리고 낮은 데 처하는 성품이며, 이는 예수님이 가지셨던 성품이다마 11:28-30. 목사는 예수님을 대신하여 선 사람이다. 목사의 권위는 스스로 세우고자 하여 높아지는 것이 아니며 그 권위를 주신 분은 바로 예수님이시다. 그러므로 목사는 예수님을 닮아가야 한다.

지도자의 겸손은 다른 사람을 섬김으로써 그들에게 자발적인 섬김이 일어나도록 동기부여를 하게 된다. 성도들로 하여금 자발적인 헌신과 협력을 가져오는 것이다. 이러한 겸손에 대해 더 살펴보자면 첫째, 겸손은 예수님의 성품을 본받는 것이다. 예수님은 마음이 온유하고 겸손하다고 자신을 설명하셨다마 11:29. 예수님을 닮아가는 거룩한 삶, 성화의 삶과 겸손은 공통점이 많다. 그래서 앤드류 머레이Andrew Murray는 겸손과 거룩함의 밀접한 관계에 대해 다음과 같이 설명했다. "우리가 추구하거나 성취한 거룩함이 진하고 생명력 있는지를 확인하는 시금석은 겸손이다. 거룩함은 우리 안에 넘치는 겸손을 가져온다."[28] 또한 피터 와그너C. Peter Wagner는 겸손에는 거짓 겸손과 위장 겸손이 있다고 하면서, 먼저 거짓 겸손은 율법주의라고 했다. 율법주의는 정확한 규칙에 따라 행동하는 것으로, 이런 규칙이 만들어지게 된 정신보다 법조문을 강조하여 그것을 어기고 행동하지 않는 자들에게 도덕적인 정죄를 내린다. 그리고 위장 겸손은 교묘하게 언어나 행동으로 겸손한 척 위장하는 것을 말한다. 위장 겸손에는 자기 비하, 고질병, 연약함 등이 있으며 다른 사람들이 자신을 짓밟도록 방임하고 스스로를 비굴한 벌레로 여기는 비굴함을 말한다.[29] 이와 달리 진정한 겸손은 내면이 건강하고, 다른 사람과 비교하는 것이 아니라 자신을 하나님 앞에서 겸허하게 살펴보는 것이다. 또한 성공했더라도 그것을 자랑의 도구로 사용하지 않고, 지금 성공하지 않았더라도 겸손한 자는 하나님께서 높이시고 세우시며 그로 하여금 성공하게 하신다.

둘째, 겸손은 교만과 반대되는 개념의 말이다. 교만의 헬라어는 '뛰어나다, 특별하다'라는 말에서 나와서 '스스로 뛰어나며 특별하다고 생각하는 거만, 허풍'을 말한다. 이런 교만은 건강한 자아상과는 구별된다. 자신이 하나님 앞에 존귀한 존재이고 부모님과 주변 사람들에게 사랑받고 있다고 느끼는 건강한

28 —— 앤드류 머레이, 《겸손》(서울: CH북스, 2005), p. 14.
29 —— 피터 와그너, 《겸손》(서울: 죠이선교회, 2004), pp. 46-49.

자아상은 다른 사람과 비교하지 않기 때문이다. 또한 교만은 그 뿌리가 열등의식에 기초한다. 비교를 통해 나타난 자신의 연약함을 과잉보호하기 위해 나타내는 외적인 행동이다. 그러나 우리는 하나님 앞에서 심판받을 수밖에 없는 죄인이며 예수 그리스도의 십자가를 통한 구속하심, 그 은혜로 구원받은 존재다. 정확한 자기인식은 하나님과 사람 앞에서 자신이 뛰어나다고 스스로를 높이거나 자랑하지 못하게 한다. 나의 나 된 것은 전적인 하나님의 은혜에 기초하기 때문이다. 그러므로 설렁 사역 현장에서 다른 사람들보다 더 나은 결과물을 이루어 냈다고 하더라도 그것이 하나님의 은혜와 도우심으로 이루어진 것임을 깨닫고 그렇지 못한 다른 동역자들을 배려하는 마음이 필요하다. 하나님께서는 교만한 자를 대적하시고 겸손한 자에게 은혜를 베푸신다벧전 5:5.

셋째, 겸손에는 기준이 없다는 것을 기억해야 한다. 겸손이 자신을 낮추는 것이라는 건 누구나 알고 있다. 그러나 그 낮아짐에 대한 기준이 없다는 것은 인지하지 못한다. 그래서 사람들은 자기 직위에서 어느 정도 자신이 생각한 만큼만 낮추고는 이만하면 됐다고 스스로 만족한다. 이러한 생각은 진정한 겸손을 방해한다. 직위가 높거나 환경적으로 많은 것을 누리며 사는 사람들이 겸손하기 힘든 이유도 여기에 있다. 그들은 최대한 낮아졌다고 생각하지만, 그들의 환경과 그동안 몸에 밴 습관들이 더 낮아지는 것을 방해하기 때문이다. 그래서 성경은 낮아짐의 모델이신 예수님을 통해 겸손을 설명한다. “너희 안에 이 마음을 품으라 곧 그리스도 예수의 마음이니 그는 근본 하나님의 본체시나 하나님과 동등 됨을 취할 것으로 여기지 아니하시고 오히려 자기를 비워 종의 형체를 가지사 사람들과 같이 되셨고 사람의 모양으로 나타나사 자기를 낮추시고 죽기까지 복종하셨으니 곧 십자가에 죽으심이라”빌 2:5-8.

하나님과 동등 됨을 포기하시는 것도 낮아짐이다. 종의 형체를 가지시는 것도 낮아짐이다. 그러나 예수님은 여기서 멈추지 않고 십자가에 죽기까지 낮아지셨다. 예수님의 낮아짐이 진정한 겸손의 표본이 된다. 그러므로 낮아짐의 훈련은 평생을 통해 이루어가는 것이지, 어느 정점에서 이만하면 됐다고 생각하는 수준이 아님을 기억해야 한다.

넷째, 겸손은 부당하게 대우받을 때의 인격적인 반응이다. 예수님은 마음이 온유하고 겸손하셨다. 온유라는 단어는 겸손과 뜻을 같이 한다. 또 모세도 다른 사람들보다 더 온유하다고 평가받았다. 이 온유는 외부의 부당한 대우나 공격에 대해 공격으로 반응하지 않는 것을 말한다. 하나님의 절대주권을 믿기에 힘이 있어도 보복에 사용하지 않고 그들을 품어주는 것을 말한다. 예수님 시대에 바리새인과 종교지도자들은 예수님의 권위에 도전하며 물었다. 심지어는 예수님을 십자가에 못박고 조롱했다. 그러나 예수님은 그들을 힘으로 징계하지 않으셨다. 힘이 있으심에도 그 힘을 보복에 사용하지 않으신 것이다.

모세 역시 미리암과 아론에게 지도력을 공격받을 때 힘으로 보복하지 않고 하나님의 뜻을 기다렸으며, 오히려 문둥병에 걸린 미리암의 치료를 위해 기도했다. 이것이 진정으로 겸손한 자의 모습이다.

우리는 때로 권위 아래 있는 사람들에게 무례한 도전을 받는다. 그러나 그들에게 보복하지 않는 것이 예수님을 닮은 겸손한 사역자의 태도다. 겸손한 마음은 마음의 분노를 줄여주고 겸손한 성품은 분노를 다스리게 하여 관계의 발전을 가져온다.

사모의 자기 계발과 관리

사모라는 말은 여성을 부르는 최고의 존칭으로, 이 단어가 교회에서는 목회자의 아내를 일컫는 대명사로 통용된다. 이렇듯 사모는 목회자를 돕는 배필, 동역자로 정의할 수 있으며 목회자의 사역은 '사모가 반절이다'라는 말이 있다.

성도들은 사모에게 수준 높은 자질을 요구한다. 그리고 그 자질은 신앙적인 면, 인격적인 면, 외적인 면으로 나눠볼 수 있다. 먼저 신앙적인 면에서는 구원의 확신과 사역자로서의 소명 그리고 신앙의 성숙 등에서 지도자로서의 모습과 사역자로서의 모습을 나타내야 한다. 또한 인격적인 면에서는 진실성과 겸손, 경건, 사랑의 모습을 통해 성도들을 보살피고 따뜻하게 감싸 안을 수 있는 성품을 요구한다. 마지막으로 외적인 면에서는 교회 지도자의 아내로서 적합한 인격과 교양과 예절 그리고 대인관계 등을 요구한다. 교역자가 영적인 지도자인 것처럼 사모도 영적 지도자로서의 품위와 격에 맞도록 자신을 준비해야 한다.

가정은 하나님께서 제정하셨다. 창조 질서의 언약기관으로 결혼을 통해 가정을 세우셨다. 그리고 남자와 여자로부터 시작된 것이 아니라 창조적 원리에 기초해 부부가 되었으므로 가정의 순리성을 이해하고 이를 가정생활 전반에 반영하는 것은 목회자 가정에서 특히 중요하다. 또한 남편은 목회자, 아내는 사모라는 직분 개념에서부터 목회자 가정이 출발하는 것이 아니다. 먼저 크리스천으로 부름받았다는 사실이 앞선다. 루이스 벌코프 Louis Berkhof는 "모든 크리스천은 그리스도 예수 안에서 성령님의 지속적인 감화의 역사를 통하여 하나님 아버지로부터 소명을 받은 사람들이다"라고 했다. 이처럼 소명의 시기나 환경은 다를지라도 모든 크리스천은 소명을 받았다. 사모로서의 소명 이전에 주님을 위해 전적으로 헌신해야 하는 사명자로 부름을 받은 것이다. 그러므로 궁극적으로 하나님 나라를 위해, 복음을 위해 헌신해야 한다.

1) 사모의 역할

사모의 역할은 크게 두 가지 면에서 살펴볼 수 있다.

첫째, 가정 사역을 통해 목회자를 돕는 것이다. 남편이 목회 사역에 집중할 수 있도록 가정 사역을 잘 담당하는 것이다. 목회자가 가정에 너무 많은 에너지를 빼앗기지 않도록 한다. 남편 목회자에게 과도한 자녀 양육과 가정사를 의탁하거나, 경제적인 압력을 주어 사역에 걸림돌이 되지 않도록 지혜롭게 가정을 돌봐야 한다. 동역자 의식을 가지고 지치거나 탈진하지 않도록 세심하게 내조한다.

둘째, 남편 목회자의 연약한 부분을 보충함으로 돕는 것이다. 이와 관련하여 교회 내 여성 지도자나 여성 성도들을 상담하거나 심방하는 일에 조언자 역할을 할 수 있다. 여성 성도들의 비율이 높은 한국교회 실정에서 사모의 상담 사역은 협력목회의 중요한 비중을 차지한다. 그런데 상담 사역은 전문적 교육과 훈련이 필요하며, 그렇지 못한 상태에서 하는 것은 크게 우려되는 일이다. 그러므로 이러한 자질을 바탕으로 하여 성경학, 신학, 상담학 그리고 주변 학문을 통한 훈련이 필요하다.[30] 또한 성도들의 이야기에 대한 바른 판단과 목회 아이디어는 물론, 설교 준비 시 청중평신도의 입장에서 의견을 반영하는 등 남편 목회자가 사역자로서 반듯하게 설 수 있도록 사역의 연약한 부분을 돕는다.

30 —— 〈신학지남 1995년 봄호〉, 정정숙, "사모의 사역과 훈련에 관한 연구", p. 197.

2) 사모의 자기 계발

사모로서의 사역을 위하여 준비하는 사람도 있겠지만 대부분의 경우에는 결혼을 통해 준비 없이 사역을 하게 된다.[31] 사모로서 계발해야 할 몇 가지 주제를 살펴보면 다음과 같다.

첫째, 내면이 건강한 사모가 되도록 힘쓰라. 사모는 독특한 위치로 인하여 내면의 갈등과 스트레스가 많다. 사모의 소명 없이 출발한 결혼생활, 사모라는 명칭과 위치에 대한 스트레스, 모든 공예배 출석에 대한 부담, 목사의 아내라는 시선의 부담, 교회 안에 어정쩡한 위치와 역할에 대한 부담, 자녀 양육과 가정 경제에 대한 압력 등 여러 가지 어려움이 있다. 그 가운데 대표적인 어려움은 고독이라고 할 수 있다. 목사 아내의 고독은 누군가의 말처럼 죽음에 이르는 병을 일으킨다. 주위에 아는 사람이 없어서 걸리는 고독이 아니다. 어디를 둘러봐도 사람은 차고 넘치는데 고독한 것이다. 학창시절에 친구들과 그랬던 것처럼 부담 없이 수다를 떨고 싶은데 그걸 할 수 없어서 오는 병이다. 어쩌다가 한마디 하면 수백 배로 부풀려서 돌아오니 벙어리 냉가슴도 아니고 참 괴롭다. 그러니 성도들과는 형식적인 교제만 나누게 되고 그럴수록 사모는 더 고독해진다.[32]

이러한 문제를 극복하기 위해서는 자기 내면을 강건하게

31 —— 〈목회와신학 1993년 6월호〉, 박광철, “부부가 함께 사역하는 즐거움”.
32 —— 이건숙, 《사모의 품격》(서울: 두란노, 2013), pp. 99-100.

해야 한다. 필요하다면 전문적인 상담공부나 제자훈련 등 전문 훈련을 통해 자신의 정서적인 면과 사역에 대한 정체성을 분명하게 확립해야 한다. 사모는 또 한 명의 지도자로서 리더십이 있어야 한다. 그리고 자신에게 주어진 책무를 감당하기 위해 성경적 상담의 원리와 방법을 취해야 하며 사모가 먼저 성도들에게 삶으로 역할 모범Role Model을 보여야 한다. 자신이 바르게 서지 못하면 그 스트레스는 남편에게 향하게 되어, 결국 가정과 사역에 어려움을 초래하게 된다. 반면에 자기 내면을 건강하게 만드는 데 주력하면 여러 사람을 돕고 세우는 일에 귀하게 쓰임 받는 사모가 된다.

둘째, 개인의 영성과 인격훈련에 집중하라. 부임한 사역지에서 자녀를 낳고 어느 정도 시간이 지나면 사역 현장에 서야 한다. 이때 가장 중요하게 작용하는 것이 내면을 다스리는 영성과 인격이다. 사모로서의 모든 행동은 인격과 영성에서 비롯된다. 다듬어지지 않은 모난 인격은 사역 현장에서 여러 가지 충돌을 가져온다. 또한 영성과 인격은 하루아침에 고양되지 않는다. 그러므로 끊임없이 자신을 하나님 앞에 세우고 영적으로 자라가야 한다. 이와 더불어 환경을 보지 말고 내면에 말씀하시는 하나님의 음성을 듣고 순종하는 훈련을 지속하며 혹시라도 정체된 사모가 있다면 다시 힘을 내야 한다. 사역 현장에 걸맞은 영성과 인격이 준비될 때 많은 열매를 거둘 것이다.

셋째, 은사를 활용하여 사역의 전문성을 높이라. 사모는 하나님께서 주신 고유한 은사를 계발하고 극대화하여 전문성을 가져야 한다. 사모로서 여러 역할이 있겠지만, 자신만의 특별한 전문성이 있다면 그것으로 사역에 기여할 수 있다. 특히 위로의 은사나 중보기도, 상담의 은사 등이 있다면 더욱 전문성을 겸비하여 성도들을 효율적으로 도울 수 있도록 해야 한다. 이것은 특별한 자격증을 소지하라는 말이 아니라 사역 현장에서 자신의 은사가 더욱 빛을 발하도록 훈련하고 준비하라는 의미이다.

넷째, 관계성을 계발하라. 사모가 담당하는 사역의 대부분은 관계성에 있다. 교회의 중직자 부인들을 만나고 여전도회 지도자들을 만나거나 여자 성도들을 만나는 일로 이루어진다. 그렇기에 사모가 관계의 어려움을 느끼면 성도들에게 부담이 될 수 있다. 성도들을 만날 때 따뜻하게 품고 격려하며, 때로 그들을 조직하여 사역을 이루어야 할 때는 부드러운 리더십을 발휘할 수 있도록 관계성 계발에 중점을 두어야 한다.

다섯째, 도움이 되는 동료 그룹을 만들어 만남을 지속하라. 사모는 여러 가지로 지치고 힘든 자리이다. 요구되는 것은 많지만 정작 자신은 공허한 자리에 놓일 때가 많다. 그렇기에 사모가 자기 계발과 관리를 하기 위해서는 도움이 되는 동료 그룹을 형성해야 한다. 뜻이 맞는 사람들과 정기적인 모임을 통해 배우고 정서적인 유대감과 공감대를 형성하여 때로는 나눔으로 오는 위로를 경험해야 한다. 동료 그룹이 없으면 사모로서의 사역을 담당하는 데 큰 어려움을 느낄 수 있으므로 반드시 좋은 사모 그룹을 만드는 것이 좋다. 그뿐만 아니라 사모를 위한 잡지를 정기적으로 접하며 자기 계발과 교류에 힘써야 한다. 이를 위해 새로남행복연구원에서는 사모들을 위한 잡지 〈라일락〉을 발간하고 있다. 이러한 잡지를 정기적으로 구독함으로써 여러 선배 사모들의 교훈과 동료 사모들의 애환을 나누고 사모를 위한 전문적인 지식에 대해 배워가는 기회를 자주 가져야 한다.

이 외에 기타 사항으로, 남자 사역자가 배우자를 선택할 때는 비전과 소명, 사모로서의 소양을 보는 것이 중요하다. 전도사 시절에 가정 경제에 도움이 되는 전문 직종의 자매를 자신의 배우자로 찾는 경우가 있다. 그들이 전문 직종에 종사한다는 것은 나쁜 게 아니다. 그러나 중요한 것은 사모로서의 소명과 목회를 통해 하나님께 영광을 돌리겠다는 비전을 공유해야 한다. 이것이 우선순위에서 밀리면 결혼 후 가정은 또 다른 사역지가 된다. 심한 경우 남편은 사역을 원하고 아내는 사모를 거부하여 별거하는 안타까운 일도 생긴다. 일평생 사역자로 하나님께 쓰임 받고자 한다면 외모나 외적인 것에 집착하지 말고 더 멀리 보는 관점에서 기도하며 배우자를 만나는 것이 좋다.

토의 및 생각해 볼 주제들

01 사역자로서 갖춰야 할 좋은 성품의 덕목들을 정리해 보라.

02 인테그리티한 사역자가 되기 위해 내가 더욱 힘써야 할 부분은 무엇인가?

03 순종의 영역에서 더 계발하고 노력해야 할 부분은 무엇인가?

04 최근 담임목사나 교회의 권위에 온전히 순종으로 반응하지 못한 예가 있다면 무엇인지 살펴보고 점검해 보라.

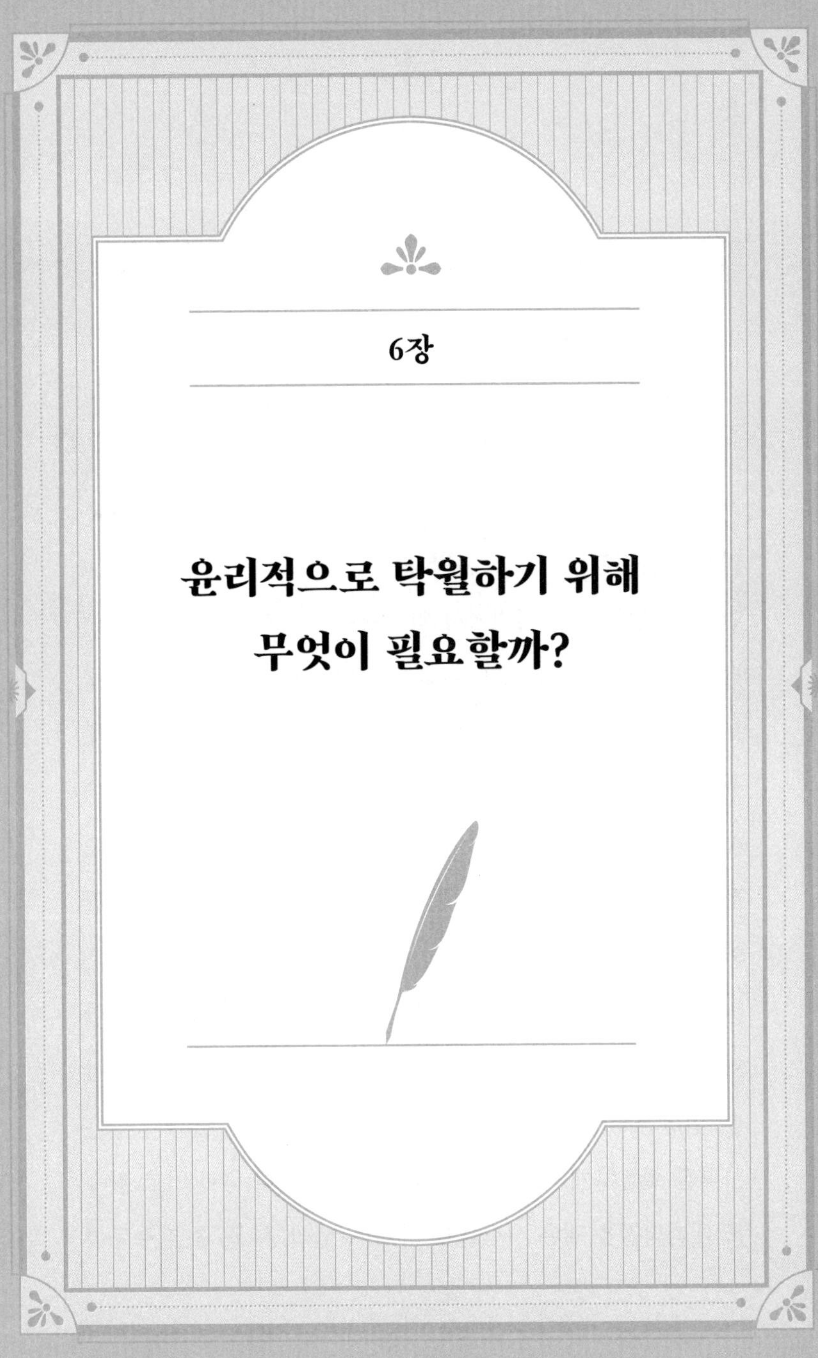

6장

윤리적으로 탁월하기 위해 무엇이 필요할까?

리처드 클린턴Richard Clinton 박사는 성경의 리더십에 관한 비교 연구를 했다. 그는 성경에서 약 1,000명의 지도자가 등장하는데 이 중에 100명 정도만 상세하게 설명되고 나머지는 이름 정도만 언급된다고 했다. 또한 그들의 역할은 족장, 군사 지도자, 세속적인 지도자 등으로 다양하고 성경은 그 100명 중 49명에 대해서만 그들의 사역이 어떻게 마무리되었는지 알려준다고 했다. 그 가운데 클린턴 박사는 사역의 종결 유형을 아래와 같이 네 가지로 분류했다.

첫째 유형은 예정보다 일찍 사역을 중단한 사람들로, 암살이나 살해 등 여러 이유로 조기에 중단된 경우다. 아비멜렉, 삼손, 압살롬, 요시아, 세례 요한, 야고보 등이 있다. 둘째 유형은 사역을 깔끔하게 마무리하지 못한 사람들이다. 후반기로 갈수록 내리막길을 걸은 사람들로 기드온, 엘리, 사울, 솔로몬 등이 이에 해당된다. 셋째 유형은 그럭저럭 사역을 마무리한 사람들이다. 전반기에 비해 후반기에는 범죄와 같은 여러 가지 한계를 갖고 사역을 한 사람들로 다윗, 여호사밧, 히스기야 등이 있다. 마지막 넷째 유형은 유종의 미를 거둔 사람들이다. 아브라함, 욥, 요셉, 여호수아, 갈렙, 사무엘, 엘리야, 예레미야, 다니엘, 요한, 바울, 베드로 등이 있다.

그 다음으로 클린턴 박사는 이 가운데 유종의 미를 거둔 사람들의 여섯 가지 특징에 대하여 다음과 같이 소개했다. 하나님과의 관계, 배우려는 자세, 그리스도를 닮은 성품, 일관된 확신과 믿음, 하나님의 목적 달성, 자기 운명에 대한 올바른 성취 등이다. 반면에 유종의 미를 방해하는 여섯 가지 장애물도 있는데 재정의 오용과 남용, 권력의 남용, 교만, 성적인 부정행위, 가족관계, 정체기다.[33]

모든 지도자가 평생에 온전한 지도자로 마무리하길 바라지만, 아름답게 마무리하는 사람은 생각보다 훨씬 적다. 그리고 다수의 지도자가 도중하차하게 되는 경우는 윤리적인 문제와 연관이 있음을 보게 된다. 목회자의 윤리는 목회자가 가진 거룩과 경건성이 외부로 표출되는 현상이다. 그래서 다른 어떤 단체의 지도자들보다 탁월해야 하며 존경과 신뢰를 받아야 하

33 —— 리처드 클린턴, 폴 리벤워스, 《평생사역을 꿈꾸는 리더》(서울: 진흥출판사, 2006), pp. 29-42.

지만, 오늘날 우리는 매스컴을 통해 지탄의 대상이 되는 안타까운 목회자들을 보게 된다. 그러므로 이 장에서는 사역 현장에서 주의 깊게 생각해 봐야 할 목회 윤리적 주제와 실질적인 문제들을 중심으로 점검하고 살펴보도록 하자.

신뢰와 정직이 회복되어야 한다

매스컴에서 종교지도자들의 신뢰도에 대하여 물었을 때, 기독교 목회자에 대한 신뢰도가 타 종교지도자보다 낮다는 통계를 본 적이 있다. 이 시대에 만연한 안티 기독교 사상이나 여러 복잡한 원인을 이유로 들 수 있겠지만, 이러한 사례를 통해 우리는 목회자의 신뢰도와 정직성에 대하여 깊은 고민과 성찰을 해야 할 필요가 있다.

법조인, 의료인, 상담사 등과 같이 전문직에 종사하는 사람들에게 가장 요구되는 덕목은 신뢰성이다. 이와 동일하게 목회자의 윤리적 덕목에 있어 제1순위도 정직을 통한 신뢰성이다. 그렇다면 목회 현장에서 목회자들의 신뢰를 흔들어 놓는 사례들은 무엇이 있을까?

첫째, 비밀 보장에 대한 것이다. 이것은 상담 부분에서 다시 살펴보겠지만, 목회자는 성도들의 개인 기도제목이나 상담내용의 비밀을 철저히 지켜야 한다. 그렇지 않을 때 이것이 교회를 떠나는 이유가 되기도 한다. 한 예로 타 종교로 옮겨간 사람들 중에 어떤 이는 자기가 담임목사에게 상담했던 내용을 다음날 사모가 알고 얼마 되지 않아 교회 직분자들도 알게 되었다는 사실을 토로했다. 다른 사람의 비밀을 공유하는 것이 그에게 관심을 갖는 것이라고 생각한다면 큰 오산이다. 그들이 알리고 싶지 않은 것은 설령 알아도 모른 척 해야 하며, 상담자는 반드시 비밀을 보장해야 한다.

이와 유사한 예로, 개인상담 내용을 목회자가 공적인 집회에서 사례로 쓰는 경우도 있다. 이는 자신의 이름만 부르지 않았지, 가까운 사람들은 정황상 누구인지 알 정도로 공개하여 상처를 주는 상황이다. 목회자의 입장에서는 여러 사람에게 알리는 것이 관심의 표명이라 하겠지만, 상담한 개인에게는 치명적일 수 있다. 이처럼 교회 안에서 필요 이상으로 남의 말을 옮겨 서로에게 상처와 갈등을 유발하는 예가 너무 많다는 것을 생각해봐야 한다. 이 부분은 상담 부분에서 더 자세히 다루도록 하자.

둘째, 공적 문서에 대한 신뢰성이다. 예를 들어 기부금 영수증을 발행할 때는 정직해야 한다. 그런데 교회 내에 영향력 있는 사람의 부탁으로, 하지도 않은 헌금 내역을 발행하여 세금을 감면하게 하는 것은 윤리 차원을 넘어 사문서 위조에 해당되는 범죄행위다. 과거 모 종교단체에서 허위 기부금 영수증을 발행해주고 돈을 받았다가 구속된 사례가 있다. 이 외에도 허위 세례교인 증명서 발급과 허위 추천서 작성 역시 교회 문서에 대한 신뢰성을 떨어뜨리는 일이다.

한때 미국 대사관이 우리나라 목회자에게 비자 발급을 꺼린 적이 있다. 영사에게 한국으로 돌아오겠다고 한 약속을 어기고 미국에 남은 사람들이 많았기 때문이다. 개인적인 사정이 있을 수 있고 상황이 급변할 수도 있겠지만, 이런 사례가 많아져서 대사관에서 근심할 정도라면 그들이 어떻게 한국교회 목회자들을 신뢰할 수 있겠는가? 목회자들이 서명한 문서는 대통령이 서명한 서류보다 더 신뢰가 보장되는 풍토가 마련되어야 한다.

금전 문제에 대해 투명해야 한다

목회자는 금전 문제에 대하여 투명해야 한다. 아무리 적은 금액이라도 연루되면 목회자의 이미지에 치명상을 입게 된다. 이에 관하여 금전 문제에 대한 몇 가지 원칙을 살펴보자.

첫째, 공적인 재정은 공적으로 한다. 부서에서 사용되는 재정은 공적인 절차를 밟고 반드시 영수증과 근거를 남겨야 한다. 그리고 예산에 근거하여 재정 계획을 세우고 집행해야 한다. 재정 문제는 악의적인 마음을 가진 사람들이 근거 없는 소문을 만들거나 비난하기 위한 목적으로 사용하는 경우가 많기 때문에, 그들에게 어떠한 근거도 주지 않도록 철저하게 관리해야 한다. 한 예로, 예전에 필자는 이단으로부터 소송을 당하여 오랫동안 법정 다툼을 해야만 했다. 그때 필요한 법정 비용을 교회 경상비에서 사용하지 않기 위해 장로님들을 중심으로 세워진 이단대책위원회가 모금을 진행했다. 간혹 교회 재정을 목회자의 법정 문제에 사용하여 횡령이나 배임 문제로 고소, 고발되는 사례들도 있기에 법에 대해 제대로 알지 못하면 올무가 될 수 있음을 알아야 한다.

둘째, 교회 재정에 다른 마음을 품어서는 안 된다. 교회 재정을 개인적인 목적을 위해 속여 사용해서는 안 된다. 개인 식사영수증을 청구하거나, 교회 비품을 구입할 때 리베이트를 받는다거나, 영수증에 금액을 다르게 적어서 올리는 경우 등은 치명상을 입힐 수 있으므로 이런 문제에 있어서 투명해야 한다. 또한 교회 내 공사 수주, 물품 구매의 일로 금품을 요구하거나 대가성 있는 선물을 요구해서도 안 된다. 목회자는 하나님 앞에 선한 청지기임을 잊지 말아야 한다. 그래서 새로남교회도 교회 건축이 진행되는 동안 그 누구도 공사업체로부터 커피 한 잔 대접받지 않았다. 규모가 크든지 작든지 교회가 발주한 공사라면 다른 어떤 기관보다 탁월한 윤리의식이 뒷받침되어야 한다.

셋째, 금전적인 기대를 갖고 심방이나 만남을 가져서는 안 된다. 성도들에게 일종의 압력을 행사하여 필요한 것들을 얻어

내는 행위는 목회자의 품위를 현격히 떨어뜨린다. 간혹 재정적인 이득을 목적으로 성도들과 접촉하여 요구하는 목회자들이 있다. 성도가 운영하는 병원이나 사업체에서 상습적으로 무료 서비스나 물건을 받아오는 행위, 자신의 필요를 SNS로 포장하여 기도 요청하는 일을 금해야 한다. 그래서 새로남교회는 명절 한 주 전에는 심방을 가지 않는다. 성도들에게 괜한 부담을 주거나 불필요한 오해를 살 수 있기 때문이다. 또한 이전에 사역했던 교회의 성도들에게 어떤 물질적 요구도 해서는 안 된다. 목회자가 사역지를 옮겼다면 이전 교회 성도들과는 어떤 이유로든 접촉하지 않는 것이 품격 있는 목회자의 모습이다.

넷째, 가정과 개인의 경제관이 분명해야 한다. 부교역자들 중에 경제생활에 여유가 있는 경우는 많지 않다. 그러나 어렵고 힘든 시기일수록 가정과 자신의 경제윤리에 관해 확고한 원칙을 세워두어야 한다. 신용카드 남용을 자제하고 지혜로운 재정 사용으로 신실한 청지기로서의 삶을 사는 훈련을 계속해야 한다. 계획 없는 소비는 가정 경제를 어렵게 하고, 그로 인해 성도들에게 재정을 요구하거나 교회 공적 재정 유용의 유혹 앞에 흔들릴 수 있게 된다. 그러므로 가정 경제에 대한 분명한 원칙과 계획을 세워 실천해가야 한다.

다섯째, 청지기로서 헌금에 모범을 보여야 한다. 헌금은 하나님께 드리는 것으로, 은혜에 대한 감사와 신앙고백의 표현이다. 경제적으로 어렵더라도 신실하신 하나님의 주권을 믿으며 하나님께 반듯하게 헌금하는 훈련을 해야 한다. 목회자가 하나님 앞에 바르지 못하면 성도들 중 누가 온전한 헌금생활을 하겠는가? 기쁜 마음으로 드리되 넘치도록 주실 하나님을 기대하며 풍성하게 드리는 목회자가 되어야 한다. 목회자가 헌금을 마치 세금 내듯 한다면 그 그릇으로는 하나님 나라의 청지기로 귀하게 쓰임 받기 어렵다. 헌금을 온전하게 드리는 목회자라면 물질의 노예가 되지 않을 뿐 아니라 청지기로서 바른 삶을 살 수 있게 된다.

스캔들이 아니라 은혜의 소문만이 풍성해야 한다

목회자에게 가장 치명적인 것은 성에 관한 문제다. 한국교회는 소수가 일으킨 성폭력으로 인해 그동안 쌓아온 신뢰에 상처를 입었다. 그리고 잃어버린 영혼을 위해 복음을 전한 지난날의 모든 땀과 눈물이 폄훼되었다. 이렇듯 성에 대한 윤리의식의 결여는 당사자만의 문제가 아니라 한국교회 전체에 치명상을 입히는 큰 파괴력을 지녔다.

목회자는 마음을 다해 심방과 상담을 해야 하기에 자연스러운 만남 가운데 이성에 대한 유혹을 받을 수 있다. 자신도 모르는 사이에 마음속에 사단이 자리 잡게 되는 것이다. 그러므로 건강한 성 윤리를 위해 부교역자가 주의해야 할 몇 가지를 살펴보도록 하자.

첫째, 이성과의 일대일 만남은 자제하되 불가피하다면 공적인 공간에서 만나야 한다. 세계적인 복음 전도자인 빌리 그래함Billy Graham은 한평생 사역하면서 성적 스캔들이 전혀 없었다. 한번은 영부인이었던 힐러리 클린턴Hillary Rodham Clinton이 개인 면담을 요청한 적이 있는데 그때도 식당 중앙에서 다른 사람들이 멀리 떨어져 있게 한 후 상담한 일화는 유명하다. 그는 어느 누구에게도 불필요한 오해를 주지 않기 위해 노력하며 자신을 관리했다. 이처럼 이성 간의 만남은 최대한 피해야 하며, 특히 청년 사역자의 경우 사적인 자리에서 이성과 단 둘이 만나는 일은 없어야 한다.

둘째, 그 어떤 경우라도 이성과 스킨십을 해서는 안 된다. 간혹 악수를 할 수는 있다. 하지만 어린아이라도 불필요한 신체적 접촉을 해서는 안 된다. 특히 어린 여자아이의 신체를 함부로 만지거나 터치해서는 안 된다. 친근감의 표시는 표정과 따뜻한 말로도 충분히 가능하다. 스킨십 자체가 오해를 불러일으킬 수 있고 이것이 더 큰 문제로 번져갈 불씨가 될 수 있으므로 불필요한 스킨십은 절대 해서는 안 된다.

셋째, 이성과의 상담은 하지 말아야 한다. 대부분의 성적인 문제는 개인적인 만남으로부터 시작된다. 예를 들어 남자인 목사가 여자 성도와 상담을 시작하게 되면 문제가 일어날 가능성이 상당히 높아진다. 이 부분은 상담 부분에서 다시 세밀하게 다루겠지만, 목사의 경우 이성에 관한 상담은 여성 사역자들에게 위임하는 것이 좋다.

넷째, 성적이거나 수준이 낮은 언어를 사용해서는 안 된다. 세상에서도 성적 수치심을 불러일으키는 언어를 사용하면 성폭력으로 처벌받듯이, 교역자의 입에서 저질스러운 농담이나 언어가 나와서는 안 된다. 여자 성도가 모멸감이나 수치심을 느끼는 성적인 비유나 평가, 저질적인 농담과 신체 접촉 등은 성희롱과 성폭력에 해당되는 일이다.

다섯째, 음란물을 가까이 해서는 안 된다. 강력한 성범죄 뒤에는 반드시 포르노물에 대한 집착이 있었다. 미국의 연쇄살인범으로 유명한 테드 번디Theodore Robert Bundy나 국내에서 아동 성폭력으로 문제가 된 사람들 모두 음란물에 중독됐다는 보고가 있다. 교역자들이 음란물을 가까이하면 뇌에 영향을 미쳐 중독이 된다. 또한 성도가 성적인 대상으로 여겨지게 되고 사역자로서의 순기능은 위축되고 마비된다. 생각이 건강해야 사역이 건강해진다. 음란물을 탐닉하는 사역자의 사역에 열매가 맺히기를 바라는가? 어불성설이다.

여섯째, 가정생활에 충실해야 한다. 성적 유혹에 빠지기 쉬운 목회자들을 보면 소명감 결여, 결혼생활 불만족, 다른 동료들과의 분리가 주요 원인이다.[34] 가정에 불화가 있고 부부생활

34 —— 팀 라헤이, 《목회자가 타락하면》(서울: 생명의샘, 1996), p. 211.

에 문제가 있을 때 정서적, 성적 욕구가 다른 쪽으로 분출될 가능성이 높아진다. 그러므로 부부생활에 문제가 있다면 이미 성 문제에 대한 위험 징후가 나타나고 있음을 감지하고 더욱 주의해야 하며, 부부관계의 회복을 위해 노력해야 한다. 뿐만 아니라 친한 친구 그룹을 만들어서 목회자로서 쉽게 나누지 못하는 자신의 문제를 이야기하고 취미생활을 함께 한다면 성적인 유혹에서 벗어나는 데 큰 도움이 될 수 있다.

그 외에 미혼 사역자의 경우에는 성적 순결을 위해 노력해야 한다. 결혼을 약속한 사람이 있다고 하더라도 혼전순결은 지켜져야 한다. 결혼 전에 서로 간의 약속이 깨지는 경우도 있고 혼전 임신으로 어려움을 당하는 사역자, 성적인 문제에 연루된 목회자들에 대한 보고가 있다. 이러한 문제에 관하여 자신을 깨끗하게 함으로 사역자로서 본이 되도록 힘써야 한다.

설교에도 정도(正道)가 있다

설교는 목회자의 중요한 사역 중 하나다. 이러한 설교에 있어서 윤리적 문제는 남의 설교를 베끼는 것이다. 설교를 배우는 단계에 있는 신학도는 모방을 통해 배우기 시작한다. 자기가 감동받은 설교를 수정하여 설교해 보는 것부터 설교준비를 훈련하게 된다. 이러한 것은 문제가 되지 않는다. 그러나 시간이

지났음에도 여전히 다른 사람의 설교를 그대로 가져와 따라 하는 것은 범죄행위다. 비슷한 예로 논문 표절은 학계에서 교수 임용에 문제가 되기도 하고 정계에서 인사청문회의 결격 사유가 되기도 한다. 물론 설교는 학문적인 근거를 매번 요구하는 논문과는 성격이 다르고 모든 설교에 인용 구절이나 출처를 밝히는 것도 어려운 일이다. 그러나 상식 이하의 수준에서 다른 사람의 설교를 그대로 인용하여 사용하다가 어려움을 당하는 사역자들을 간혹 보게 된다.

설교에 대한 아이디어나 성경 해석의 방식 등은 다른 설교자들의 책을 통해 가져올 수 있다. 그러나 전개방식과 표현방법, 심지어 내용까지 동일하거나 유사해서는 안 된다. 특히 근거가 없는 예화 사용은 금해야 한다. 예를 들면, 예전에 외모가 부족한 여성이 큐티Q.T를 열심히 하여 좋은 형제와 결혼했다는 예화를 들은 적이 있다. 그런데 여러 명의 설교자가 같은 예화를 사용하면서 모두 자기가 다니던 교회의 누나라고 소개했다. 그러나 그들이 모두 같은 교회 출신이 아님은 말할 것도 없다.

또 이런 예도 있다. 어느 목회자가 "지난주 〈타임지〉에 나온 기사를 보면"이라고 설교했는데 소개된 〈타임지〉 기사에는 그런 내용이 없었다. 왜냐하면 그 설교자가 인용한 설교집의 설교자가 그 설교를 작성한 시점으로부터 지난주의 기사였기 때문이다. 설교자가 자신의 지적 능력을 교묘하게 드러내기 위해 사용한 표현이지만, 그것은 엄연히 부정직한 방법이며 이런 상식 이하의 예화를 사용하거나 처음부터 끝까지 남의 설교를 베끼는 것은 설교자로서 해서는 안 될 일이다.

목회자는 설교에 정직하고 진실해야 한다. 설교를 베끼고 싶은 유혹은 설교준비의 소홀에서 시작된다. 이 문제는 9장에서 소개되는 옥한흠 목사님의 설교론을 통해 더 깊이 살펴보도록 하자.

허수 통계의 유혹에서 벗어나야 한다

앞에서 살펴본 내용 외에도 교회 안에서 생각해 봐야 할 문제들이 있다. 먼저 거짓 통계다. 이것은 한국교회에 만연한 고질적인 병이다. 아마도 한국에 있는 교회들이 말하는 성도 숫자를 모두 더한다면 우리나라는 기독교 국가가 되고도 남았을 것이다. 재적수를 출석수로 교묘하게 포장하거나 자신의 세를 과시하기 위해 허위 통계를 작성하는 것은 오랫동안 관료화된 고질적인 병이다. 허수, 허세, 허상으로 과대 포장된 출석 통계의 유혹을 버려야 한다.

부교역자들은 이력서나 자기소개서를 쓸 때도 과장의 유혹을 받는다. 한 차례 정점을 찍었던 예배 인원을 연평균 출석수로 둔갑시킨다든지, 가장 적은 출석 인원을 부임 전 평균 숫자라고 하여 자기 능력을 어필하고자 한다. 그런가 하면 담임목사의 지적이 두려워서 현재 출석을 허위로 보고하는 경우도 많다.

통계는 성도들을 돕고 건강한 교회를 만들기 위한 기초자료다. 그런데 현재 상황에 대한 책임을 모면하기 위해 허위로 작성한다면 그 통계는 통계로써 쓸모가 없을 뿐만 아니라 사역의 미래를 불투명하게 한다. 부흥과 성장에 대한 압력을 받더라도 정직하게 자신의 목양을 점검할 수 있어야 하고 통계에 대해 정직해야 한다.

컴퓨터 프로그램은 정품당당 해야 한다

교회 내의 불법 소프트웨어 사용과 불법 다운로드에 대해서도 생각해 보아야 한다. 우리가 자주 사용하는 마이크로소프트나 한컴 등의 소프트웨어 프로그램은 저작권이 있다. 그런데 교회가 불법 소프트웨어 사용으로 문제가 되면 벌금도 벌금이지만 불명예스러운 일이 된다. 그러므로 교회 내의 모든 컴퓨터 프로그램은 정품 인증을 받은 후 사용해야 한다. 새로남교회도 디지털사역팀에서 정기적으로 교회 내 컴퓨터 수량의 변화와 정품 소프트웨어 사용에 대해 점검하고, 각 소프트웨어 회사에서 발행한 정품인증서를 보관하고 있다. 물론 정품을 사용할 때 상당한 비용이 드는 것은 사실이지만, 교회의 윤리의식은 사회보다 앞서야 한다.

부교역자의 금도

부교역자가 주의해야 할 윤리적인 측면을 좀 더 살펴보자.

첫째, 사역에 꼼수를 쓰지 말아야 한다. 사역자는 정도목회正道牧會를 지향해야 한다. 사역에 있어서 편법이나 지름길을 즐겨하지 말고, 정도목회를 걸어야 한다. 꼼수를 쓰고 담임목사의 눈치만 살피는 사역자는 그 당시는 편할지 몰라도 사역자로서의 가능성이 없다.

둘째, 스캔들에 휘말리지 말아야 한다. 죄냐, 아니냐를 떠나서 구설수에 오르내리거나 휘말리지 말아야 한다. 세심하게 자신을 살피고 성도들을 목양해야 한다. 특히 재정이나 이성에 관한 스캔들을 조심해야 하고 리더십을 행사하는 과정에서 마찰이 생기지 않도록 주의해야 한다. 사역자에게는 은혜로운 소문만 따라다니게 해야 한다.

셋째, 교우 또는 부교역자들과 당을 짓지 말아야 한다. 소수의 사람이 친하게 지내는 것이 무슨 문제냐고 할 수 있다. 그러나 이것이 사역과 교회 내에서 큰 문제가 되는 경우가 많다. 잘못하면 끼리끼리 문화로 발전하여 다른 교역자들에게는 배타적이게 된다. 당을 짓기보다 서로 화목하게 지내도록 피스메이커의 자세로 사역해야 한다.

넷째, 담임목사를 대적해서는 안 된다. 하나님께서 부교역자를 그 교회에 보내신 것은 담임목사의 사역을 돕기 위한 것이다. 담임목사와 뜻이 맞지 않는다고 대적하거나 그와 유사한 행동을 취하는 것은 부교역자로서 해서는 안 된다. 이런 경우가 발생할 조짐이 보인다면 사역지를 조정하는 것이 더 지혜롭다.

다섯째, 양 떼의 순진함을 사욕에 이용하지 말아야 한다. 이 부분은 재정윤리에서 다루긴 했지만 다시 한번 생각해 봐야 한다. 목회자는 양 떼의 영혼을 위해 존재한다. 자신의 안위나 미래의 사욕을 위해 성도들을 이용해서는 안 된다.

여섯째, 이전 사역지의 성도들과 만남을 이어가지 말아야 한다. 부교역자는 사역지를 이동하면 이전 사역지의 성도들에게 개인적으로 연락해서는 안 된다. 유학을 떠난 사역자가 이전 교회 성도들에게 도와달라고 하거나, 다른 개인적인 목적으로 만남을 이어가는 일이 없어야 한다. 그들은 이제 하나님께서 새로 부임한 목회자에게 맡기신 양 떼다. 적지 않은 시간을 함께한 성도들이기에 그들도 새로 부임한 사역자보다 이전 사역자를 더 친밀하게 느낄 수 있다. 그러나 현재는 자신의 양 떼가 아니기에 현재의 목자와 함께 행복한 사역을 이루어가도록 자리를 피해야 한다. 다시 그들 앞에 등장하여 성도들에게 혼란을 주거나 어려움을 주어서는 안 된다.

마지막으로 일곱째, 현 목회지 지근거리에 개척하지 않아야 한다. 이것은 자멸과 공멸의 첫걸음이다. 교회가 파송해서 분립 개척하는 경우가 아니라면 이전 목회지의 성도들을 겨냥

하여 교회 인근에 개척하는 것은 사역자로서 자멸하는 것이나 다름없다.

윤리는 내부의 거룩과 경건이 외부로 표출되는 것이다. 윤리적으로 탁월하며 품격 있는 사역자가 되어야 한다.

토의 및 생각해 볼 주제들

01 사역을 아름답게 마무리하는 사역자의 특징은 무엇인가? 또한 윤리적으로 탁월하기 위해 더욱 힘써야 할 부분은 무엇이라고 생각하는가?

02 재정 문제에 관하여 내가 더 노력해야 할 부분은 무엇인가?

03 성 윤리에 관하여 교회나 자신이 더욱 경계하고 정결하게 해야 할 부분은 무엇이라고 생각하는가?

04 설교와 소프트웨어 사용 등에 관하여 느낀 점을 기록해 보라.

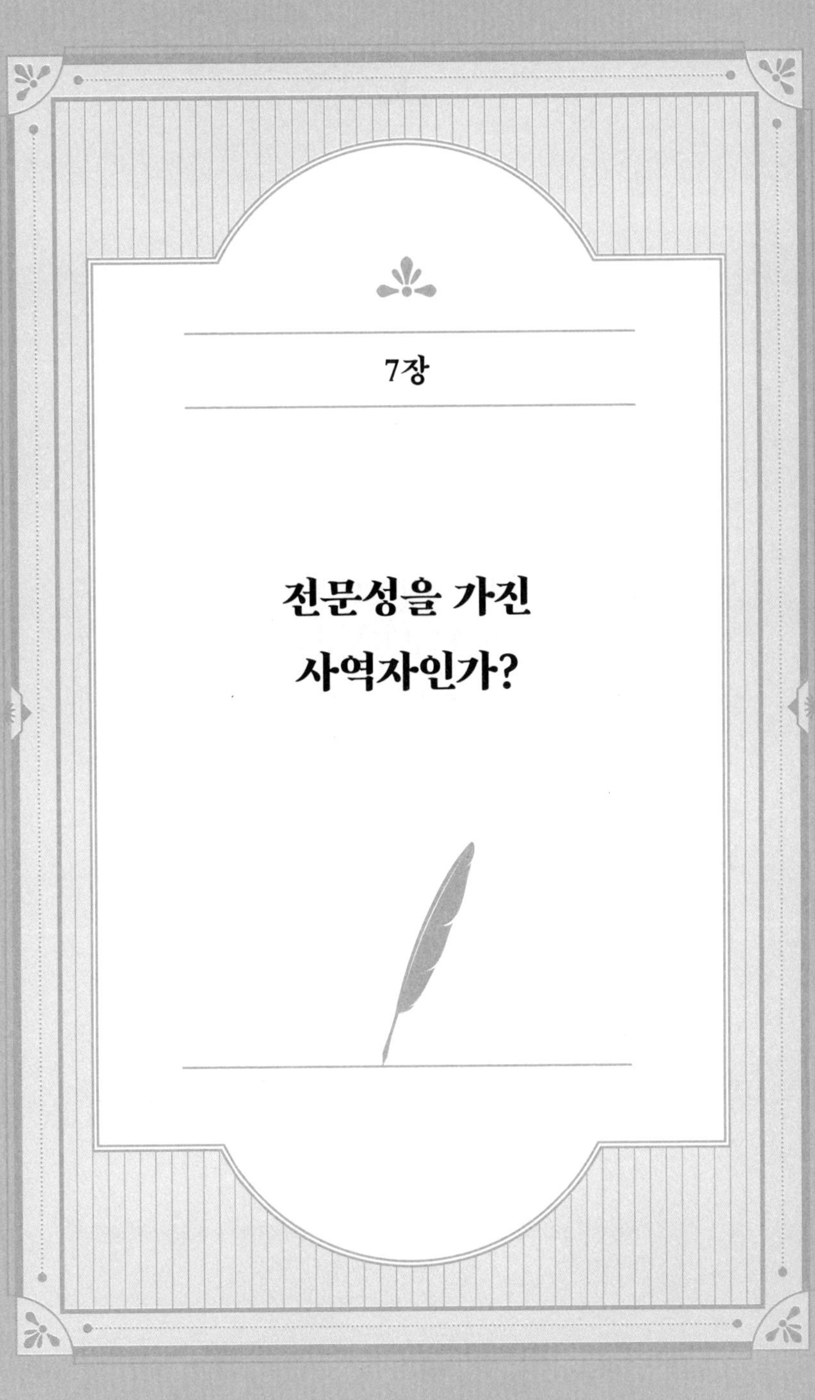

7장

전문성을 가진 사역자인가?

오늘날은 정보화, 전문화의 시대다. 이에 따라 교회도 파트별로 전문성Professional Ministry이 필요한 목회 전문화 시대가 되어 가고 있다. 그렇기에 이제는 전통적인 1인 중심의 목회로써 21세기 변화의 급류를 다스리기에는 역부족이다. 교회는 목회 지도력의 시대적 현실을 인식해야 하며, 주님이 주신 사명을 다하기 위해서는 현시대에 맞는 목회 리더십의 다변화가 심각하게 고려되어야 한다.[35]

과거에는 기업에서 유능한 인재를 뽑았지만 21세기에 들어오면서 전문성을 강조하여 그 자리에 적합한 사람을 뽑는 것이 관례화되었다. 필자도 부교역자를 선정할 때 전문성을 중요

35 —— 〈목회와신학 1995년 12월호〉, 황성철, "21세기 목회환경이 요구하는 목회영역의 다변화", p. 35.

하게 본다. 이는 과거 목회 현장에서는 없던 일로, 21세기에 들어서면서 두드러진 현상이다. 뿐만 아니라 사랑의교회 오정현 목사님도 "부교역자 선택의 원리의 한 축은 전문성이며, 다른 한 축은 인격과 관계이다. 은사와 전문성, 인격과 관계라는 부교역자 선택의 쌍두마차로 가는 교회는 어디를 가든 승승장구할 것이라고 확신한다"고 했다.[36]

목회 전문성을 계발함에 있어서는 두 가지 측면에서 검토가 필요하다. 하나는 목회자 자신의 전문성이고, 또 하나는 팀 사역의 일원으로서의 전문성이라고 볼 수 있다. 또한 부교역자가 계발해야 할 전문성은 말씀, 전도, 목회 행정이다. 특히 말씀 연구와 선포는 목회자 고유의 전문성에 해당한다. 그리고 행정과 전도는 교회의 규모에 따라서 별도의 전문가를 활용하는 예도 있지만, 규모가 작은 교회일수록 이러한 전문성은 모두에게 요청된다. 교회의 규모가 작을수록 준비된 사람을 찾는 경향이 있다.[37] 그래서 소형교회 부교역자의 경우, 다양한 사역을 두루 담당해야 하는 어려움이 있지만, 독자적인 전문성을 갖고 있을 때 사역을 더욱 탄탄하게 하고 교회로부터 신뢰를 얻게 된다.

부교역자 전문성의 기초는 은사 계발과 직접적인 연관이 있다. 은사는 하나님께서 사역을 위해 개인에게 주신 특별한

36 —— 〈교회성장 2018년 12월호〉, 오정현, "팀사역을 고려한 부교역자 선발", pp. 32-37.
37 —— 〈교회성장 2005년 11월호〉, 이재정, "개척교회 현실에서의 부교역자 선택의 조건", pp. 44-49.

능력이다. 이러한 은사 계발과 활용은 목회 전문성으로 이어지고, 은사는 전문성을 넘어 비전을 이루는 도구가 되기도 한다.

한국교회는 교회 성장의 침체로 목회지가 점점 줄어들어서 부교역자 그룹의 고령화가 올 것이다. 이러한 관점에서 볼 때 부교역자의 전문성을 더욱 요구할 것이며 평생 부교역자로 사역하는 사례도 늘어나리라 본다.

이 장에서는 각 부서별 사역자가 갖추어야 할 전문성에 대해서 살펴보도록 하자.

어린이 사역자로서의 전문성

다음세대를 하나님의 말씀으로 세우는 일이 중요하다고 하지만, 사실 교회에서 가장 대우를 받지 못하는 곳이 주일학교 교육파트가 아닐까 생각된다. 일반적으로 교회에서는 한 사역자가 주일학교와 교구를 동시에 맡아서 목양하도록 하는 경우가 많다. 그러나 어린이 사역은 다음세대를 준비하는 사역인 동시에 부모 세대에게 큰 위로와 기쁨을 주는 귀중한 사역이다. 어린이 사역자로서 전문성을 계발하기 위해 필요한 몇 가지는 다음과 같다.

첫째, 어린이를 향한 열정과 은사와 사명감을 가지라. 은사에 따라 청소년 파트에 지원하는 경우도 종종 있지만 대부분의 사역자가 전도사 시절에 가장 먼저 지원하는 곳은 어린이 파트다. 그 이유는 사역자들이 부담 없이 시작할 수 있다는 인식도 있고, 교회 입장에서는 경력 없는 전도사를 실험적으로 배치하는 곳으로 생각하여 구인하기 때문이다. 그 배경에는 짧은 기간에 사역자가 교체되더라도 타격을 크게 입지 않을 곳이 어린이 파트라는 생각이 깔려 있기 때문일 것이다. 이러한 조류는 어린이 파트를 거쳐 청소년 파트로 그리고 전임이 되면서 청년 파트로 옮기고, 다음은 교구로 올라가는 잘못된 단계를 만들었다.

연령에 맞는 전문 목회는 존중되어야 한다. 사역을 옮겨야 할 상황이 오기 전까지는 어린이 사역이 자신의 평생 사역이라는 비전과 자세를 가지고 사역에 임하는 자세가 필요하다. 어린이에 대한 특별한 열정과 아이들을 잘 설득할 수 있는 은사 그리고 사명감이 있어야 한다.

둘째, 사역에 대한 확고한 교육 철학을 가지라. 교육 철학을 가지는 것은 교육의 질을 한 단계 업그레이드시키는 것이다. 교육 철학 없이 과거를 답습한다면 아무런 성장을 기대할 수 없을 것이다. 반대로 교육 철학이 있으면 교육의 방향을 잡고 평가도 할 수 있다. 여기에 더하여, 동역하는 교사들과의 공유도 중요하다. 아무리 좋은 것이라도 혼자만 알고 있다면 영향력이 없다. 그렇기에 이에 대한 방법으로 연초에 교사 가이드북을 만들 때 교육 철학과 목표를 담아 공유하는 방법이 있겠다. 구두로 올해의 교육 방향을 이야기하는 것도 좋지만 교사들이 계속 볼 수 있도록 글로 남기는 것이 교육 철학을 공유하는 데 더 효과적이다.

셋째, 설교 및 가르치는 방법을 계발하고 훈련하라. 어린이들은 이해하는 것이나 깨닫고 느끼는 것이 성인과는 차이가 있다. 그렇기에 아이들이 집중하는 시간과 선호하는 것들을 잘 파악하여 눈높이에 맞게 말씀을 가르치는 능력을 계발해야 한다. 이를 위해 어린이 사역을 전담하는 단체나 어린이 설교를 전문적으로 가르치는 곳도 있으며, 관련 도서도 시중에 많이 나와 있다. 이렇듯 사역자는 벤치마킹Benchmarking을 해서라도 탁월한 전문성을 가져야 한다.

탁월한 주일학교 사역자들은 그들만의 어린이 설교 전달 방법을 가지고 있다. 소품을 활용하거나 영상, 음악자료 또는 온몸을 던지는 연기를 통해 아이들에게 다가가는 노력을 기울이고 있다. 그런데 여기서 한 가지 주의할 점은 전달방법에 너무 초점을 두다가 핵심을 전달하지 못하는 경우가 생기지 않도록 해야 한다. 성경의 스토리를 묘사할 때 본문의 핵심을 정확하게 파악한 후에 아이들의 눈높이에 맞춰야 한다.

넷째, 좋은 동역자 그룹을 형성하라. 주위에 있는 어린이 사역자들과 연계하여 끊임없이 배워야 한다. 그들로부터 새로운 정보를 얻기도 하고 반면교사로 삼아서 하지 말아야 할 것을 배울 수도 있기 때문이다. 좋은 동역자들과의 관계 형성은 사역의 전문성을 더 깊게 만드는 축복의 통로가 된다. 어린 영혼도 천하보다 귀한 양들이다. 시행착오를 줄여서 그들이 시험에 들지 않게 해야 할 것이다. 이 외에도 어린이기관으로부터 배울 수도 있다. 파이디온이나 어린이전도협회 등에 소속되어 노하우를 자신의 것으로 만드는 것도 좋은 방법일 것이다. 어린이 전담 사역자를 청빙할 때 이력서에 어린이 사역과 관련하여 배움의 흔적으로 가득한 사역자들이 있다. 필요한 자격증과 이수한 훈련들로 가득 찬 사역자가 말해주는 것은 전문성을 위해 부단히 몸부림치고 노력했다는 것이다. 전문성을 위한 노력은 자신의 이력에나 사역 현장에서 반드시 결과로 나타나게 된다.

다섯째, 학부모를 가정 내에 신앙교사로 세우라. 교회와 가정은 거룩한 협력관계다. 가정과 별개로 사역을 영위할 수 없다. 특히 어린이 사역은 더더욱 가정과 협력하여 동반 성장을 꾀해야 할 것이다. 학부모 간담회 및 가정 심방, 상담 등을 통하여 가정 내 신앙교육을 점검하고, 가정예배와 주일 설교 나눔 등을 권면하여 학부모를 가정 내에 신앙교사로 세워서 믿음의 명문 가정을 세우는 전문 사역자가 되어야 할 것이다.

청소년 사역자로서의 전문성

청소년기는 가장 역동적이고 많은 변화를 겪는 때다. 신체적인 변화와 더불어 정신적인 변화, 자아 정체성과 주변을 인식하는 범위가 확대되는 시기이다. 청소년들은 사춘기를 겪으면서 많은 고민과 사고思考를 시작하고 부모의 권위에 도전하기도 하며 부모의 연약함과 한계를 발견한다. 그래서 어떤 이는 말하기를, 청소년 사역이 3D Difficult, Dangerous, Dirty 사역 중 하나라고 한다. 그러나 사역자는 오히려 이 사역을 통해 3D Dream 꿈과 비전을 가지게 되고, Devotion 하나님 앞에 철저히 헌신할 수 있고, Direct 어떤 사역이든 정면 돌파할 수 있게 된다를 경험할 수 있다. 청소년 사역을 통해 하나님 앞에 존귀하게 쓰임 받는 사역자로 선다면, 어떤 임무도 능히 감당할 수 있을 것이다. 물론 다른 사역 현장에서도 전문성을 갖고 사역의 정도正道를 걸어갈 때 하나님과 사람 앞에서 부끄러울 것이 없는 일꾼이 될 것이다. 다음은 청소년 사역을 위한 몇 가지 사항이다.

첫째, 무엇보다 청소년을 사랑하라. 예수님은 열두 제자를 부르시고 그들과 3년간 생활하셨다. 말씀하신 대로 사는 원리를 현장에서 몸소 보여주신 것이다. 이와 마찬가지로 청소년 사역자가 강단에서 전하는 말씀도 사역 현장에 아낌없이 묻어 나와야 한다. 청소년들의 가장 큰 부담과 고민은 학업공부, 진로이다. 주변으로부터 받는 스트레스부모님, 선생님, 친구 등 역시 상당하다. 이러한 환경에 있는 청소년들에게 먼저 사랑의 마음을 보여주라. 그들에게 사랑을 느끼게 하라. 그리하여 그들이 가장 힘들고 어려울 때 휴대전화에서 사역자 이름을 검색하게 해야 한다. 그들이 누구보다 먼저 고민과 어려움을 털어놓을 수 있을 만한, 신뢰하는 목회자가 되어야 한다.

둘째, 청소년들의 관심사에 대해 정통하며 그들을 이해하라. 부끄럽게도 대한민국은 청소년 자살률 상위권 국가다. '군중 속의 고독'처럼 기댈만한 사람이 단 한 명도 없을 때 청소년들은 마지막을 택한다. 그뿐만 아니라 무방비 상태에서 인터넷을 통해 들어오는 음란 문화가 청소년들에게 심각한 악영향을 끼치고 청소년 임신율이 상위권을 차지하고 있는 것이 우리의 현실이다. 그러므로 사역자는 말씀으로 청소년들에게 건강한 이성 교제를 가르쳐야 한다. 또한 그들의 관심사가 무엇인지, 고민이 무엇인지, 부모님과의 관계 및 가정 상황은 어떤지, 학업은 어떠한지 등 그들을 알기 위해 많은 시간을 사용해야 한다. 필요하다면 평일 하교下校 시간이나 학원 수업이 끝난 후 만날 수도 있다. 마음만 있으면 충분히 가능하다. 예를 들어 시험기간 중에 집 앞에서 준비한 간식을 전하면서 "열심히 하렴, 난 너의 가능성을 믿는다"며 깜짝 이벤트를 준비한다면 평생 잊지 못할 사역자로 남게 될 것이다.

셋째, 청소년 자녀를 둔 부모들을 상담하고 도울 수 있도록 준비하라. 청소년 자녀를 둔 부모의 최대 관심사는 자녀가 그 시기를 수월하게 보내는 것이다. 그래서 요즘 크리스천 부모들은 자녀가 사춘기에 접어들 즈음에 이미 마음의 각오를 단단히 하고 누구보다 훌륭한 부모님으로 자리매김하기 위해 노력하는 모습을 보인다. 그런데도 많은 이들의 공통적인 목소리는 "우리 아이가 달라졌어요"이다. 무엇이 달라진 것인가? 초등학교 다닐 때는 부모에게 순종하고 착하고 예뻤던 아이가 사춘기에 접어들면서 이전과 다른 말과 행동을 할 때 충격을 받는다. 또한 학업뿐 아니라 친구관계, 특별히 집단 괴롭힘과 이성교제 등이 크게 작용한다. 이를 위해 청소년 사역자는 먼저 학부모와 소통해야 한다. 교회학교 교사 및 학부모와의 간담회를 여는 것도 교회교육과 가정교육의 조화 및 일치를 위해 중요하다고 할 수 있다.

그런데 청소년 사역자 대부분은 청소년 자녀를 둔 경험이 없다. 그렇다면 어떻게 청소년을 이해할 수 있을까? 청소년 심리, 상담 등 그들의 특성을 심도 있게 연구하고 공부하는 것으로 가능하다. 그들의 특징을 분명하게 알면 사역의 본질을 놓치지 않고 건강한 교회 공동체를 이루어갈 수 있다.

교회교육, 가정교육, 학교교육이라는 트라이앵글 사역은 청소년 시기에 예수 그리스도를 인격적으로 만나고 믿음의 사람으로 세우는 데 있어서 중요하다. 그러므로 거시적인 안목을 가지고 사역의 지경을 넓혀나가며, 제자리에 안주하지 말고 우리가 할 수 있는 사역의 열쇠를 찾아 노력하고 배우려는 자세가 필요하다.

넷째, 청소년의 눈높이에 맞는 메시지를 전할 수 있도록 준비하라. 모든 사역자는 말씀에 최우선 순위를 두고 영혼들을 향해 승부수를 띄워야 한다. 그런데 청소년 사역에서 간과하기 쉬운 것이 말씀에 대한 준비다. 게다가 지금은 말씀에 대한 집중력이 떨어지기 쉬운 디지털 시대이다. 그렇기에 청소년들에게 하나님의 말씀에 집중하여 그리스도인으로 살도록 도전하기 위해서는 더욱 깊이 있는 말씀 연구가 선행되어야 한다.

요즘 청소년들은 예배 시간에 집중하지 못하는 경향이 있다. 휴대전화에 매여 있거나 심지어 학원 혹은 과외 숙제를 하는 아이들도 있다. 이는 말씀이 그들의 삶에 능력으로 다가오지 않는 것이다. 그러므로 청소년 문화에 대한 이해와 그들의 관심사를 바탕으로 한 설교 준비로 불통不通이 아닌 소통疏通의 목회를 해야 한다. 청소년 사역자가 평소에 말씀에 대해 씨름하고 큐티를 통해 스스로 점검하며 말씀대로 살기 위해 몸부림친다면, 그 열정과 헌신을 모두가 알게 될 것이고 말씀의 능력이 청소년들에게 도전으로 다가올 것이다.

다섯째, 교사 교육과 지도에 전문가가 되라. 이 시대 청소년들에게 가장 필요한 것 중 하나는 바로 신뢰하고 따를만한 스승이다. 수많은 정보 매체를 접하고 많은 선생님이 있지만, 하나님의 말씀을 가르치고 그 말씀대로 살아가는 진실한 교사상教師像이 필요하다. 청소년 사역자에게는 동역하는 교사들이 있고 교역자와 교사 간 관계가 중요한 사역 중 하나가 바로 청소년 사역이다. 그러므로 하나의 비전을 위해 한마음 한뜻으로 하나님의 말씀을 가르치기 위해서는 교역자와 교사의 아름다운 팀워크가 선행되어야 한다. 아무리 멋진 슬로건이 있어도 동역하는 교사들이 따라주지 않는다면 하나의 구호에 지나지 않을 것이다. 한편, 말씀을 가르치는 교사와의 팀워크를 위해서는 심방이 필요하다. 가정 심방도 좋고 교회에서의 만남도 좋다. 교사의 가정 상황과 환경에 대해 정확히 이해하고 기도제목을 나누며 기도해야 한다. 이렇듯 청소년 부서에 교사가 많든 적든 관계없이 가장 먼저 해야 할 부분 중의 하나가 함께하는 교사들과의 팀워크라는 사실을 놓치지 말아야 한다.

여섯째, 제자훈련을 통해 또래 핵심 리더를 양성하라. 청소년들에게는 무궁무진한 가능성이 있다. 그런데 그들은 왜 움직이지 않는가? 왜 아무것도 하지 못하는 것처럼 취급받는가? 그 이유는 어른들이 기대하지 않기 때문이다. 청소년을 문제만 일으키는 럭비공 같은 아이들로 인식하기 때문이다. 우리가 청소년을 바르게 이해할 때, 생각하지 못한 놀라운 일이 눈앞에 펼쳐질 것이다. 청소년기에 예수님을 인격적으로 만난 아이들은 무궁무진한 가능성을 가지고 평생 하나님 앞에 헌신하며 최선을 다해 살아갈 것이다.

모든 공동체는 소수의 헌신된 자들이 다수를 리드하기 마련이다. 그렇기에 청소년 사역에도 또래 핵심 리더 양성이 중요하다. 그리고 이를 위해서는 각 교회 사정에 맞는 훈련 시스템을 준비해야 한다. 훈련을 통해 헌신된 제자를 세우고 그들과 동역한다면 사역의 큰 기쁨을 맛볼 수 있다. 그뿐만 아니라 그 아이들은 훈련 가운데 또래 훈련생들의 선한 영향도 받는다. 훈련 안에서 선후배 관계가 견고히 형성될 때 놀라운 힘을 발휘한다. 이렇듯 훈련 사역은 청소년들을 예수 그리스도의 제자로 세우고 건강한 교회 공동체로 세우는 일에 큰 부분을 차지한다. 이와 더불어, 훈련 사역을 위해서는 먼저 사역자가 하나님 앞에서 기도와 말씀으로 무장되어야 하고 청소년의 눈높이에 맞춘 훈련 프로그램을 세워야 한다. 또한 스스로 건강관리를 철저하게 해야 지속성을 갖고 이어지는 훈련에 온전히 헌신할 수 있다.

일곱째, 성경적 세계관을 이해하고 가르치라. 청소년기는 수많은 정보가 유입되는 시기다. 학교와 학원, 친구 또래와 TV, 온라인 매체와 유튜브 등 다양한 루트를 통해 얻게 되는 정보들은 청소년 가치관 형성에 큰 영향을 미친다. 그런데 대다수의 정보는 반기독교적이며 신앙에 대립하는 인본주의적이고 세속적인 내용들이 많다. 또한 청소년들은 스스로 분별할 능력이나 기회가 없고 지극히 자기 폐쇄성과 익명성에 특화된 기질과 환경도 가지고 있다. 이러한 이유 때문에 그들에게는 아무도 모르게 은밀히 행해지는 일들이 많아진다. 사람들 앞에서는 자신의 진짜 모습을 숨기고 온라인상에서는 자신의 존재를 알리는 것을 꺼려하지 않게 된다. 그리고 바로 그때, 잘못된 정보를 아무도 모르게 접할 수 있고 동성애, 자살, 마약, 도박 사이트 등에 노출될 수 있다. 이로 인해 잘못된 가치관이 형성되어 성인이 되었을 때 교회를 떠나게 되거나 안티 기독교가 되는 이유가 되기도 한다.

따라서 청소년 사역자는 그들이 평상시 받고 있는 교육과 그것이 미치는 영향이 어디에서부터 비롯되는지 부지런히 살피고 이에 대응할 수 있어야 한다. 학교에서 배우는 교과서의 내용도 점검해 볼 필요가 있다. 또한 청소년들 사이의 유행이나 인기 있는 인플루언서, 뜨고 있는 유튜브 채널 등을 살피고 성경적 가치관에 입각하여 옳고 그름을 분별할 수 있는 가르침을 교회가 선제적으로 제시해 줄 수 있어야 한다. 이를 위한 시리즈 설교, 성경적 세계관 학교 등을 진행하면 좋겠다.

청소년들을 향한 지속적인 관심을 통해 그들이 추구하는 생각과 갈등을 알고 분명한 해답을 성경적 근거를 통해 제시할 수 있다면, 세상의 먹잇감이 되는 청소년들을 복음의 안전한 길로 안내할 수 있을 것이다.

청년대학부 사역자로서의 전문성

청년대학생 시기에는 강력한 변화를 경험할 수 있고, 또 모든 가능성이 열려있다. 순수한 마음으로 말씀을 있는 그대로 흡수하며 열정적으로 기도할 수 있는 시기이다. 그러므로 청년대학생들을 세우는 사역을 위해서는 먼저 이들의 연령적, 사회적 위치에 대한 깊은 이해와 통찰이 필요하다. 그 토대 위에 이들을 가슴으로 품는 도량이 필요하겠다.

청년대학부 사역은 목회자로서 소양을 쌓고 많은 젊은이에게 깊은 영향을 줄 수 있는 좋은 기회의 장이기도 하다. 존경받는 기성 목회자들이 젊은 시절에 청년대학부 사역을 통해 영향력을 끼치며 성장해 왔던 것을 기억한다면, 이 사역이 얼마나 복되고 즐거운 사역인지 기대할 수 있을 것이다. 청년대학부 사역을 위한 전문성으로는 크게 네 가지를 생각해 볼 수 있다.

첫째, 말씀과 기도에 정통하라. 사도 바울이 청년 디모데에게 경건에 이르기를 훈련하라고 권면했던 것처럼, 청년대학생들에게 가장 깊은 영향을 주는 것은 무엇보다 경건의 영향력이다. 그렇기에 사역자는 말씀과 기도로 무장되어야 한다. 따뜻한 권면과 사랑 어린 상담도 중요하지만, 영혼이 변하는 것은 하나님의 말씀과 하나님을 만나는 기도임을 잊지 말아야 할 것이다. 좀 더 구체적으로 말하자면, 자기 나름의 방식으로 성경을 풀어낼 수 있는 능력이 요구된다고 할 수 있다. 청년들의 고민에 대해 말씀으로 시원하게 답을 줄 수 있어야 하고 그들을 믿음의 군사로 세우기 위해 말씀에 정통하는 것이 필수적이다. 신학교에서 배운 성경신학과 조직신학을 기반으로 귀납적 성경 연구PBS를 통해 말씀을 재미있으면서도 감동 있게 풀어낼 수 있는 능력이 요구된다. 지적 호기심이 많은 시기이기에 말씀에 대한 깊이 있는 이해가 절대적으로 요구된다.

미국의 성직자이자 작가인 필립스 브룩스Phillips Brooks가 "설교란 인격에 반향된 진리"라고 말한 것처럼, 설교의 결국은 설교자의 삶이며 경건성이라 할 수 있다. 그런 의미에서 영혼들의 가슴에 가장 깊이 각인되고 영향을 주는 것은 설교자가 만난 하나님에 대한 뜨거운 경험일 것이다.

또한 청년대학부 사역자는 기도의 사람이 되어야 한다. 기도를 통해 하나님을 깊이 체험하고 말씀이 육화되는 살아있는 신앙을 체험한다면, 청년대학부 사역의 열매와 기쁨을 맛보게 될 것이다. 청년은 영혼이 순수하고 맑다. 그러기에 하나님을 뜨겁게 만난 감격과 기도의 체험을 들려줄 수 있는 사역자가 필요하다.

둘째, 청년대학생들을 이해하고 마음 깊이 사랑하라. 우리나라 청소년들은 대학 입시 위주의 교육으로 인해 고등학교 졸업 전까지 학업에 시달리며 성장한다. 그리고 학업에 쫓기다 보니 중고등학교 시절에 인생과 삶에 대한 진지한 고민을 하지 못하고 보내는 경우가 많다. 그러다가 대학생이 되어서야 인생의 앞날을 고민하다가 방황하기도 한다. 그러나 이런 시기는 가치관이 정립될 수 있는 절호의 기회가 될 수 있다. 그런 의미에서 청년 시절에 하나님의 말씀이 심령에 새겨진다면 삶을 대하는 태도와 비전이 바뀔 것이다.

이들의 큰 고민은 진로와 이성 교제결혼다. 이전까지는 부모가 많은 부분에 영향을 끼쳤는데, 이제는 스스로 결정하여 미래를 열어가야만 하는 시기다. 이때 사역자는 그들의 위치를 이해해야 한다. 그리고 하나님의 말씀으로 해결책을 제시하고 잘 훈련받아 준비할 수 있도록 돕는 것이 중요하다. 이성 교제와 진로 결정에 도움을 주되, 우선순위인 '하나님 나라와 의를 구하는'마 6:33 본질의 추구가 선결되어야 함을 가르쳐야 한다. 복잡한 사회 속에서 청년들의 성향도 여러 가지로 나타나고 있다. 그렇기에 아이들의 시기적 독특성을 이해하고 그들을 마음 깊이 사랑하며 그들의 관점에서 껴안을 수 있는 넉넉한 마음이 필요하다.

셋째, 인간적인 매력을 키우라. 청년대학생은 과도기적 시기에 있다. 그래서 감정적으로 심각한 변화를 겪을 수도 있고, 사상적으로 겪을 수도 있다. 또 가정에서의 상처를 안고 살아가는 학생들도 있기 마련이다. 그러므로 사역자는 이들을 품을 수 있는 인격과 더불어 이들에게 영향을 줄 수 있는 매력을 갖추는 것이 필수적이다. 교역자가 매력이 없으면 청년들은 따르지 않는다. 하나님께서는 교역자 개개인에게 독특한 은사를 주셨기에 그 은사를 잘 활용하여 매력을 발산하는 것은 사역에 좋은 영향을 줄 것이다. 이와 관련하여 사역자는 일관성이 있는 것이 좋다. 가르침과 삶이 일관되고 솔선수범하는 모습은 영향력이 상당히 클 것이다. 또한 공동체를 운영함에 있어서 합리적이고 객관적이면 좋다. 개개인에게는 따뜻한 사람이 되는 것이 중요하지만, 전체를 운영함에 있어서는 원칙과 소신을 가지고 섬기는 것이 중요하다.

청년대학생들은 자신의 이야기를 들어주고 가치를 인정해 줄 수 있는 사람을 필요로 한다. 그렇기에 원투원One To One 방식의 심방을 통해 그들 가정의 배경과 신앙적 배경 그리고 현재의 고민을 잘 들어주고 공감해 주며 성경적으로 해답을 줄 수 있다면 많은 청년에게 영향력 있는 사역이 될 것이다. 특별히 많은 사역자가 남자임을 감안한다면, 자매 청년들을 상담할 때는 공감하며 이야기를 잘 듣는 것이 좋고 자매들에 대해 깨끗한 마음으로 섬기는 것이 매우 중요하다. 여자 사역자라면 반대의 경우가 가능할 것이다. 어떤 청년 사역자의 고백에 의하면, 청년 사역자의 70퍼센트가 칠계명을 범했다는 비공식적 통계가 있다고 하는데 부디 사실이 아니기를 바란다. 청년대학생들에게 매력을 발산하되, 어느 정도 선을 긋는 것도 지혜로운 일임을 잊지 말아야 할 것이다.

청년들은 순수한 선배 또는 사역자를 보면 흥분을 감추지 못한다. 그만큼 청년 사역자의 진정성은 중요하다. 그러므로 좋은 스킬을 갖추는 것도 중요하겠지만 하나님께서 주신 진실함의 위대함을 잊지 말아야 한다. 성품이 실력임을 잊지 말자. 먼저 사역자 자신이 예수님을 닮은 그리스도의 참 제자가 된다면 분명 영향력 있는 사역을 감당할 것은 당연한 일일 것이다.

넷째, 전도훈련과 제자훈련에 관심을 갖고 혼신의 힘을 다하라. 청년대학부 사역의 핵심은 리더 그룹을 양육하는 것이다. 이를 위해서 가능성 있는 지체들을 발굴하고 제자훈련 하는 것은 부서를 건강하게 성장시키는 데 큰 영향을 준다. 어떤 의미에서 소수의 사람10-15명 정도을 모아놓고 6개월 이상 훈련하는 것은 비효율적으로 보일 수도 있다. 그런데 일정 기간 한 영혼에 집중해서 훈련할 때 결국 그들이 리더가 되고 그들을 통해 새로운 영혼들이 세워지는 것을 생각한다면, 한 영혼 뒤에 있는 수많은 영혼을 믿음의 눈으로 볼 수 있는 혜안이 필요하다. 그러나 그보다 더 중요한 것은 한 영혼 한 영혼이 너무나 소중한 하나님의 사람이라는 사실이다. 사역자는 한 사람이 진정으로 예수님을 닮은 그리스도의 제자로 세워지는 데 혼신의 힘을 다해야 할 것이다.

한편, 사역자는 제자훈련을 위해 충분한 건강관리를 하는 것이 중요하다. 제자훈련은 건강하지 않으면 매우 지치는 사역이 될 수 있기에 정기적으로 운동하여 체력을 단련하는 것은 제자훈련과 사역을 위해 중요한 준비가 된다. 또한 자기관리를 위해 다양한 독서를 하는 것도 필수적이다. 청년들에게 소개할 만한 주요 경건 서적 및 필독서를 탐독해서 지도하는 것이 중요하겠다. 특히 청년 때에 읽을 만한 좋은 책들을 섭렵하여 독서지도를 통해 제자훈련을 한다면 실력 있는 청년들을 세울 수 있을 것이다.

그뿐만이 아니다. 사역자가 직접 전도할 수 있는 능력을 배양하는 것도 중요하다. 제자훈련을 통해 거룩한 그리스도의 증인을 만드는 일에 헌신하려면 전도훈련은 필수적이다. 계속된 전도를 통해서 불신자들의 고민을 깊이 이해한다면 강단에서 복음을 전하는 일이 더욱 자연스러워질 것이다. 이를 위해 정기적으로 불신자들을 만나는 것도 좋은 방법이다. 그럴 때 설교와 교육의 언어가 상투적이지 않고 신선해질 수 있으며 불신자들에게도 '들리는 설교'를 할 수 있게 된다. 땅끝까지 지상 사명을 감당하라는 주의 거룩한 명령에 순종하여 사역자 자신이 그리스도의 증인으로서 살아가는 것은 중요하며, 그렇게 가르치는 전문성을 확립해야 한다.

마지막으로 몇 가지를 덧붙이자면, 청년들을 지도하다 보면 예배를 인도해야 할 일이 많다. 그런 의미에서 찬양 인도를 잘할 수 있으면 좋다. 어려서 음악을 배운 사람이라면 훨씬 장점이 있을 것이다. 또한 청년들과 삶을 공유하는 것도 좋은 방법이 된다. 예를 들어 사역자가 젊었을 때 했던 아르바이트나 직장생활 등은 청년들에게 깊은 공감을 불러일으킬 수 있다.

만약 사역자가 청년 시절에 청년대학부 또는 선교단체에서 은혜받고 변화를 경험했다면 사역에 있어서 많은 것을 설명하지 않아도 잘 감당할 수 있는 감각이 발전되어 있을 것이다.

교구 사역자로서의 전문성

교구 사역은 목회자가 모든 것을 경험할 수 있는 야전이며 사역의 꽃이라고 할 수 있다. 이 책에 집필된 모든 내용이 교구 사역자에게 필요하지만, 특별히 교구 사역에서 염두에 두어야 할 몇 가지는 다음과 같다.

첫째, 전체를 볼 수 있는 안목을 가지라. 교구 사역자는 교회를 바라보는 담임목사의 관점에서 교회를 보고 이해하는 눈을 길러야 한다. 부서 이기주의에 빠져 자기 교구의 필요만 채우기에 급급한 것이 아니라, 교회 전체 속에서 부분을 보고 이해하며 섬길 수 있어야 한다. 이러한 목회적인 안목은 하루아침에 만들어지는 것이 아니다. 사역에 임할 때 '담임목사님이라면 어떻게 하셨을까?'라는 질문을 가진다면 사역의 지경이 넓어지게 된다. 사역의 안목이 커지는 것은 목회자로서의 역량이 증대되는 것을 의미한다. 본 것이 없으면 행할 수 없으므로 자기 교구에만 너무 집착하지 말고 목회자로서 교회 전체를 바라보는 안목을 길러야 한다. 또한 정도목회가 무엇인지 배우고 목회윤리와 성도에 대한 에티켓과 예절, 인격 수양과 같은 기본적인 능력 계발에도 힘써야 한다.

둘째, 탁월한 중간 리더가 되라. 부교역자는 중간 리더로서 담임목사의 목회 철학과 뜻이 교회 안에서 잘 이뤄지게 하는 역할을 담당해야 한다. 그러기 위해서는 성도들을 관리하는 능력을 길러야 하는데, 교구에 속한 순장과 성도 그리고 자녀들까지 손바닥 들여다보듯 훤히 꿰고 있어야 한다. 자신이 담당한 교구에 담임목사의 목회 철학과 사역 방향이 잘 전달되어 진행될 수 있도록 해야 하는 것이다. 또한 탁월한 중간 리더가 되기 위해서는 사역에 관련된 지식을 증대해야 한다. 교회의 특성, 강의, 보고서 작성, 모임 조직 및 관리 등 모든 사역에 관련된 이론적 지식과 경험적 지식을 증대시켜야 한다.

셋째, 설교와 훈련 사역에 힘쓰라. 설교 사역은 어느 사역자에게나 중요한 부분이다. 교구를 담당하는 시점에서 사역자들의 설교는 초보적 수준을 벗어나 전문가의 모습으로 나타나야 한다. 원고 작성부터 발음과 시선 등 모든 면에서 전문가적 면모가 나타나도록 연습해야 한다. 또한 훈련 사역을 체득해야 한다. 제자훈련의 원리와 실제를 직접 경험하여 교회 안에서 성도들을 어떻게 훈련하고 그들을 그리스도의 정병으로 세워가는지에 대해 정통하게 꿰고 있어야 한다. 그리고 소그룹 사역의 원리와 실제를 이해하여 소그룹 사역이 순기능을 할 수 있는 방법들을 숙지해야 한다. 목회 사역의 핵심은 예수님을 알지 못하는 사람들에게 복음을 전하고, 훈련을 통해 그들을 그리스도의 정병으로 세우는 것이다. 성도들이 자기 교회라는 의식을 가지고 감정적인 교류와 은혜를 나눌 수 있도록 예배 외의 소그룹 모임을 활성화시킬 수 있어야 한다. 이 두 가지 부분에 대해서는 뒷부분에서 다시 다루고 있다. 부교역자 시절에는 반드시 평신도를 세우는 제자훈련 사역과 소그룹 사역의 원리와 과정 그리고 진행방법 등을 잘 알고 있어야 한다.

여성 사역자로서의 전문성

좋은 여성 사역자를 청빙하는 것은 좋은 부교역자보다 몇 배나 더 힘들고 귀하며 중요하다. 한국교회 여자 성도들의 비율을 보아도 여성 사역자 사역의 중요성은 강조하지 않을 수 없다. 여성 사역자 사역의 특징과 계발해야 할 전문성을 살펴보도록 하자.

첫째, 가르치는 능력을 계발하라. 과거 전통교회에서 여성 사역자들의 주요 사역은 심방이었다. 지금도 심방을 통한 목양 사역에 많이 기여하고 있지만 앞으로 목회 현장에서 요구되는 것은 가르치는 사역이다. 제자훈련이나 평신도 성장훈련 그리고 기타 많은 부분에서 가르치는 사역이 요구되며 확대될 것이다. 여성 사역자는 다른 부교역자들과 동일하게 전반적인 목회 사역을 담당하게 된다. 새로남교회만 해도 점차 여성 사역자의 사역 역할에서 심방과 더불어 가르치는 사역의 비중이 높아지고 있다. 강의나 소그룹 인도, 기도회 인도, 성경공부 인도 등에서 여성 사역자로서의 세밀함과 부드러움이라는 장점을 살려 탁월하게 가르칠 수 있도록 준비해야 한다.

둘째, 전문가 인식을 가지라. 여성 사역자라는 이유로 다른 교역자나 성도들에게 도움을 받아야 한다는 인식을 주지 말아야 한다. 운전, 행사 준비, 기획 등도 요구되면 능히 감당해야 하고 교적관리나 보고서, 계획서 등 컴퓨터를 이용한 문서작업에도 능해야 한다. 못한다고 뒤처져 있으면 안 된다. 워드, 엑셀, 인터넷 검색활동 등은 기본이다. 기능적인 면에서도 밀리거나 약하다는 인식을 주어서는 안 된다. 이와 관련하여 항상 단정해야 한다. 단정하지 않으면 동정심을 유발하게 된다. 가방, 구두 등 외모 면에서 단정해야 한다. 단정하지 않은 외모로 인해 성도들에게 '파마할 돈이 없나?'라는 식의 동정을 유발해서는 안 된다. 이는 전문가라는 인상을 심어줄 수 있도록 자신을 준비해야 함을 의미한다.

셋째, 정서적인 문제가 사역에 방해되지 않도록 하라. 간혹 심방 때 자신의 어려움이나 고충을 늘어놓아서 정서적 필요를 채우려고 하는 경우가 있는데, 이것은 사역을 망치는 일이다. 또한 담임목사나 동료 목회자들에게 자신의 정서적인 요구를 수용해 줄 것을 요청하는 예도 있다. 그러나 이것은 사역이 아니라 짐이 되는 경우다. 정서적인 문제와 자아상 등이 건강하지 않은 여성 사역자는 성도들에게 안정감과 신뢰를 줄 수 없다. 그렇기에 가능하다면 건강한 가정이나 자녀를 둔 여성 사역자가 좋으며, 그렇지 않더라도 정서적으로 풍부하고 건강해야 한다.

넷째, 언어 사용과 커뮤니케이션 기법을 향상시키라. 여성 사역자는 입이 무거워야 한다. 남의 말이나 담임목사의 요청사항, 부교역자들과 상의한 이야기나 성도들의 상담 내용 등 언어적으로 민감한 이야기를 옮길 때 신중해야 한다. 성도들 간 싸움을 상담한 후 말을 옮겨 더 큰 싸움을 만드는 경우가 있다. 상담할 때는 반드시 비밀을 보장해야 하고 업무 내용도 성도들에게 함부로 발설해서는 안 된다. 교구 편성이나 교회 행사 등이 있을 때 불필요한 정보까지 전달하여 사역의 또 다른 어려움을 초래하지 않도록 해야 한다.

다섯째, 화목과 하나 됨에 힘쓰라. 여성 사역자로서의 장점이 많음에도 불구하고 관계적인 약점으로 인해 사역에 어려움을 겪는 경우가 있는데, 그중 하나가 여성 사역자 간에 하나 되지 못하는 것이다. 이것은 여성을 비하하는 것이 아니라 현실을 그대로 말하는 것이다. 여성 사역자 수가 많은 경우에 동역자 간 그룹을 지어 갈등을 빚는 예를 종종 경험하고 있다. 그러나 사역자가 하나 되지 못한다면 어떻게 다른 사람을 도울 수 있겠는가? 하나 됨에 최선을 다하고 다툼의 원인이 어디에서 오는지 잘 분별하여 관계가 사역에 어려움을 주지 않도록 해야 한다.

여섯째, 어머니의 심정으로 사역하라. 성도들은 여성 사역자가 모든 것을 다 안다고 생각하는 경향이 있기에 성도들의 입원, 출산, 이사 등의 근황을 알고 있어야 한다. 또한 어머니의 심정으로 끊임없이 인내하며 들어주고 품어주는 사랑이 있어야 한다.

물론 여성 사역자로서의 어려움도 있다. 원치 않는 갈등, 억울한 일, 부당한 대우 등이 있을 때 그만두고 싶은 생각이 들기도 할 것이다. 여성 사역을 가볍게 여기는 문화나 여성 사역자를 보조 혹은 하부 직급으로 여기고 대우하는 예, 여성 사역자를 비하하는 말이나 언어폭력 등도 사역의 무기력함을 가져온다. 그런 가운데 여성 사역자로서 일관된 자세로 사역할 수 있는 어머니의 심정이 필요하다. 또한 여성 사역자는 교회 전체를 돌아보는 안목도 필요하다. 교회 환경을 보존하고 새롭게 하는 일에 여성의 세밀함과 예술성이 발휘되면 한결 더 아름다워지게 된다.

목회 현장은 과거와 다르게 많이 변화되고 있다. 그러므로 여성 사역자도 심방이나 상담에만 국한하지 말고 전문적인 사역자가 될 수 있도록 투철한 프로정신과 훈련을 통한 자기 계발에 힘써야 할 것이다.

제자훈련과 소그룹 사역

제자훈련과 소그룹 사역에 대해서는 필자가 섬기고 있는 새로남교회를 통해 살펴보고자 한다. 먼저 새로남교회의 비전선언문Vision Statement은 다음과 같다. "예수 그리스도를 알지 못하는 이웃에게 복음을 전하여 천국의 확신을 가지게 하고, 하나님의 말씀으로 훈련하여 하나님 나라의 정병으로 세운다전도⇒양육⇒훈련⇒영적 재생산/복음의 증인." 이와 같은 비전을 가지고 새로남교회는 30여 년간 제자훈련 목회 철학으로 주님의 은혜 가운데 건강한 교회로 성장하고 있다.

1) 교육 철학

(1) 교회의 본질에서 그 철학을 찾는다

교회는 왜 존재하는가? 평신도의 위치와 역할은 교회의 본질 가운데 들어 있다. 신약성경고전 1:2은 '교회는 세상으로부터 부름 받은 하나님의 백성의 모임'이라는 것을 분명히 말한다. 교회를 하나님의 백성이라고 정의할 때 교회는 부름 받은 하나님의 백성, 모두의 교회이다. 또한 '교회는 세상으로 보냄을 받은 그리스도의 제자의 모임'이다. 세상으로 나가는 사람들의 99퍼센트가 평신도이므로 그들을 예수님의 제자로 훈련시키고 영적 무장을 시켜 예수님의 제자로서 세상으로 보내야만 그들을 통해 하나님 나라가 확장될 수 있다.

(2) 평신도의 재발견에서 그 철학을 찾는다

오순절 이후 예루살렘 사람들이 직접 목격한 교회는 사도들의 가르침을 받아 변화된 생활을 구가하던 '평신도들'이었다. 이렇듯 평신도는 교회의 주체다. 교역자와 평등하게 그리스도의 몸에 속한 지체들로서 그들 모두가 머리 되신 주님으로부터 소명을 받는다. 이 소명을 위해 성령님은 각자에게 분수에 맞는 은사를 주셔서 몸의 지체로서의 기능을 다하게 하신다. 새로남교회의 제자훈련은 평신도를 성경의 관점에서 재발견하고 그들을 깨우는 데 초점이 있다. 새로남교회는 교회와 평신도에 대한 분명한 이해 속에서 제자훈련 목회 철학을 가지고 지금까지 예수님의 신실한 평신도 지도자를 양육해오고 있다.

2) 양육 프로그램 소개

(1) 훈련 목표

평신도를 주님의 제자로 만들어 몸된 교회를 섬기게 한다. 즉 '모든 성도를 주님의 제자로 만들어 주님의 몸된 교회를 위해 헌신하게 만드는 것'이다. 개인적이고 이기적인 무사안일주의 신앙의 자세를 뛰어넘어 이원론적인 신앙태도와 무능력한 신앙자세를 거부하고 예수님의 신실한 제자로 양육하여 훈련시키는 것이 제자훈련의 목표이다.

(2) 훈련 내용(커리큘럼) 및 수업방식

① 제자훈련: 제자훈련은 평신도에게 성경을 가르치는 단순한 교육 프로그램이 아니고 일종의 전문인이나 기능인을 양성하는 데 그 목적이 있는 것도 아니다. 제자훈련의 궁극적인 목적은 크게 두 가지다.

첫째, 예수 그리스도의 인격과 삶을 본받아 신자의 자아상을 확립하는 것으로, 예수님처럼 되고 예수님처럼 살기를 원하는 신앙인으로 만드는 데 있다.[38] 예수님의 사후에 제자들이 그분의 인격을 그들 삶의 중심에 두었듯이, 또한 초대교회 성도들이 작은 예수로서의 삶을 살아 새로운 공동체를 형성했듯이 예수님처럼 살도록 돕는다.

둘째, 제자훈련은 평신도를 하나님의 백성으로, 예수님의 사역을 계승하는 소명자로 만드는 작업이다. 하나님 나라의 백성으로서 누릴 자유와 평화와 사랑을 체험하게 하고, 예수님이 세상에서 가르치고 전파하고 치료하신 것처럼 평신도를 복음의 전파자로 진리의 교사로 사랑의 치료자로 헌신하게 하는 과정이라고 할 수 있다. 직업이 무엇이든, 사는 환경이 어떠하든 간에 자기가 머무는 그곳에서 하나님의 이름이 거룩히 여김을 받으실 수 있도록 하고, 하나님의 뜻이 이루어질 수 있도록 최선을 다하는 소명자로 만드는 것이 제자훈련이다. 옥한흠 목사

38 —— 옥한흠, 《다시 쓰는 평신도를 깨운다》(서울: 국제제자훈련원, 2003), pp. 193-194.

님은 제자훈련이 사역에 절대적이지는 않지만 목회의 건강한 토양을 만드는 데 유익하다고 했다. 이단들이 발흥하거나 수준 이하의 사람들이 교회 지도자가 되는 것을 막아주며, 교회가 건강해지도록 하는 순기능을 담당하여 최소한 가라지가 교회 안에서 자라지 못하게 하는 효과가 있다고 했다. 이에 대한 실례로, 새로남교회가 구원파 이단과의 대법원 판결2007년 10월 26일에서 승소하고 신천지 이단의 교회 앞 시위와 공격에 신천지 집회금지 가처분 인용 결정을 승리로 이끌며 강력히 대응할 수 있었던 힘은 바로 제자훈련의 성과라 할 수 있다.

한편, 새로남교회의 제자훈련은 전교인을 대상으로 신청받고 있지만 평신도 지도자를 양성하는 과정으로 활용하고 있기 때문에 자격 요건을 두고 있다. 그 자격으로는 본 교회 등록 후 1년 이상 된 서리집사 이상의 직분자, 배우자의 허락을 받은 자, 다락방 소그룹에 1년 이상 적극 참여한 자, 연령은 남 53세 이하, 여 50세 이하로 순장 및 교구 교역자의 추천을 받은 자, 신체가 건강하고 건전한 직업을 가진 자로 정하고 있다. 그리고 이런 자들을 담당 교구 교역자가 인터뷰를 통해 선발한다. 이때 교회 봉사 및 헌금생활을 점검하고 이단 및 기타 결격 사유가 없는지 심층 점검한다.

또한 제자훈련은 12명 정도가 한 그룹이 되어 1년 36주간의 과정으로 실시되며, 가정 오픈과 훈련을 병행한다. 가정 오픈은 훈련자와 동역자들을 섬기는 훈련이며, 동시에 동역자들에게 섬김을 받는 훈련이다. 이처럼 최선을 다하여 식탁 교제의 은혜와 능력을 경험하면 장차 순원들을 섬기는 자리에서 마음을 담아 섬길 수 있다.

② 사역훈련: 사역훈련은 34주 과정으로 진행되며 이 훈련의 목적은 양육 순장을 양성하는 데 있다. 그러므로 이 과정은 제자훈련 과정을 마친 자가 순장으로서의 자질과 소양, 기술과 리더십을 갖추도록 하는 데 중점을 두고 있다.

새로남교회는 2022년부터 사역훈련에서 제자훈련 교재 3권을 다룸으로써 신앙 인격을 바로 세우고 제자로서의 실천적 삶을 강조한다. 또한 사역훈련 교재 1권은 제자훈련 시간에 다루며 제자훈련생들이 로마서 8장을 공부하여 성령, 새 생활의 열쇠로 구원의 확신과 자신이 받은 구원의 기쁨과 감격 그리고 복음 전도자로서의 삶과 사명의 존귀성을 고취하도록 하고 있다.

사역훈련 2권은 '교회와 평신도의 자아상'으로, 교회의 존재 이유와 제자의 자격에 대해 심도 있게 배운다. 여기서 담임목사의 목회 철학, 리더로서의 자기 사명과 역할 등에 대해 배우게 된다. 3권은 '소그룹 환경과 리더십'으로, 순장이 진행하는 소그룹의 역동성과 장점, 소그룹 사역의 필요성과 유용성을 배운다. 또한 커뮤니케이션과 리더십, 인도법 등 작은 목자로서의 사명을 담당하기 위해 실질적으로 필요한 부분들을 배운다.

훈련 과정에서 MBTI 검사를 통해 자신의 성향을 파악하고, 선교지 탐방을 통해 멤버십을 다지며 순교자의 열정과 헌신으로 재무장하는 시간을 갖는다.

③ 제자훈련, 사역훈련의 공통 과제: 훈련 가운데 주어진 과제만 잘 감당해도 훈련은 성공이라 할 수 있다.

• 가. 훈련생들의 경건생활을 점검하기 위해 〈하나님 앞에서〉라는 개인경건 문서를 작성하게 하여 자신의 예배, 말씀, 기도, 전도 생활을 점검하고 훈련 과정 동안 훈련에 우선순위를 두도록 한다.

〈하나님 앞에서〉

[ ]반 [ ]인도자 이름 [ ]

내용 / 날짜	출석	주일 낮	주일 저녁	수요일	새벽기도							
					주	월	화	수	목	금	토	
내용 / 날짜	다락방	가정예배	Q.T	D형 Q.T	예습	성경	암송	독서과제	주간점검	과목소감	생활숙제	전도지

• 나. 주간 시간점검표를 통해 일주일168시간의 삶을 자세히 들여다보며 주님께 집중하는 데 방해되는 시간을 줄임으로써 경건의 습관과 태도가 일상생활로 자리 잡도록 지도한다.

• 다. 매주 독서과제를 통해 각 과의 예습이 되는 개념을 미리 정리할 수 있도록 한다.
• 라. D형 큐티귀납적 성경묵상를 지속적으로 지도하여 평신도 지도자가 바른 성경교사가 될 수 있는 안목을 키우도록 돕는다. 제자훈련에서 큐티가 차지하는 비중은 대단히 크다. 제자훈련의 목적이 인격과 삶의 변화와 성숙이라면, 큐티는 그것을 이루는 가장 강력한 수단일 것이다.
• 마. 훈련 교재는 옥한흠 목사님이 제작한 제자훈련 교재국제제자훈련원를 사용하며 교재 커리큘럼에 맞게 제자훈련은 32주, 사역훈련은 34주 과정으로 진행된다. 하지만 훈련 기간은 영적 재충전방학을 포함하여 약 12개월로 한다.

(3) 소그룹에 대한 이해

제자훈련 사역에서 빼놓을 수 없는 중요한 철학은 소그룹에 대한 바른 이해다. 목회자는 소그룹이 성도들에게 주는 유익을 잘 연구해야 한다. 이는 교회 크기와 상관없다. 교회가 크면 서로의 교제가 약해질 수 있지만, 소그룹이 잘 발달되면 모든 영적인 충족감을 느끼게 된다. 반면에 교회 규모가 작아도 소그룹의 효과를 충분히 살리지 못하면 여전히 교회 안에서 공허함을 경험하게 된다. 옥한흠 목사님은 소그룹의 환경적인 특징과 기능을 다음의 다섯 가지로 설명했다.[39]

첫째, 일반화의 요소다. 소그룹은 자신의 문제가 본인뿐만 아니라 모두가 함께 고민하는 문제라는 공감대를 불러일으킨다. 그리고 이것은 자기 개방으로 나아가게 한다. 모두가 한 배를 탄 동지로 여기고 서로를 사랑하게 된다.

둘째, 인격 상호 간에 배우게 된다. 각자의 개방을 통해 서로의 인격을 닮고 본받게 된다. 소그룹은 새로운 인격 변화에 더 좋은 여건을 만들어 준다.

셋째, 모방의 요소다. 소그룹은 잘하는 사람을 따라가려는 모방 의식을 갖게 한다. 지도자를 닮으려는 성향, 구성원을 따르려는 성향은 긍정적인 변화를 가져온다.

넷째, 그룹 애착심이 생긴다. 훈련생들이 함께 훈련하면서 그룹에 대한 소속감과 애착심이 강화된다. 애착심이 강하면 훈련에 더 큰 효과를 가져오며, 교회에 더욱 신실하고 충성된 일꾼으로 변화되게 한다.

다섯째, 정화 작용이 일어난다. 소그룹 안에서의 나눔은 마음의 짐을 덜어주고 감정의 교류를 통해 카타르시스를 경험하게 한다. 이것은 마음의 치유와 회복에도 큰 영향을 미친다.

이상에서 살펴본 바와 같이 올바른 소그룹 모임의 활성화는 교회를 교회답게 하고 성도들을 영적으로 건강하게 만들어 가는 역할을 담당한다. 그리고 여기서 소그룹 지도자는 담임목사의 리더십을 위임받아 동일한 사명으로 소그룹 내에서 목회

39 —— 옥한흠, 《다시 쓰는 평신도를 깨운다》(서울: 국제제자훈련원, 1984), pp. 238-249.

사역을 담당하게 된다. 그러므로 인도자의 리더십 계발은 소그룹 사역의 성패를 가름하는 가장 중요한 요소가 된다.

이렇듯 소그룹 사역은 교회 사역의 핵심이 된다. 사랑의교회에서는 소그룹인 다락방에서 순장의 역할과 기능에 대해 다음과 같이 말한다. "다락방은 순장이 순원들과 함께 은혜를 나누는 곳이므로 지시적으로 가르쳐서는 안 되며, 유모와 같은 심정으로 그들을 품어야 한다. 교회 행사의 방향, 목적을 잘 전달하여 교회에서 진행하는 프로그램, 새가족반, 성경대학, 세례 등에 적극적으로 참여하게 한다. 인내심과 기도로 권유하며 기다릴 때 성장하는 순원들의 모습을 보게 될 것이다."[40]

(4) 소그룹 인도자의 역할

성공적인 소그룹은 건강하게 성장하는 교회를 대변한다. 그리고 평신도 소그룹 리더들에게 목회 리더십이 이양되는 것은 다양한 현대 목회의 환경 속에서 목회자들이 효율적으로 사역을 담당할 수 있는 방법이다. 소그룹 리더의 자질과 의식, 담임목사와의 목회 철학 공유 정도에 따라 그 결과는 현저하게 차이 난다. 소그룹 리더는 단순히 교회의 목표나 비전을 이루는 데 필요한 조력자 정도가 아니다. 그들은 작은 교회에 세워진 목회자이자 동역자라는 인식이 필요하다. 이렇게 될 때 소그룹

40 —— 〈신임순장 매뉴얼〉(서울: 사랑의교회 출판부), p. 23.

리더에 대한 관심, 투자, 훈련의 내용이 달라지게 된다.[41]

교회는 순장과 교구장을 세울 때 합리적인 기준이 있어야 한다. 영성, 열정, 능력, 리더십, 성장 가능성, 인격, 도전의식, 믿음 등을 고려하여 필요한 자들을 세우고 그들을 집중 훈련해야 한다. 그렇지 않으면 소그룹은 단순히 친목모임의 형태로 끝나고 순기능을 감당하지 못하게 된다.

소그룹 내에서 인도자의 역할을 좀 더 자세히 살펴보면 첫째, 교사로서의 역할이다. 성경공부를 준비하여 가르치며 말씀을 적용하여 실천하도록 돕는다. 코치가 되고 영적인 산파가 되어 맡겨진 순원들의 영적인 성장을 돌본다. 둘째, 교회와 성도 간에 중재자로서의 역할이다. 교회가 성장하면서 성도 간에 교제가 약해지는 부분을 돌보게 된다. 교회소식을 순원들에게 상세히 전달하여 궁금증을 풀어주고 잘못된 소문이 생길 여지를 없애며, 자기교회 의식이 약화되지 않도록 돕는다. 그리고 교회 행사의 취지와 유익을 잘 설명하여 전원 참석하도록 적극 권면한다.

순장은 이러한 교사와 중재자로서의 역할을 담당하기 위해 헌금, 봉사, 생활에 모범이 되어야 한다.[42] 그리고 이러한 순장의 역할로 인해 평신도 리더는 소그룹 인도에 대한 준비, 성

41 —— 임석종, 《생동하는 구역 부흥하는 교회》(서울: 두란노, 2011), p. 20.
42 —— 사랑의교회 출판부, 앞의 책, p. 10.

경공부 인도에 관한 말씀 연구와 전달방법에 대한 준비, 심방과 목양적인 돌봄에 대한 기술 등을 훈련해야 하며 영적인 성장과 소그룹의 역동성이 일어나도록 준비해야 한다.

(5) 훈련의 필요성과 강점 및 보완할 점

제자훈련의 산실은 부활하신 예수 그리스도가 승천하시기 전에 남기신 대위임명령마 28:28-20의 말씀이다. 제자를 만들라고 명령하신 분은 전 우주의 권세를 가지신 예수님이다. 그리고 제자의 대상은 모든 족속이다. 제자가 되기 원하는 사람은 예수님을 믿고 교회에서 세례를 받아야 한다. 그러므로 제자훈련은 교회를 통해서 실시되어야 한다. 또한 훈련 내용은 예수 그리스도가 가르쳐 주신 모든 말씀이고 훈련 방법은 가르치고 지키게 하는 것이다. 가르치는 데 끝나지 않고 그것을 지키게 하는 일까지 책임지는 양육이어야 한다.

그렇다면 누가 제자훈련을 시킬 수 있는가? 먼저 자신이 제자로 만들어진 사람이어야 한다. 왜냐하면 예수님이 3년 동안 훈련을 시킨 제자들에게 그 일을 부탁하셨기 때문이다. 여기서 우리는 예수님이 막연히 전도하라고 말씀하시지 않고 제자를 만들라고 하신 의도를 파악해야 한다. 그리고 그것은 예수님이 왜 3년 동안 소수의 사람을 제자로 만드는 데 모든 정력을 바치셨는가를 연구하면 어렵지 않게 풀린다. 예수님은 작은 자가 천을 이루고 약한 자가 강국을 이루리라고 예언한 이

사야의 말씀을 확신하고 계셨다사 60:22. 자기 손에서 만들어진 소수가 많은 다수를 이끌 뿐만 아니라 세상을 정복할 능력을 가질 수 있다는 사실을 의심하지 않으신 것이다. 그러므로 제자훈련은 소수정예화의 전략이다. 그 소수를 가지고 다수를 동력動力화시키는 작전이다.

이를 위해 새로남교회는 담임목사가 이끄는 제자훈련 과정에 훈련을 담당할 교역자들을 포함시켜 평신도들과 동일하게 훈련시킨다. 그리하여 훈련의 목적과 방향이 부교역자가 지도하는 훈련에도 동일하게 진행되도록 하고 있다. 평신도를 '작은 목자'로 세우는 제자훈련은 결코 쉬운 일이 아니다. 제자훈련은 평신도는 물론, 목회자 또한 뼈를 깎는 자기부인과 영적 헌신이 반드시 뒷받침되어야 하는 훈련이다. 이처럼 준비된 제자훈련과 사역훈련은 성도들이 담임목사의 목회 철학을 이해하고 동역하게 하는 강점이 있다.

새로남교회의 사역훈련도 반드시 담임목사와 사모가 진행하는데, 이때 훈련생들과 함께 교회의 방향성과 현재 사역에 대한 소통이 이루어진다. 이러한 소통은 순장훈련 시간에도 계속해서 이루어지며, 이를 통해 순장은 담임목사의 목회 철학을 이해하는 적극적인 동역자 그룹이 된다. 모든 성도가 담임목사의 의견에 100퍼센트 동의하는 것은 불가능하다. 그러나 순장과 훈련생들이 담임목사의 적극적인 동역자가 되어 다락방 안에서 선한 영향력을 끼침으로써, 교회의 방향을 바르게 이끌어가는 데 큰 힘을 일으키고 목회의 역동성을 이룰 수 있게 된다.

제자훈련과 사역훈련을 통해 배출된 순장과 교회 중심적인 순장을 필두로 모이는 소그룹 모임의 활성화는 교회를 교회답게 하고 성도들을 영적으로 건강하게 만들어가는 역할을 담당한다. 그 결과, 새로남교회는 30여 년 전에 성도가 100여 명에 불과했는데 현재는 훈련된 평신도 지도자들이 섬기는 446개의 다락방 안에서 4,984명의 성도가 함께 소그룹의 풍성한 교제를 나누고 있다.

한편, 우리는 환경적 요인으로 인해 훈련에 들어오지 못하거나 다락방 소그룹에 참여하지 못하는 성도들도 있음을 기억해야 한다. 그리고 그들을 위해서 평신도 성장 프로그램을 적극 계발함으로 영적 소외감을 느끼지 않도록 더욱 신경 써야 한다. 목회자는 영적 사각지대에 있는 양 떼들의 형편을 부지런히 살피며, 저들에게 마음을 두어야 한다잠 27:23. 그렇다면 새로남교회에서 이루어지고 있는 평신도 성장 프로그램은 무엇이 있는지 살펴보도록 하자.

(6) 평신도 성장 프로그램

평신도 성장 프로그램의 목적은 '균형 잡힌 신앙인'이다. 음식을 골고루 섭취해야 우리 몸이 건강하게 성장하는 것처럼 교회가 다양한 프로그램과 우수한 강사들을 제공하여 성도의 신앙이 건강해질 수 있도록 돕는 것이 '평신도 성장 프로그램'의 의

의다.

새로남교회의 평신도 성장 프로그램은 제자훈련 및 사역훈련과 마찬가지로 '새로남 비전선언문'을 근거로 한다. '평신도를 훈련하여 복음의 증인'으로 세우는 것을 가장 큰 사명으로 삼고 있다. 그리고 이 일을 위해 다양한 프로그램이 있는데, 1년에 2회봄 학기와 가을 학기에 걸쳐 평신도들의 믿음생활 성숙을 위한 '평신도 성장 프로그램 및 문화교실'을 진행한다. 또한 평신도 성장 프로그램의 강사로 각 분야의 크리스천 전문가들가정, 과학, 교육, 상담 등을 초청하여 믿음의 성장을 도모하고 있다.

먼저 새로남교회의 평신도 성장 프로그램 안에는 전도폭발훈련이 있다. 이것은 특별한 의미가 있는데, 복음으로 자신을 무장하고 하나님의 눈으로 영혼을 바라보며 하나님의 마음으로 영혼에게 다가가고 하나님의 말씀으로 복음을 전하는 사명은 주님이 모든 성도에게 부탁하신 일이기 때문이다. 또한 신구약 성경을 통전적으로 볼 수 있도록 훈련하는 '구약 파노라마'와 '신약 파노라마' 과목을 배움으로써 초신자 혹은 성경을 잘 알지 못하는 성도들이 신구약 전체의 흐름을 한눈에 볼 수 있게 하고 더 나아가 각 권 성경공부로 들어갈 수 있는 기초 교육과정을 제공하고 있다.

이뿐만이 아니라 자신의 달란트를 찾도록 돕는 평신도 문화교실도 운영된다. 특별히 문화교실은 여러 달란트를 가진 평신도들이 강사로 섬기고 있다. 소그룹에서 찬양 인도를 할 수 있도록 돕는 기타교실과 건반교실을 통해 각 부서에서 찬양팀을 운영하는 데 많은 도움을 주고 있다. 또한 서예와 캘리그래피를 통해 심신을 단련하는 교실, 교회 음향을 배울 수 있는 음향교실과 수어교실 등 다양한 문화 프로그램이 진행, 계발 중에 있다.

이러한 평신도 성장 프로그램과 문화교실에는 학기마다 1,500명 이상의 성도가 참여하여 영적 성숙과 균형잡힌 성장을 위해 훈련받고 있으며 그들은 평신도 성장 프로그램을 통한 유익을 크게 네 가지로 말하고 있다. 첫째는 주님과 더욱 친밀하게 되는 것, 둘째는 주중평일에 교회 오는 즐거움을 알게 되는 것, 셋째는 신앙의 동료들과 소중한 만남을 피부로 느끼게 되는 것, 넷째는 믿음 성장의 기쁨을 직접 체험하게 되는 것이라고 한다. 평신도 성장 프로그램과 문화교실은 제자훈련 목회철학 안에서 잘 자리 잡아서 새로남교회에는 우두커니 서 있는 성도가 결코 없는 배움과 훈련의 공동체임을 증명하고 있다. 전도-양육-훈련-영적 재생산복음의 증인의 과정을 거치는 영적 성숙의 기회는 새로남교회에 등록한 모든 성도에게 열려 있다.

(7) 비대면 시대의 양육

코로나19 이후에 새로남교회는 우리 속의 거품을 제거하여 알곡 성도가 되도록 기도하고 있다. 마찬가지로 코로나 정국을 맞이한 한국교회는 이 시기를 겉멋을 빼고 역량을 강화하는 기회로 삼아야 한다. 이는 양육 프로그램에도 변화를 촉구하고 있다.

코로나19가 유행했을 때 전례 없는 모임 인원 제한으로 소그룹이 모이지 못하면서 제자훈련과 사역훈련은 휴강과 개강을 반복하는 어려움을 겪었다. 하지만 이 어려운 시기를 통해 깨달은 것은, 우리의 죄성은 뿌리 깊어서 꾸준히 훈련받지 않으면 다시 옛 자아로 돌아가는 데 익숙하다는 사실이다. 그렇기에 훈련은 계속되어야 하고 비대면 시대에도 양육은 계속되어야 한다.

앞서 언급했듯이 훈련은 과제만 잘해도 반은 성공한 것이다. 그러므로 비대면일 때도 훈련생들의 과제 점검에 더욱 힘을 쏟으며 비대면 상황에서도 일대일 양육이 이루어져야 한다. 또한 성도들이 공동체를 이루고 있다는 감각을 잃지 않도록 온라인상에서 훈련의 자리를 경험하더라도 현장의 느낌을 최대한 살리는 것이 중요하다. 온라인이라도 강의를 전달하는 데 그치지 말고 릴레이 기도와 나눔을 통해 더욱 훈련을 강화하는 적극적인 자세로 임해야 한다.

코로나19로 인해 진행된 비대면 예배는 '교회 중심에서 가정 중심'으로 신앙교육의 중심 패러다임 전환을 가져왔다. 이에 따라 신앙교육의 주체도 '교역자 중심에서 부모 중심'의 전환이 필요함을 절감한다. 비대면 문화의 확산으로 교회, 학교 등과 거리를 둘 수밖에 없는 상황에서 부모는 자녀의 영적교육

일선에 있어야 하며 가정 공동체의 재발견도 시급하다. 그러므로 교회는 어느 때라도 가정에서 올바른 예배가 세워질 수 있도록 가정예배 콘텐츠를 제공하고 공동체에 기반을 둔 예배의 모범을 제시할 수 있어야 한다.

목양일념, 정도목회를 바탕으로 한 제자훈련이 아니었다면 새로남교회는 지금의 건강한 교회로 자리매김하지 못했을 것이다. 올해 2024년 기준 29기 제자훈련생을 맞이하기까지 평신도 지도자를 세우기 위한 땀과 눈물, 각고의 헌신이 있었고 446명의 순장이 세워졌다. 그리고 코로나19에도 멈추지 않고 진행한 제자훈련에 올해도 많은 예비 훈련생들이 지원했다. 작은 자를 사용하셔서 우리 교회를 평신도를 깨우는 교회로, 건강한 공동체로 세우신 하나님께서 어려운 난국을 헤쳐 나갈 힘과 지혜를 공급하여 주실 것을 믿는다.

하나님의 영광을 위하여! 이웃의 행복을 위하여! 조국의 미래를 위하여! 다음세대 부흥을 위하여! 예수님의 신실한 제자가 되겠습니다.

토의 및 생각해 볼 주제들

01 이 시대의 사역자에게 전문성이 왜 중요한지에 대해 나누어 보라.

02 부서 사역자 혹은 교구 담당 사역자가 더욱 힘쓰고 계발해야 할 부분은 무엇이라고 생각하는가?

03 나는 사역의 전문성을 계발하기 위해 어떤 노력을 기울이고 있는지 나누어 보라.

04 제자훈련 사역을 이해하고 배우는 것이 왜 중요한가?

05 소그룹 사역의 원리를 이해하고 소그룹 지도자를 양성하는 것이 이 시대 목회에 왜 중요한지 토의해 보라.

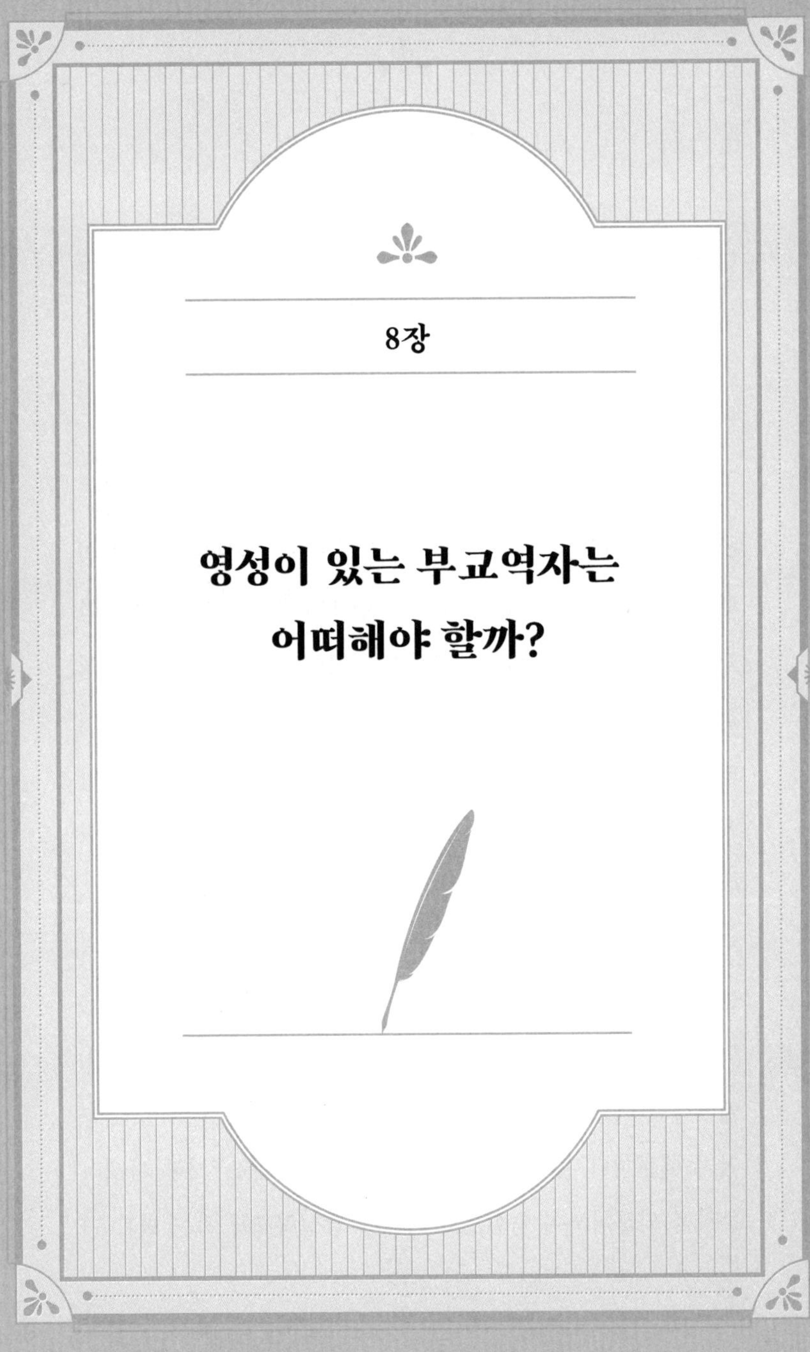

8장

영성이 있는 부교역자는 어떠해야 할까?

리처드 포스터Richard J. Foster는 "영적 에베레스트산을 오르기 위해서는 우리는 매일 같이 뒷산을 오르는 훈련을 해야 한다"라고 말했다. 이렇듯 우리는 영적인 거장이 되기를 소망한다. 영적 에베레스트산과 같은 높은 곳도 거뜬히 정복하는 신앙인이 되고 싶어 한다. 그리고 그러기 위해서는 리처드 포스터의 말처럼 매일 작은 뒷산을 오르는 훈련을 해야 한다. 오직 훈련만이 우리를 영적 정상에 오를 수 있게 해준다.

더 높은 성숙을 위해 가장 중요한 것은 신앙의 기초 체력을 다지는 것이다. 탁월한 운동선수나 특수부대원도 가장 기본적인 자세와 기초 체력훈련에 최선을 다하는 것을 볼 수 있다. 왜냐하면 기초가 튼튼할 때 더 많은 것을 그 위에 쌓아 올릴 수 있기 때문이다. 훈련Discipline이라는 단어 속에도 '기본 자세나 동작을 되풀이하여 익힘으로 목적에 달성하도록 하는 반복 연습'이라는 의미가 있다. 이렇듯 크고 위대한 일은 작고 기초적인 일을 계속 반복할 때 이뤄진다.

탁월한 영성은 사역자에게 요구되는 중요한 자질 중 하나다. 그리고 사역자가 지속적으로 탁월한 영성을 소유하기 위해서는 가장 기초가 되는 말씀훈련과 기도훈련을 통하여 경건훈련에 힘써야 한다. 큐티는 기본기를 튼튼히 하는 기초적인 훈련이다. 그렇기에 경건이 습관이 되고 행동이 되며 인격이 될 때까지 계속해야 한다. 사역자로서 큐티가 부담스럽거나 버겁거나 생활에서 자주 소외된다면 그것은 사역자에게 이상 신호가 감지되고 있다는 증거이다.

이번 장에서는 영성에 대한 개념 정리와 경건의 유익을 주는 사역자들의 큐티생활에 대해 살펴보고, 한국교회에서 경건과 영성에 본이 된 한경직 목사님의 생애를 살펴보며 사역적인 교훈을 얻고자 한다.

영성이란 무엇인가

영성Spirituality이란 어떠한 정신 또는 누군가의 정신을 가지고 살아간다는 것을 의미한다. 그리고 일반 영성은 역사적 인격의 정신과 사상과 삶을 본받는 인본적인 것인 데 반해, 기독교 영성은 예수님의 정신과 삶을 본받는 것이다. 진정한 영성은 성령 안에서 우리에게 임재하신 예수님과 함께, 말씀과 기도 속에서 인격적인 교제를 누림으로 성령의 열매를 우리 삶에 맺게 하는 것이다.[43]

그런데 사역자들 중에는 영성을 성령의 은사 체험의 한 부류로 이해하여 신유의 은사와 같이 신령한 은사를 갖게 되는 것으로 생각하기도 한다. 또한 어떤 이들은 교회사에 나타난 수도사들처럼 고행을 통해 얻게 되는 것으로 보기도 한다. 그래서 도덕적 타락에 대비한 강력한 저항과 정화작용으로 영성을 이해하기도 한다.[44] 이처럼 영성에 대한 부분적 이해의 강조나 영성에 대한 오해는 사역자들로 하여금 바른 영성을 계발하는 데 방해요소가 되기도 한다.

목회자의 영성은 외부로 나타내는 특별한 능력이기보다는 온전히 예수 그리스도의 형상을 본받는 것이다. 성령님의 역사를 통해 삶과 인격 속에서 예수 그리스도의 삶과 인격이 재현되어 성도들에게 지도자로서의 본을 나타내야 한다. 그리고 이러한 영성은 말씀과 기도의 습관화된 훈련을 통해서 이루어지게 된다딤전 4:5.

부교역자의 인격과 인품은 대부분 조직에서 당장의 결과물을 만들어내는 데 그리 크게 영향력을 끼치지 못한다. 인격

43 —— 오성춘, 《영성과 목회》(서울: 장로회신학대학교출판부, 1991), p. 41.
44 —— 강정자, "기독교 영성교육에 관한 연구", 총신대학교신학대학원 석사논문(1998), pp. 7-8.

적인 리더보다는 오히려 강한 카리스마가 있는 지배력 강한 독재자형 리더가 단기간에 더 많은 결과물을 만들어낼 수 있을 것이다. 그래서 열정과 비전이 목회의 시작이라고 본다면, 영성은 사역을 아름답게 마무리하며 모든 것을 정리할 수 있는 결과물이다.

이 시대 소수의 목회자가 목회적인 성공이라는 외형적인 성장을 이룬 후에 이성문제, 교회 세습 등 사회적인 문제를 일으키는 사례를 보게 된다. 이러한 문제를 일반 국민들과 불신자들이 접하게 될 때, 교회는 그 소수의 개개인이 이룩한 평생의 사역보다 더 큰 피해를 입게 된다. 그러므로 예수님을 닮은 인격의 본이 이 시대의 목회 리더들에게 요청되며, 부교역자에게는 더욱 예수님을 닮는 영성의 계발이 요청된다.

부교역자에게 가장 중요한 것은 하나님과의 관계를 더 깊이 하는 훈련이다. 설교 사역이나 말씀을 가르치는 사역의 기초는 깊은 묵상에서 비롯되며, 말씀과 기도의 충실한 삶은 인격의 변화로 나타나서 성도들에게 감동과 감화를 끼친다. 앞서 언급한 것처럼, 대부분의 부교역자는 자신의 사역을 지나가는 과정의 한 부분으로 이해하기 때문에 깊은 영성 계발보다는 스킬과 기술에 더 관심을 두는 경향이 있다. 그러나 설교를 비롯한 모든 목회적 능력은 기초적인 영성에서 비롯된다. 그렇기에 깊은 영성이 삶에 나타나도록 말씀과 기도와 경건훈련에 힘써야 한다.

부교역자의 경건생활

부교역자라면 큐티가 무엇인지에 대한 기본적인 내용은 알고 있을 것이다. 그러나 등잔 밑이 어둡다고, 가장 말씀을 가까이 해야 할 교역자들의 경건생활이 엉망인 경우가 있다. 사역이 바쁘다는 이유로 개인의 경건생활을 멀리하면 장기적으로 사역에 큰 어려움을 초래한다. 사역자의 내적인 능력은 말씀과 기도를 통한 개인의 경건훈련으로부터 오기 때문이다.

《성공하는 사람들의 7가지 습관》의 저자인 스티븐 코비Stephen Covey는 시간관리에 관해 중요한 일과 급한 일을 중심으로 하여 4가지로 구분한다. (1) 중요하면서 급한 일 (2) 급하면서 중요하지 않은 일 (3) 중요하면서 급하지 않은 일 (4) 중요하지도 급하지도 않은 일이 그것이다. 여기서 일반적으로 사람들은 중요하지 않으면서 급한 일에 모든 에너지를 쏟지만, 성공하는 사람들은 급하지 않아도 중요한 일에 더 많은 에너지를 쏟는다고 한다. 이와 관련하여 개인의 경건훈련도 급하지 않지만 중요한 일이다. 그러므로 하나님의 말씀을 묵상하는 일이 우리 삶에 얼마나 중요한가에 대한 우선순위를 정하고 그것을 지키도록 노력해야 한다. 그렇다면 부교역자의 경건생활을 위하여 큐티에 관한 간략한 내용을 살펴보도록 하자.

1) D형 큐티

D형 큐티는 귀납적 성경 연구 방법을 활용한 큐티 방법을 말한다. 제자훈련을 하는 교회에서는 제자훈련과 사역훈련에서 매주 D형 큐티 과제를 제출해야 하며, 순장도 계속 큐티하도록 지도하고 있다. D형 큐티는 말씀을 깊이 있게 보도록 하는데, 아래의 도표를 보면 더 이해가 될 것이다.

구분	내용관찰	해석(본문연구)	묵상(느낀 점)	적용(결단)
A형			○	
B형	○		○	
C형	○		○	○
D형	○	○	○	○

A형: 어떤 사람들은 큐티를 한다고 하면서 말씀은 무시한 채 자기가 느낀 점이 무엇인지에 초점을 맞춘다. 이것은 개인의 느낌을 중시하기에 말씀으로부터 벗어난 엉터리 큐티를 하는 결과를 가져오게 된다. 말씀보다는 자기 경험과 느낌을 중요시하고, 심한 경우에 묵상을 통해 갖게 된 느낌을 성령의 음성으로 해석하여 문제를 야기할 수도 있다.

B형: A형에서 말씀을 읽는 내용관찰 부분이 더 첨가된다. 이 경우에는 삶의 적용이 없기에 말씀을 읽고 은혜를 느끼는 수준에서 끝이 나고 말씀이 삶 속에 어떤 영향력도 미치지 못한다. 말씀은 말씀 그대로 남고 적용이 없어서 삶에 아무런 변

화가 없다. 또한 내용관찰도 해석이 없기 때문에 묵상 자체가 다소 자의적일 수 있다.

C형: C형은 해석이 빠진 경우다. 해석은 성경 말씀이 지금 이 시대에 나의 상황 속에서 어떻게 실현되는지 알게 하는 중요한 수단이다. 그래서 만일 올바른 해석의 과정이 생략된다면 성경을 잘못 묵상하고 적용할 위험성을 갖는다. 바른 해석이 없는 큐티가 얼마나 위험한지는 이단들을 보면 잘 알 수 있다. 성경에 기록된 시대와 지금 우리가 살고 있는 시대는 문화적으로나 환경적으로 다른 점이 많기에, 그 시대에 하나님께서 말씀하신 정확한 뜻을 발견하고 해석하여 현시대에 적용해야 무리가 가지 않는다.

D형: D형은 관찰, 해석, 묵상, 적용의 단계를 거친다. 이것은 말씀묵상에 귀납적 성경 연구 방법을 활용한 묵상 방법으로, 가장 분명하고 확실하게 말씀을 묵상할 수 있는 큐티 방법이다. 이 네 가지 단계는 모두 중요하지만 특별히 관찰 부분에 더 많은 신경을 써야 한다. 왜냐하면 올바른 관찰을 할 때 올바른 해석과 적용이 자동적으로 따라오기 때문이다.

2) D형 큐티의 예

다음의 D형 큐티 예시는 새로남교회에서 진행한 제자반의 한 집사님이 제출한 과제다. 평신도들이 매일 큐티를 깊이 있게 하는 것을 볼 때, 이렇게라도 큐티생활을 하지 않는 교역자들은 많이 반성해야 할 것이다. 큐티의 체질화를 위해 이렇게 한다는 것을 아는 범위에서 숙지하면 좋을 듯하다.

제목 : 사울의 거짓된 회개

본문 : 사무엘상 15:24-35

I. 내용관찰

1. 본문 내용 - 하나님의 말씀에 순종하지 않은 사울왕은 사무엘을 통해 책망을 받은 후, 잘못했다고 말한다. 그러나 그의 회개에는 진심이 담기지 않았다. 백성들과 장로들 앞에서 자신의 체면을 세워달라고 사무엘에게 요청하는 것으로 보아, 이 순간만 모면하려고 한 거짓 회개였다.
2. 사울왕 - 하나님보다 백성을 두려워하여 범죄했다24절. 사무엘에게 죄의 용서와 함께 경배함을 요청했다25절. 하나님과 사무엘에게 버림을 받았다26절. 사무엘의 겉옷을 잡고 붙들었다27절. 사람들 앞에서 자신을 높여달라고 요청했다30절. 사무엘은 이날 이후 다시는 사울을 보지 않았다35절.

1. 우리를 먼저 버리지 않으시는 하나님26절 - "왕이 여호와의 말씀을 버렸으므로 여호와께서 왕을 버려 이스라엘 왕이 되지 못하게 하셨음이니이다." 주의 말씀을 버리는 자에게는 주께서도 떠나신다. 나의 마음은 얼마나 주를 사모하고 주의 말씀을 따르고 있는가? 성령님이 내 안에 내주하시기 위해서는 주의 말씀이 내 안에 있어야 한다. 하나님께서는 결코 먼저 나를 버리거나 떠나시는 분이 아니다. 내가 주를 멀리하기에 내주하지 못하시는 것이다.
2. 사무엘은 왜 아각을 죽여야만 했을까? - 아말렉 사람의 왕 아각은 불순종의 상징이 아닌가 생각된다. 사울왕은 자신이 전쟁에서 승리를 일구어낸 것을 나타내려는 볼모로써 전쟁의 성취물과 함께 아각을 데리고 왔다. 불순종의 상징인 아각 때문에 사울은 불순종하게 되었으며, 그로 인해 하나님께서는 사울에게서 떠나시게 되었다. 하나님이 떠난 사울을 위하여 슬퍼하는 사무엘의 심정은 얼마나 괴로웠으며 아팠을까! 따라서 사무엘은 불순종의 씨앗인 아각을 그냥 살려둘 수 없지 않았나 생각된다. 얼마나 불순종을 싫어하시는 하나님이신가!

Ⅲ. 묵상(느낀 점)

1. 사울의 회개는 과연 올바른 것인가? - 그는 자신이 죄를 지었다고 고백하지만 백성군인에게 그 원인을 전가하는 변명을 하고 있으며, 하나님께 경배예배하기를 원하고 있으나 그 자신의 죄를 위한 회개의 예배가 아니라 자신을 보고 있는 백성들에게 자신의 권위가 실추되지 않게 하기 위하여 드리는 예배를 원했다. 그렇다면 참 예배경배의 모습은 과연 어떤 것인가?
언제나 주님이 나의 삶 속에서 내주하시는 삶을 살고 있는가? 내가 주님을 버리지는 않는가? 참된 회개는 나 자신과 하나님 사이의 회복이지만, 사울은 자신과 하나님과의 회복보다 다른 사람이 자신을 어떻게 바라볼까 하는 마음 때문에 외적인 것을 더 중요시했다. 나는 하나님과의 관계 속에서 내 모습을 점검하고 주께 회개하고 있는가? 내 속에 혹시 불순종의 씨앗이 싹트고 있지는 않는가? 이러한 불순종의 씨앗이 있을 때 완전히 전멸시켜서 내 안에 불순종이 자라지 않게 하고 있는가?

Ⅳ. 적용(결단)

- 내 삶에 주님이 내주하시도록 하는 생활을 한다. 내 삶이 생활 속의 예배임을 항상 인식하자!
- '나는 왕 같은 제사장'이라고 쓴 포스트잇을 사무실에

있는 컴퓨터 화면에 붙이고 늘 생각하자!

- '나는 지금 삶의 예배 중이다'라는 인식을 하자!
- 불순종의 삶(세상의 일-육체의 욕심)을 살기보다 순종의 삶(사랑, 희락, 화평 등)을 살기 위해 긍정적인 생각을 하자! 하루에 한 번 동료들을 칭찬하자!

3) 묵상 십계명

① 묵상은 경건의 좋은 습관을 갖는 것이다: 묵상은 어느 날 갑자기 이뤄지는 것이 아니고 특별한 실력을 요하는 것도 아니다. 매일의 삶 속에서 하나님의 말씀을 통해 삶을 인도받는 것으로, 규칙적이고 정기적인 묵상시간을 가져야 한다.

② 좋은 습관은 자기 결단에서부터 시작된다: 좋은 경건의 습관을 갖기 위해서는 먼저 하나님과 만나는 시간, 장소를 정해야 한다. 가능하다면 시간과 장소에 변동이 없어야 하며 일관적이어야 한다. 그리고 하나님과 정한 약속이 파기되지 않도록 최선을 다해야 하고 방해하는 주변의 요소들TV, 전화 등을 제거해야 한다.

③ 묵상은 하루아침에 이뤄지지 않는다: 묵상훈련은 하루아침에 이뤄지지 않으며 특별한 비법이나 방법이 있는 것도 아니다. 인내를 가져야 한다. 성실하게 인내를 가지고 날마다 하나님 앞에 나아간다는 마음자세가 있어야 한다. 그러면

신의 성품에 참예한 자의 모습이 나타날 것이다.

④ 묵상은 방법보다 습관의 문제다: 위의 내용들을 다시 정리해 보고, 효과적인 것은 방법적인 부분이기보다는 좋은 습관을 가지는 일임을 기억해야 한다.

⑤ 본문을 정확하게 관찰해야 한다: 성경이 말씀하는 내용을 정확하게 이해하고 파악하지 못하면 올바른 묵상이 될 수 없다. 정확한 관찰과 해석을 통해서만 하나님께서 말씀하시는 것을 깨달을 수 있으며, 정확하게 적용할 수 있다.

⑥ 묵상의 중심은 내가 아니라 하나님이시다: 묵상시간은 하나님을 만나는 시간이며 말씀 속에서 하나님의 음성을 듣는 시간이다. 말씀을 자신의 생활을 합리화시키는 도구로 전락시키지 말아야 하며, 말씀 속에서 하나님의 모습이 어떻게 나타나고 있는가를 세밀히 관찰해야 한다.

⑦ 귀납적으로 묵상해야 한다: 본문을 정확하게 보기 위해 귀납적인 방법을 활용해야 한다. 육하원칙에 의해 본문을 정확하게 보고 특히 "왜"라는 질문을 통해 본문을 보도록 노력해야 한다. 이러한 습관은 말씀에 대한 눈이 열리게 해줄 것이다.

⑧ 적용은 삶의 실천이다: 말씀을 적용할 때는 그 대상이 나 자신이라는 것과 시기적으로 지금 실천을 요한다는 사실을 기억해야 한다. 실천되지 않고 적용되지 않는 말씀은 영적으로 무기력하게 만든다.

⑨ 경건을 위한 시간관리에 충실해야 한다: 자신의 영성 계발을 위해 삶의 우선순위를 정하고 체계적으로 시간관리를 해야 한다. 그리고 시간은 하나님을 알아가고 만나는 일에 최우선적으로 투자되어야 한다. 시간이 남으면 묵상하겠다는 태도로는 평생 묵상의 기쁨을 누리지 못한다.

⑩ 묵상훈련 프로그램에 참여해야 한다: 묵상에 관한 책을 읽고 묵상훈련에 참가하여 더 깊은 영성을 계발하도록 해야 한다.

인격목회와 청빈목회의 대명사 한경직 목사님[45]

1) 한경직 목사님의 생애

한경직 목사님 생애의 기본은 하나님 사랑과 나라 사랑이며, 목표는 민족의 복음화였다.[46] 한 목사님은 영락교회를 한국의 대표적인 교회 중 하나로 성장시켰고 하나님을 사랑하고 나라와 민족을 사랑하며 복음으로 민족을 새롭게 해야 한다는 불타는 사명감과 소명감으로 목회에 임했다.

한 목사님은 목회를 시작할 때부터 세 가지 목표를 교회의 불가결 사업으로 삼았다. 바로 전도 사업, 교육 사업 그리고 봉

45 —— https://blog.naver.com/kalos1079/222224117426

46 —— 〈목회와신학 1999년 9월호〉, 이철신, "한경직 목사님의 생애와 사상(1)", p. 165.

사 사업이다.[47] 특별히 1950년대에 목회 전성기를 맞이하고 있을 때 6.25전쟁의 폐허 속에서도 숭실대학을 복구하고 1954년에는 숭실대학교 학장에 취임해 3년간 학장으로 봉직하며 복음전파와 대사회적-문화적 책임을 동시에 완수하여 한국교회에 새로운 교회상을 심어주었다.[48] 목사님의 목회 사역은 한국교회의 위상을 높였으며, 많은 목회자의 이정표가 되고 있다.

한 목사님은 1902년 12월 29일에 평안남도 평원군 공덕면 간리에서 한도풍과 청주 이씨의 장남으로 태어났다. 그곳은 평양 동북쪽으로 떨어져 있는 작은 마을로, 마포삼열 선교사사무엘 오스틴 마펫, Samuel A. Moffett에 의해 복음이 전해진 지역이다.[49] 목사님은 어려서부터 육촌 형인 한병직 목사님의 영향으로 기독교 교육을 받을 수 있었고, 이후 평양신학교 3회 졸업생으로 한국장로회 초대목사 중 한 명이 되었다.[50] 1916년에는 평양 대성학교 출신인 홍기도 선생의 도움으로 오산학교에 진학하게 되어서 남강 이승훈 장로와 조만식 장로로부터 철저한 애국애족의 교육을 받게 되었다.[51]

47 —— 한경직목사기념사업회, 《한경직 목사 성역 50년》(서울: 한경직목사기념사업회, 1986), p. 31.
48 —— 박용규, 《한국기독교회사2》(서울: 생명의말씀사, 2008), p. 975.
49 —— 김병희, 《한경직 목사》(서울: 규장, 1982), p. 323.
50 —— 위의 책, p. 16.
51 —— 〈한국기독교와역사 1991년 8월호〉, 이만열, "원로와의 대담: 한경직 목사님을 만남", p. 137.

1925년에 평양 숭실전문학교를 졸업한 후 미국에 유학, 엠포리아대학교와 프린스턴신학대학원을 졸업했다. 1945년부터 1972년까지는 영락교회의 담임목사를, 1972년부터 2000년까지는 영락교회 원로목사를 지냈고 1948년에 엠포리아대학교에서 신학박사 학위를 받았다. 1955년에 대한예수교장로회 총회장과 숭실대학교 이사장을 거쳐 서울여자대학교, 영락상업고등학교, 대광중고등학교의 재단 이사장을 지냈다. 1969년에는 국토통일원 고문, 홀트양자회 이사장이 되었고 이후 1972년에 아시아연합신학대학원 이사장과 기독교방송 재단 이사장, 1983년에 한국기독교100주년기념사업협의회 총재, 1989년에 기독교선명회 명예 이사장과 1989년 대표회장, 1998년에 한국기독교총연합회 명예회장을 지냈으며 같은 해에 건국공로장을 수여받았다. 연세대학교 명예신학박사, 숭실대학교 명예철학박사 학위를 받았고 1970년에 국민훈장 무궁화장을, 1992년에는 세계적인 종교계 상으로 불리는 템플턴상을 수상했다. 저서로는 《건국과 기독교1949》, 《한경직 목사님 설교집전12권》, 《내일을 사는 인생》, 《사도 바울에게 배운다》, 《길》 등이 있다.[52]

2) 백성을 끌어안는 영적 지도자

한경직 목사님은 오산학교에서 조만식 장로와 이승훈 장로로

52 —— 야후 파스칼백과사전, 인물정보 참고.

부터 영향을 받은 애국애족 사상을 목회 전반에 적용, 실천하여 사회봉사 및 피난민들의 눈물을 애국애족으로 승화시킨 긍휼목회를 펼쳐나갔다. 목사님은 오산학교에서 배운 것을 세 가지로 요약했다. 첫째는 나라가 망했으니 나라를 되찾는 것이 한국 청년들이 해야 할 일이라는 것, 둘째는 민족을 부흥시키려면 과학을 배워야 한다는 것, 셋째는 애국심과 과학적 지식만으로는 안 되며 근본적으로 먼저 사람이 바로 되어야 하기에 예수를 믿게 해야 한다는 것이다.[53]

목사님은 일제의 신사참배 거부를 이유로 신의주 제2교회를 강제 사임한 후, 남신의주 보린원에서 고아들을 보살피며 해방 전까지 긍휼 사역을 진행했다. 그곳에서 목사님은 자연인으로 생활하면서 그리스도의 사랑을 고아들에게 몸소 보여주고 청빈, 노동, 봉사, 기도의 시간을 보냈다. 이후 월남 후에는 후암동에 자리 잡은 일본인 시설인 가마꾸라 보육원을 인수하여 영락보린원이라는 간판을 걸고 고아 구호사업을 펼쳤다. 그 후에 6.25전쟁으로 전쟁미망인이 많이 발생하자 1951년에 피난지인 부산에서 다비다 모자원을 세워 운영했다. 환도 후인 1954년에는 다비다 모자원을 서울로 옮겨서 성북구 돈암동에 자리 잡았다. 또한 노인복지시설인 영락경로원을 1952년 성북구 돈암동에 설립하였으며, 1957년에는 재단법인 영락원을 인

53 —— 이만열(1991), 앞의 책, pp. 137-138.

가받고 경기도 광주군 동부면 풍산리로 이전하여 영락경로원을 정착시켰다.[54]

한 목사님은 어려운 이웃을 그냥 지나치지 않고 그들의 아픔과 고통을 함께 나누며 보금자리와 삶의 터전을 만들어 주었다. 그리고 은퇴 후에도 재단 산하 기관들을 순회하며 위로와 격려를 아끼지 않았다. 은퇴 후에 남한산성 골짜기에서 기도할 때마다 보린원 아이들과 노인들을 위해 쉬지 않고 기도했다는 주위 사람들의 증언이 있다.[55]

3) 연합과 일치의 사표(師表)

한 목사님은 1956년에 한국기독교연합회 회장으로, 1983년에 한국기독교100주년기념사업협의회 총재로 활동했고 1989년에는 한국기독교총연합회 대표, 1998년에는 한국기독교총연합회 명예회장으로서 교회 연합 운동에 적극 앞장섰다.

목사님은 교단과 교파들의 다양한 신조나 교리가 있더라도 한 민족과 세계를 복음화하기 위해서는 먼저 교회가 하나되어 서로 협력하고 연합해야 한다고 역설했다. 그리하여 한국전쟁 때 '대한기독교구국회'를 결성하여 전란 중에 신앙집회를

54 —— 한경직목사기념사업회, 《사진으로 보는 한경직 목사》(서울: 한경직목사기념사업회, 1998), p. 28.

55 —— 한숭홍, "한경직 목사의 영성과 한국교회에 미친 영향", 한경직목사기념사업회 세미나(2002), p. 58.

통해 민심을 안정시킨 동시에, 피난민들을 위한 전도와 구호사업에 힘썼다. 또한 '엑스플로74 대회', '빌리그래함 전도대회', '한국기독교 100주년 기념 선교대회' 등 수많은 연합 사업을 성공적으로 이끌었다. 개신교 선교 100주년 기념사업을 함께 치른 강원용 목사님은 "한 목사님만큼 한국교회를 조화롭게 하나로 만들 수 있는 분은 없을 것"이라고 평했다.[56] 그러면서 항상 열린 마음과 자세로 사람들의 의견을 존중하는 것이 화합과 하나 됨의 큰 힘이 되었다고 했다.

4) 인격목회와 청빈목회

한경직 목사님은 평생 청빈한 삶을 살았다. 어려운 시절에도 먹을 것이 생기면 가난한 이들에게 나누어 주었고, 수많은 해외여행에서 선물로 받은 것 중에 기본적인 약품 몇 개 외에는 어떤 외제품도 반입하지 않아 세관에서도 목사님의 수화물 조사를 항상 면제할 정도였다. 또한 영락교회에서 사택을 지어주었을 때는 너무 크고 사치하다 하여 사양하고 남한산성의 아주 좁은 공간에서 여생을 보냈으며, 수많은 집회에서 강사로 수고하고도 사례금을 일체 받지 않았다. 목사님은 구제와 선교를 위해 막대한 돈을 지출하는 대형교회 담임목사였지만, 저금통장 하나 없이 일생을 보냈다.[57]

56 —— 한경직, 《목사님들 예수 잘 믿으세요》(서울: 샘터, 2002), pp. 132-133.

한 목사님의 청빈은 없는 가운데서 가난한 생활을 한 것이 아니라 있는 가운데 있음을 포기하고 자족생활을 한 것이다. 목사님은 "참된 목사님은 가난해야 한다. 이것은 생활을 제대로 하지 말라는 의미가 아니라 돈과 깊은 관계를 맺으면 안 된다는 것이며 검소한 생활은 목회자에게 가장 안전한 일이고 참되게 사는 것과 돈은 언제나 상대적이기에 조심해야 한다"고 했다.[58]

5) 물량주의를 극복한 목회자

한 목사님은 자신의 개인적인 삶을 청빈한 삶으로 몸소 실천했을 뿐만 아니라 목회 사역에 있어서도 물량주의를 극복한 목회자였다. 목사님은 서울 수복 후 영락교회에서 사역을 시작했는데 1947년 1월 7일, 한국교회 최초로 2부 예배를 드린 바 있었지만 수복 이후 다시 2부 예배를 드리게 되었다. 그리고 서울 환도 감사예배 때는 2,000명 이상의 교인이 참석했다.[59] 영락교회는 전국 각지에서 모인 성도들로 성장해갔는데, 설립 초기에는 서북을 중심으로 한 평북 출신 교인들이 목사님을 필두로 세운 월남교회였다. 영락교회는 이북 출신 실향민들의 한을 풀

57 —— 손봉호, "한국교회의 윤리적 사표로서의 한경직 목사", 한경직 목사 추모 1주기 학술심포지엄(2001), pp. 87-88.
58 —— 한경직(2002), 앞의 책, p. 151.
59 —— 영락교회, 《영락교회 35년사》(서울: 영락교회 홍보출판부, 1983), p. 142.

어주며 믿음과 용기를 주는 신앙의 공동체로 성장했다.

전쟁 이후 한국 사회는 산업 발전을 경험하면서 물량주의화가 되어 가기 시작했다. 특히 대형교회들이 등장하면서 교인들의 예배 편의를 돕기 위해 버스를 운행하는 일들이 시작되었다. 그러나 목사님은 예배 참석 인원을 동원하기 위해 교회 버스를 운행할 수 있었음에도 하지 않았고, 성도들로 하여금 가까운 교회에 출석하여 예배를 드릴 수 있게 했다.

목사님은 민족의 복음화를 위해 전도에 앞장서며 선두적인 역할을 담당했지만, 자신의 교회를 공격적으로 성장시키는 물량주의를 극복했다. 그 힘의 원천은 엄격한 자기절제와 한국교회 전체 유익을 위한 결단에 있었고, 신앙의 힘과 윤리적 탁월성을 추구한 청교도적 자기정화의 원리를 따름에 있었다.

6) 북한교회 재건을 위해 기도로 앞장선 목회자

한 목사님이 북한교회의 재건을 위해 앞장선 것은 신앙의 자유를 찾아 남하한 피난민 사역을 담당했기 때문이다. 1945년 12월 2일, 공산주의의 박해를 피해 월남한 27명의 성도들이 한 목사님을 중심으로 교회 설립 예배를 드렸다. 교회 이름은 베다니선교교회라고 했고 일본 천리교 경성분소의 신전을 개조하여 예배 장소로 사용했다. 그 후 이듬해인 1946년에 경기노회의 허락으로 지명 이름을 따서 영락교회로 부르게 되었다.[60] 영락교회의 출발은 앞서 말한 대로 피난민을 중심으로 한 사역이었으며, 초창기에는 서북을 중심으로 한 평북 출신들이 모였다.

목사님은 전란 때 기독구국회를 조직하여 나라를 위해 기도하고 서울 수복 이후 평양이 수복되자, 대한기독교구국단 회장의 신분으로 군복을 입고 평양에 입성했다. 그 이유는 북한 지하에 숨어 있는 기독교인들의 생사를 확인하는 것과 북한교회 재건의 필요성을 느꼈기 때문이다. 그리고 1.4 후퇴 때는 북한에 산재한 교인 3천 명을 원산에서 배를 태워 남하시키는 일을 담당했다.[61] 목사님은 전쟁이 끝난 이후에도 북한교회 재건에 앞장섰으며, 영락교회는 그 정신을 이어받아 지금도 북한 선교를 지속적으로 진행하고 있다.[62]

7) 먼저 보고 멀리 본 목회자

한 목사님은 청년들과 젊은이들을 복음의 진리로 세워서 다음 세대를 준비한 목회자였다. 목사님은 해방 후 이북에서 월남한 피난민 중에 많은 청소년이 교육의 기회를 놓치고 길거리에서 방황하는 것을 보았다. 그래서 뜻 있는 인사들과 함께 1947년에 서울 신문로에 있는 피어선성서학원에서 대광중고등학교를 개설하여 중등교육에 힘을 기울였다. 그리고 1950년에 여성 교육

60 —— 한경직목사기념사업회(1998), 앞의 책, p. 22.
61 —— 윤사무엘 재미교수 블로그 참고. http://kr.blog.yahoo.com/soodosacho/1015
62 —— 서울 영락교회 홈페이지 참조. http://www.youngnak.net

기관이었던 보성여자중고등학교를 재건하고 초대 이사장으로 취임했으며 1953년에는 영락중고등학교를 설립하고 1959년에는 학교법인 영락학원 이사장으로 취임했다. 1954년에는 영락교회에서 고등교육기관이었던 숭실대학을 재건하고 초대학장으로 취임했으며 그 후 숭실대학교 이사장을 비롯하여 서울여자대학교 이사장, 영락여자신학교 설립자 겸 이사장, 장로회신학대학교 이사장 등을 역임하며 자신이 관계한 학교들을 크고 훌륭하게 성장시켰다.[63]

그뿐만이 아니다. 목사님은 군 복음화에도 앞장섰다. 나라 잃은 설움을 몸소 체험한 목사님은 군 복음화가 애국하는 길이라고 생각했다. 그리고 젊은이들이 가장 많은 곳이 바로 군대라고 생각하여 군을 복음화하는 것이 바로 우리나라가 복음화되는 데 가장 좋은 황금어장이라고 생각했다. 그리하여 많은 군인교회를 개척하여 지원했으며, 군목제도를 신설하는 데 결정적인 역할을 했다.[64] 한 목사님은 1973년에 군복음화운동후원회 회장으로 선출되었는데, 이는 군 복음화에 앞장선 업적을 인정받았기 때문이다. 그리고 전군신자화후원회 발기위원회를 조직하고 초교파적인 사업을 시작했다. 이를 통해 기독교인 참모총장, 군사령관을 배출하는 등 군의 주요 간부들을 복음화시

63 —— 한경직목사기념사업회(1998), 앞의 책, p. 28.

64 —— 김대덕, "한경직 목사의 군 선교 사역보고", 한경직목사기념사업회 세미나(2007), p. 74.

키는 놀라운 성과를 거두었다.[65]

8) 자기반성의 목회자

한경직 목사님은 1992년에 인류를 위한 영성에 공헌한 세계적인 종교인들에게 수여하는 '종교계의 노벨상'이라 불리는 템플턴상Templeton Prize For Progress in Religion을 수상했다. 그리고 템플턴상 수상 이후 목사님은 영락교회가 주최한 축하자리에서 자신의 신사참배를 눈물로 고백했다. 물론 이전에도 8.15 광복 직후 영락교회 교우들 앞에서 공개적인 참회를 했었다고 한다.[66] 한 목사님의 신사참배 참회 고백에 대해 많은 논란이 있을 수 있다. 그러나 목사님은 하나님과 사람 앞에서 고백하는 절차를 밟았다. 자신의 죄악을 밝힘으로써 지도자로서 마땅히 가야 할 길을 보여준 것이다. 부득불 죄를 지었을지라도 죄를 인정하고 참회하며 회개하는 자세를 보임으로써 한국교회의 도덕적인 위상과 인격적 성숙의 차원을 한층 더 높여주었다.

한 목사님이 행사한 영적 권위와 지도력, 한국 사회에 끼친 영향력과 한국교회 전체를 위한 큰 공헌의 가장 중요한 힘은 윤리적인 삶에서 나왔다.[67]

65 —— 강병훈, 같은 책, p. 285.
66 —— 한경직(2002), 앞의 책, pp. 88-89.
67 —— 손봉호(2001), 앞의 책, p. 87.

9) 메시지 텍스트(Text)와 컨텍스트(Context)의 이상적인 조화를 이룬 목회자

한경직 목사님의 설교는 위대한 신학자의 주석 설교나 유명한 설교가의 설교보다 단순하면서도 구구절절 골수에 사무치는 역동적인 것이었다.[68] 그리고 성경 중심 설교, 즉 그리스도 중심의 설교였다. 성육신의 그리스도 중심의 설교이기에 개인으로부터 시작하여 가정, 사회, 민족, 국가에 이르기까지 영감이 있고 감화력이 있고 새 삶의 길을 보여주는 메시지였던 것이다. 그리하여 무릎을 다시 세우고 일어설 수 있는 힘과 용기를 주고 위로와 평강을 주며 부드러움과 겸손의 도를 밝히는 설교였다.

또한 목사님의 설교는 결코 관념적이거나 추상적이지 않고 구체적이고 실존적이었으며, 성도들의 삶과 밀접한 연관을 갖고 있었다. 조용하게 선포되었지만 듣는 사람들에게는 영육이 모두 표출되고 있는 듯한 신비의 설교였고 영혼의 설교였다.[69] 신행일치의 삶이 묻어난 간증설교였기에 감화력이 더욱 컸고 목사님의 신학, 신앙, 인격, 생활이 모두 묻어나는 설교였다.[70]

한 목사님은 한국교회 역사 가운데 대표적일 뿐만 아니라 예수님을 믿지 않는 일반 사람들에게도 존경의 대상이었다. 그

68 —— 김병희(1982), 앞의 책, p. 144.
69 —— 김병희(1982), 앞의 책, p. 119.
70 —— 영락교회(1983), 앞의 책, pp. 54-55.

렇기에 그분의 삶과 인격과 목회정신은 후배 목회자들에게 거울이 되는 동시에, 한국교회가 연합과 사회봉사와 다음세대를 세우는 사역을 담당해야 하는 일에 이정표 역할을 하고 있다.

10) 사목자곡(思牧者曲)- 추양(秋陽) 한경직 목사님을 통해 드러난 복음의 위대성

다음은 필자가 한경직 목사님의 장례식에 참석한 후 추양 한경직 목사님을 기억하며 쓴 사목자곡思牧者曲이다.

> "인간의 삶에는 믿음, 소망, 사랑이 있어야 합니다. 이 중에서도 사랑이 가장 중요한 것입니다. 진정한 세계 평화는 원수를 용서하는 종교적 사랑으로만 가능합니다. 독일처럼 남북한도 머지않아 통일될 것이라고 믿습니다." 이 말은 1992년 4월 29일 독일 베를린에서 열린 템플턴상 수상소감 중의 일부입니다. 수상자는 가을볕이라는 호를 가지신 추양 한경직 목사님이셨습니다.
>
> 한경직 목사님은 한 세기가 시작된 1902년 12월에 평안남도 평원군에서 3남 1녀 중 장남으로 출생하셨습니다. 그리고 새천년의 봄날인 4월 19일 오후에 평생을 섬기고 사모하던 주님의 부름을 받으셨습니다. 영락교회의 부활절 주보 교회소식란에는 한 목사님의 소천 소식이 부활주일 광고 바로 아래 부분에 자리하고 있었습니다.

"예수 그리스도의 가르침에 따라 민족 복음화와 이웃 사랑에 평생을 헌신하시던 한경직 원로목사님이 4월 19일 오후 1시 15분에 하나님의 부르심을 받았습니다. 원로목사님의 겸손과 청빈, 뜨거운 이웃 사랑의 정신을 기억하며 기도에 더욱 힘써야 하겠습니다."

기운이 무르익던 지난 4월 24일 오전 9시, 영락교회 본당에서는 대한예수교장로회 총회장總會葬으로 한 목사님의 장례예배가 엄숙하게 진행되었습니다. 집례는 총회장으로 봉사하시는 이규호 목사님, 기도는 한국대학생선교회 김준곤 목사님이었고 찬양은 윤학원 장로님의 지휘로 헨델의 메시야 중 '할렐루야 코러스'가 한 목사님이 수십 년 동안 말씀을 선포하고 가르치셨던 영락교회 석조 건물에 울려 퍼졌습니다.

설교는 '영원한 안식'이라는 제목으로 예장 총회장을 역임하시고 옛 중국선교사로 명망이 높았던 방지일 목사님이 옛 믿음의 동역자를 기리는 심정으로 간절하게 주님의 뜻을 뭇 조객들에게 전하셨습니다. 기독교장로회의 강원용 목사님과 기독교성결교회의 정진경 목사님은 애잔한 추억을 더듬으면서 조사를 하셨습니다.

축도는 기독교감리교회의 박대선 목사님이 맡으셨습니다. 장례집행위원회 위원장이면서 영락교회 담임목사님으로 봉직하시는 이철신 목사님은 한 목사님의 행적보고와 인사순서를 담당하셨습니다.

추양 한경직 목사님이 소천하셨을 때 여러 언론매체는 다양한 기사 표제어를 통해 한 목사님 생전의 높은 뜻을 기렸습니다. '청빈 한평생, 목자의 표상', '한국교회의 상징, 세계가 인정하는 성자', '피난민 교회 밀알로 조국을 섬기다', '집 한 칸, 통장 하나 안 남긴 고난의 민족 위한 등불의 삶', '낮은 곳 보듬은 섬김의 종', '한국교회의 산 증인', '부귀와 명예를 하나님 나라 창고에 저축한 사람, 신앙인의 표본이 되다', '한국교회 큰 지도자, 발전과 연합에 공헌', '남 위해 삶을 사신 이 시대의 사표'. 여러 가지 미사여구美辭麗句를 동원한다 할지라도 한 목사님의 주님 사랑, 교회 사랑, 민족 사랑의 발자취를 다 표현할 수 없으리라 생각합니다.

한 목사님의 삶은 한국교회의 역사로 직결됩니다. 한 세기를 민족 교회와 함께 걸으시면서 교회와 사회 각 분야에 남기신 훌륭한 업적은 이루 다 헤아릴 수 없습니다. 이런 의미에서 목사님은 영락교회라는 한 지역 교회의 목사님이기에 앞서 한국교회의 목사님으로 뭇 사람들에게 인식되었습니다. 그분의 삶에는 한국의 시대적인 아픔과 고뇌가 짙게 묻어 있었습니다. 특히 남한과 북한의 단절과 이산가족의 아픔을 평생 가슴에 담고 살아야 했습니다. 한 목사님의 평생 소원, 평생 기도제목은 북한과 남한이 복음 안에서 하나 되는 것이었습니다.

한경직 목사님은 민족 복음화의 열정을 소유하셨습니다. 시대를 바라보는 혜안으로 남보다 앞서 민족 복음화 운동을 주창하고 최일선에서 섬기셨습니다. 한국교회 발전의 계기가 된 지난 1973년과 1977년에 여의도에서 열린 집회 및 한국 기독교 100주년 여의도 기념집회를 주도하셨습니다. 특히 군 복음화의 필요성을 역설하여 수많은 젊은이에게 불타는 그리스도의 복음을 심었으며 학원 복음화에도 남다른 열정을 나타내셨습니다.

이렇듯 신·불신 간에 존경과 사랑을 받았던 목사님이셨지만, 그분은 자신의 연약한 모습을 결코 잊지 않으셨습니다. 종교계의 노벨상이라 불리는 템플턴상 수상을 축하하기 위하여 마련된 축하 예배 때 목사님의 인사말은 그분의 겸허한 모습을 가감 없이 알려주었습니다. "먼저 나는 죄인임을 고백합니다. 나는 신사참배를 했습니다. 이런 죄인을 하나님께서 사랑하고 축복해 주셔서 한국교회를 위해 일하도록 이 상을 주셨습니다."

추양 한경직 목사님의 일생에서 우리는 복음의 위대성을 만날 수 있습니다. 한 세기 전 벽안의 선교사님들을 통하여 평안남도 한 시골 소년의 가슴에 뿌려진 예수 그리스도의 사랑의 복음은, 목사님의 삶에서 꽃피고 열매 맺어 한국과 세계의 한경직 목사님으로 태어나게 했습니다. 과연 그분의 삶은 복음과 예수 그리스도를 통해서만 해석될 수 있는 삶이었습니다.

시간이 흐르고 계절은 바뀌어 은총의 계절 5월의 첫날이 되었습니다. 우리 앞에 선뜻 다가온 화창한 계절은 자기를 위해 분주하기 쉬운 유혹의 계절이기도 합니다. 영계靈界가 혼란한 때에 한경직 목사님을 어엿이 세웠던 복음의 능력이 그리운 때입니다. 목회자다운 목회자, 성도다운 성도가 그리운 때입니다. 할 일 많은 이 강산을 생각할 때, 그리스도와 교회를 위한 일편단심一片丹心을 소유한 제2의 추양 한경직 목사님이 더욱 그립습니다.

* 덧붙임글: 저는 평소 한경직 목사님의 주님 사랑, 양 떼 사랑의 목회와 고매한 인격목회를 흠모해왔습니다. 지난 장례식 참석 이후에 쓴 부족한 글이지만 큰 스승 목사님에 대한 후배 목회자의 사목자곡思牧者曲입니다. 저는 새로남교회가 주님이 다시 오시기까지 복음의 위대성과 교회의 영광을 간직한 교회로 서 있기를 소원합니다.

토의 및 생각해 볼 주제들

01 영성이란 무엇인가? 일반적으로 사람들이 생각하는 잘못된 영성과 올바른 영성은 무엇인가?

02 사역자로서 나의 경건생활을 진지하게 평가해 보라(묵상의 깊이, 규칙성, 우선순위, 기도생활 등).

03 D형 큐티는 개인의 경건뿐만 아니라 설교자로서 말씀을 깊이 보게 하는 습관을 가져다준다. 이번 주에 D형 큐티를 해 보도록 하자.

04 추양 한경직 목사님의 삶을 살펴보며 사역자로서의 교훈을 기록해 보라.

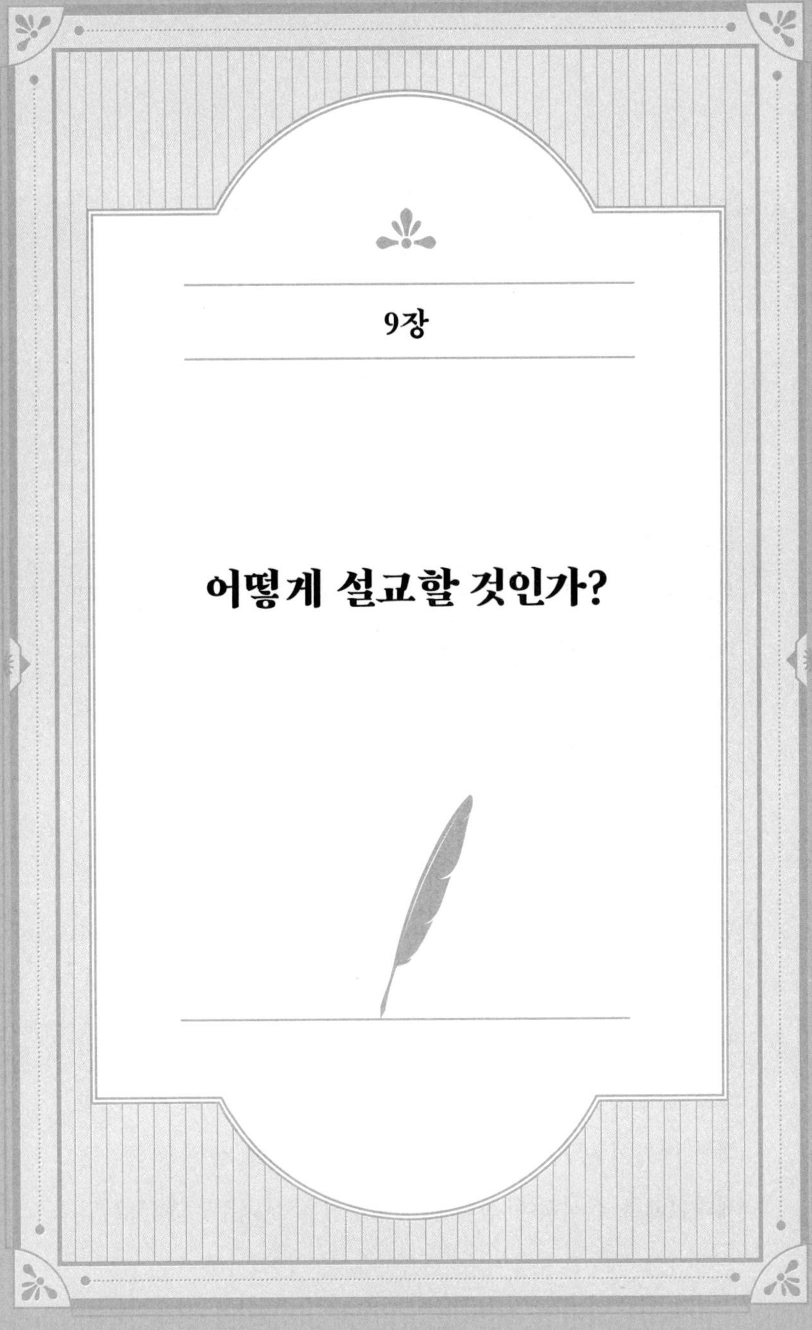

9장

어떻게 설교할 것인가?

부교역자들의 설교를 위한 방법에 대해서는 필자가 설교와 목회의 멘토로 모셨던 사랑의교회 옥한흠 목사님의 설교론을 살펴보는 것으로 대신하고자 한다. 필자는 1985년부터 1992년까지 만 7년을 사랑의교회 부목사로 사역하면서 옥 목사님의 목회사역에 동참했다. 그리고 그 이후 새로남교회에서 사역하는 지금까지 옥 목사님을 목회와 설교의 멘토로 모시고 있다.

옥한흠 목사님은 한국 복음주의 교회를 대표하며 가장 존경받는 목회자로 자리잡고 있다. 평신도를 깨우는 제자훈련 사역으로 사랑의교회를 이 시대에 건강한 모델교회로 세웠으며, 제자훈련을 통해 한국교회의 건강성과 평신도 사역에 크게 기여했다. 뿐만 아니라 국내적으로 목회 세습의 문제로 기독교에 대한 여론이 좋지 않은 시점에서 조기 은퇴를 통한 아름다운 세대교체를 실시하여 참다운 목회자상을 보여주었다. 목사님

의 모범적인 세대교체는 한국교회뿐만 아니라 한국 사회에도 큰 반향을 불러일으켰다.[71]

옥 목사님에 대한 연구는 목회, 제자훈련, 설교, 인격, 사회 참여 등 다양한 분야에서 시도되고 있고 그만큼 목사님은 한국 교회사에 목회적인 중요한 획을 그은 사역자다. 옥 목사님의 설교에 관한 연구는 이미 다양하게 진행되어 왔기에, 지금도 그렇지만 앞으로도 계속해서 후배 목회자들에게 사표師表가 될 것이다.

이 장에서는 옥 목사님의 설교론을 통하여 부교역자들이 설교를 어떻게 해야 하고 어떻게 배워야 할 것인가에 대해 점검해 보고자 한다. 그리고 부교역자 시절에 더 계발에 힘써야 할 설교의 방법적인 면들도 살펴보도록 하자.

옥한흠 목사님의 목회 여정

별세別世의 목회자 이중표 목사님은 한국교회에 영향력을 끼친 목회자를 뽑으라면 조용기 목사님과 옥한흠 목사님을 뽑는다. 60-70년대 개발의 바람 가운데 영육 간에 지친 수많은 성도에게 소망의 메시지를 전했던 사역을 조용기 목사님이 감당했다

71 —— 이근미(2008), 앞의 책, pp. 274-276.

면, 80년대 후반부터 값싼 구원론를 극복하고 한국교회 성도들을 예수 그리스도의 제자로 변화시켰다는 이유에서 옥한흠 목사님을 이 시대의 진정한 목회자로 뽑고 있다.[72]

한국교회의 진정한 영적 리더인 옥한흠 목사님은 처음부터 목회의 길을 걷고자 했던 것이 아니고, 그렇다고 순탄한 길을 걸었던 것도 아니다. 겨레와 교회에 대한 강한 민족의식을 가진 집안에서 4대째 신앙인으로 1938년 경남 거제에서 태어났다. 이후 독실한 어머니의 신앙적 감화를 받으며 자연스럽게 신앙생활의 기본을 익혔던 목사님은 중학교 시절에 신구약 성경을 다독할 정도로 설교자로서의 준비를 했다.[73]

옥 목사님은 목회자가 되라는 주변의 권유에도 불구하고 '평신도 지도자'를 꿈꾸며 학비 걱정 없고 졸업 후 취업 걱정도 없는 해군사관학교에 진학하고자 했다. 하지만 고혈압 판정을 받아 낙방하고 이후에도 여러 차례 도전하지만 실패했다.[74] 그러자 가난한 농사꾼 집안에서 재수 뒷바라지는 어불성설이라는 생각에, 목사님은 시골교회에서 주일설교와 주일학교 지도를 하는 조건으로 숙식을 해결할 수 있는 방과 재수를 뒷받침해주겠다는 제안을 받은 후 자연스럽게 초보 목회자의 삶으로

72 —— 홍정길 외 공저, 《8인이 말하는 옥한흠》(서울: 국제제자훈련원, 2003), p. 89.
73 —— 박용규, 《한국교회를 깨운다》(서울: 생명의말씀사, 1998), p. 22.
74 —— 옥한흠, 《제자훈련 열정 30년 그 뒤안길의 이야기》(서울: 국제제자훈련원, 2006), pp. 19-22.

들어서게 되었다.[75] 그리고 이 시골교회는 옥 목사님이 스스로 목회자에 대한 소명을 발견하고 목회의 길로 삶의 방향을 전환하는 계기가 되었다.

이후 자의 반 타의 반으로 부산 고려신학교 대학부에 진학해 2년간 수학하다가 일반 학문에 대한 폭넓은 이해가 목회에 꼭 필요하다는 생각에 일반 대학으로 편입을 시도했다. 그러다가 그 당시에 5.16 이후 사회 안정을 위해 젊은이들을 강제로 입영시키는 분위기 속에서 목사님도 입대하게 되었는데, 서울에 배속되어 주위의 지원으로 대학입시를 준비하게 되었다. 그렇게 3개월간 낮에는 군인으로, 밤에는 재수생으로 생활하던 목사님은 결국 하나님의 은혜로 성균관대학교 야간대학교에 입학하게 되었고, 군대와 대학교를 병행하는 벅찬 삶을 시작했다.[76]

그러던 어느 날, 믿음의 가정에서 믿음을 지키며 살아온 목사님에게 엄청난 고난이 찾아왔다. 건강이 시들어 가는 것을 미처 발견하지 못한 목사님이 가슴의 답답함을 호소할 겨를도 없이 시뻘건 핏덩이를 토해낸 것이다. 식사도 제대로 하지 못하면서 군 생활과 대학생활을 동시에 병행한 것이 화근이었다. 물론 이 과정에서도 하나님께서 역사하셔서 목사님은 '고난이

75 —— 위의 책, p. 24.
76 —— 위의 책, pp. 22-23.

내게 유익이라', '약할 때 강함을 주시는'이라는 하나님의 뜻을 발견하게 되었고 훗날 병과 가난과 투쟁하며 고통당하는 사람들을 이해할 수 있는 중요한 원동력을 발견했다.[77]

한편, 옥 목사님은 대학을 다니던 중에 김영순이라는 여인을 만나서 결혼하게 되고 이 여인은 목사님의 아내가 되어 영원한 야당으로서 옥한흠 목사님을 돕는 배필이 되었다.[78]

대학을 졸업한 후에는 총회신학교에 진학하여 학문과 신앙의 멘토들을 만나게 되었다. 목사님은 간하배 선교사님, 명신홍 박사님, 박형용 박사님, 박윤선 박사님 등의 지도를 받으면서 학문과 영성의 깊이를 더해갔다. 또한 신학생 시절에 은평교회와 성도교회에서 전도사로 봉사했는데 이 두 교회에서의 경험은 목사님 일생의 분기점만큼이나 중요한 밑거름이 되었다.

옥한흠 목사님의 목회관

1) 사역을 위한 준비 과정

옥한흠 목사님은 20세 때 시골의 한 작은 교회에서 목회를 시작했지만, 본격적인 교회 조직 안에서 목회자로서의 삶을 시작

77 —— 옥한흠, 《고통에는 뜻이 있다》(서울: 국제제자훈련원, 2007), pp. 57-58.
78 —— 위의 책, p. 166.

한 것은 은평교회였다. 그곳에서 맡겨진 사역을 다했고, 주일학교를 맡은 지 몇 달 되지 않아 80명에서 450명으로 부흥 성장시켰다. 그 후에는 목사님이 섬겼던 은평교회에서 여러 가지 역할 구도로 말미암아 사역을 관두어야 했을 때, 김희보 목사님이 시무하던 성도교회의 부름을 받았다. 그리고 6개월간의 주일학교 사역 후 1명뿐인 대학부를 맡게 되었다. 옥 목사님은 그곳에서 김희보 목사님과 김성환 목사님 같은 훌륭한 목회자들로부터 목회 예비 수업을 받았으며, 맡았던 대학부도 3년 만에 재적 350명, 출석 200명이라는 한국교회 초유의 대학부로 성장시켰다.[79]

옥 목사님이 성도교회 대학부를 맡았던 때는 교회를 돕는 선교단체Para-Church는 계속해서 성장하지만 교회들은 쇠퇴하는 시기였다. 그때 목사님은 'Para-Church in Church'교회 안의 선교단체를 주장하면서 대학부 안에서 제자훈련을 시작했다. 이때 목사님에게 교육받은 사람들은 이후 한국 사회를 이끄는 리더가 되었는데[80] 당시에 훈련받은 열두 명의 제자는 학교 가는 날 외에는 모든 생활을 교회에서 했다고 한다. 변호사 김병재, 이랜드그룹 회장 박성수, 이랜드그룹 전 부회장 박성남, 직장사역연구소장 방선기, 삼성제일병원내과과장 한인권, OMF선교사 한

79 —— 박용규(1998), 앞의 책, p. 33.
80 —— 옥한흠(2006), 앞의 책, p. 34.

정국 등의 선착멤버들이 있었다.

또한 목사님은 이때 제자훈련의 기틀을 마련했으며, 이를 학문적으로 검증하기 위해 총회신학교 졸업 후 장학생으로 1년 반 동안 칼빈신학교에서 신학석사를 마쳤다. 이후에는 필라델피아의 웨스트민스터신학교로 옮겨 목회학 박사과정을 수학하였으나, 하나님의 부르심과 목회에 대한 열정으로 학업을 채 마치지 못하고 조기 귀국하게 되었다.

2) 사랑의교회

옥 목사님은 은평교회의 도움으로 1978년 7월에 9명의 성도와 함께 강남은평교회를 시작했다. 당시 기성 교회의 청빙도 있었지만, 21세기에 하나님께서 원하시는 교회는 제자훈련하는 교회였기에 목사님은 개척이라는 험난한 길을 선택한 것이다. '평신도 훈련, 젊은이 선교, 공산권 선교' 등을 창립 비전으로 삼아 말씀을 가르치고, 말씀을 전파하고, 말씀으로 영육을 치료하고 회복시키는 교회를 시작했다.

목사님이 첫 예배 때부터 철저하게 지키고자 했던 것은 예배의 본질이 손상되지 않는 한 목사와 평신도가 같은 눈높이에서 은혜를 나누기 위해 거리감을 줄이는 것이었다.[81] 목사님은 평신도를 교회의 주체로 바라보면서 잠자는 평신도를 깨우길

81 —— 옥한흠(1984), 앞의 책, p. 55.

원했고, 훈련된 평신도를 잠자는 한국교회와 무너져 가는 세상을 지탱하는 이 시대의 일꾼으로 양육하길 원했다.[82] 1981년 9월에 교회명을 '사랑의교회'로 개칭하고 명실상부 한국교회의 복음주의 전통을 지키며, 변화된 삶으로 이 시대에 빛과 소금의 역할을 다하는 교회와 성도들을 만들어 나갔다.[83] 이후 처음에 순장 한 명을 위해 기도하던 제자훈련 사역은 내외적인 수많은 도전과 환란 가운데서 성장하여 2007년에 4만 5천 명이 출석하는 교회로 성장하게 되었다.

사랑의교회의 성장 원인은 열정적인 제자훈련이 물론 주요 요인이라 할 수 있으며, 더불어 옥한흠 목사님이 행한 들리는 설교와 성도들이 성경을 사랑하게 한 설교의 탁월함에도 있다고 할 수 있다.[84]

3) 제자훈련

옥 목사님의 사역은 제자훈련으로 귀결된다. 21세기 다원주의 물결과 교회의 세속화 파도 속에서 교회를 지키고 알곡을 지키기 위해서는 반드시 모든 교회가 제자훈련을 통해 천국의 일꾼을 만들어 내야 한다고 했다. 목사님이 이렇게 말할 수 있던 이유는 그분 자신이 제자훈련에 온 삶을 던진 제자훈련 광인狂人

82 —— 옥한흠(1984), 앞의 책, pp. 45-47.
83 —— 〈목회와신학 1998년〉, 사랑의교회, "사랑의교회 개척이야기", pp. 51-59.
84 —— 옥한흠(1984), 앞의 책, pp. 320-321.

이었기 때문이다. 1978년 사랑의교회 개척 이래 예수 그리스도를 닮은 온전하고 미래 지향적이고 헌신적인 열정을 가진 평신도 지도자들을 양성하기 위해, 말씀과 씨름하며 목사님의 삶 전체를 제자훈련에 바쳤다.

목사님은 성도교회 대학부를 담당하면서 선교단체가 가지고 있는 장점을 교회에 결합시키는 시도를 하며 제자훈련의 기초를 마련했다. 전통적으로 전해진 주입식 성경 교리교육이 아니라 성경 말씀을 삶의 현장 속에서 나누는 귀납법적 학습방식을 시작했다. 또한 옥한흠 목사님의 제자훈련에 가장 큰 원리는 일대일 제자 양육을 통하여 한 사람 한 사람을 그리스도의 제자로 만드는 것이었다. 예수 그리스도의 인격과 삶을 본받는 신자의 자아상을 확립하는 것이다. 이는 예수처럼 되고 예수처럼 살기를 원하는 신앙인으로 만드는 데 있었고 이것이 가장 정확한 대답이라 할 수 있다.[85]

1984년에 출간된 《평신도를 깨운다》는 목사님의 제자훈련 사역의 결정체로서 사랑의교회에서 실시한 제자훈련을 전국화하는 데 표준이 되었다. 옥 목사님이 제자훈련이 가능했던 이유를 이 책 속에서 살펴보면, 새 틀에서 시작할 수 있었기 때문이다. 목사님은 기존 전통을 거부하고 리더의 자율성이 보장되는 곳에서 시작했으며 유학을 통해 교회론을 정립하여 신학

85 —— 옥한흠(1984), 앞의 책, pp. 193-195.

적으로 제자훈련을 변증하고 제자훈련 과정을 통해 교회의 체제를 바꿔 조직이 움직이는 교회가 아니라 사역이 중심이 되는 교회를 만들었다. 그리고 전도폭발과 대각성전도집회 등의 프로그램을 통해 제자훈련의 취약점을 보완해 갔다.[86]

옥한흠 목사님의 설교관

목사님은 "설교는 현대의 청중으로 하여금 성경의 계시를 통하여 하나님의 음성을 듣게 하는 것"이라고 했다.[87] 또한 예수님 사역의 골자는 preaching, teaching, healing이며 이 세 가지 요소를 모두 설교에 담고 있다고 보았다. 복음을 전하고, 전한 복음의 말씀이 삶에 실천되도록 가르치며, 진리의 말씀을 통해 영혼도 치유받고 육신도 치유받는 역사가 일어나야 한다. 영혼 구원을 위해 복음이 선포되고, 성도들을 온전케 하기 위해 진리를 가르치며, 그 결과 영과 육이 치유받는 은혜의 역사가 반복되는 현장이 바로 설교라고 했다.[88]

옥 목사님의 설교는 말씀으로 성도들을 온전하게 하는 작업이었다. 또한 제자훈련을 통해 예수님의 말씀대로 살아가게

86 —— 옥한흠, 《전도자》(서울: 국제제자훈련원, 2005), pp. 85-90.
87 —— 권성수, "청중을 깨우는 설교자", 한국교회사학연구소(2002), p. 87.
88 —— 옥한흠, '대전 충청 목회자를 위한 설교세미나', 새로남교회, 2005년 5월 30일.

하는 제자훈련의 정신을 그대로 담고 있다. 한편, 목사님은 설교에 있어서 목양적인 관점을 견지했는데, 이는 성도들이 하나님 앞에서 온전하게 서도록 돕는 것이다.

옥 목사님은 바른 설교를 전하기 위하여 설교자의 자세에 대해 강조했다. 설교는 불변한 진리를 가변적인 인격을 가진 설교자가 전달하는 것이라고 보았다. 바울이 말씀과 사람을 보배와 질그릇으로 비유한 것처럼, 진리는 변하지 않지만 그 진리를 담아 많은 사람에게 전달하는 설교자의 인격은 가변성이 많다. 그래서 설교자가 말씀을 더 잘 받아낼 수 있도록 주야로 묵상하며 말씀대로 살기 위해 몸부림치는 작업이 선행되어야 한다고 했다. 불완전한 인격이 완전한 말씀을 전한다는 것은 고통이며 짐이기 때문에 설교자는 부단의 노력을 기울여야 하는 것이다. 목사님은 바른 설교가 바른 설교자로부터 나오기 때문에 설교자가 먼저 하나님 앞에서 준비되는 것이 중요하다고 보았다.[89]

설교에 대한 옥 목사님의 생각은 그분의 신선한 설교에서 잘 알 수 있다. 가변적인 인격이 하나님의 말씀을 전달하는 자로 서는 것이라고 했기에 말씀을 대하는 태도가 특별했다. 그래서 목사님은 한 번 했던 설교를 재탕하거나 다른 설교자가 발표한 말씀을 표절한다거나 청중들과 동떨어진 예화나 내용

89 —— 위의 설교세미나 내용 중.

을 다루지 않았다. 늘 새롭고 신선했다.

목사님이 설교에 있어서 후배들에게 가르칠 때 입버릇처럼 한 말들이 있다. "식은 밥은 절대 내놓지 않는다[90], 내가 했던 설교를 재탕하는 날이 있다면 그날은 바로 나의 은퇴의 날이 될 것이다." 이 말들 속에는 설교에 대한 옥한흠 목사님의 철학이 그대로 담겨져 있다.

옥한흠 목사님의 설교준비법

옥 목사님과 관련된 설교와 설교에 대한 자료들은 많지만, 의외로 목사님이 어떻게 설교준비를 했는지에 대한 사료史料는 거의 전무하다. 이것은 목사님이 설교준비에 대해서 자세히 밝히지 않았기 때문일 수도 있다. 그래서 옥 목사님의 설교준비에 관한 내용은 목사님을 가까이서 모셨던 목회자료실 실장과, 동역했던 여러 교역자의 증언을 통해 구성해 보았다.

1) 설교준비 시간 확보

오정현 목사님은 옥한흠 목사님의 설교 특징 중 첫 번째를 '절대적인 시간 투자'로 꼽았다.[91] 설교준비의 핵심은 한마디로 '절

90 —— 박종순, 《한국교회의 설교를 조명한다》(서울: 신망애출판사, 1987), p. 267.

대적인 시간 투자'인 것이다. 옥 목사님 설교의 전개력과 묵상력, 적용성과 논리성은 설교준비에 들이는 엄청난 시간 투자를 이해하지 못하면 모두 껍데기에 불과하다. 옥 목사님의 설교준비는 "옥 목사님은 삶 자체가 설교의 중심이다"라는 말에서 그 핵심이 드러난다.

옥 목사님이 언제 얼마나 설교를 준비했는가에 대한 질문에, 사랑의교회 목회자료실 실장은 설교준비를 따로 하지 않았다고 답했다. 그러면서 옥 목사님이 설교준비를 따로 하지 않았다는 말은 늘 설교를 준비했다는 것을 의미한다고 첨언했다. 옥 목사님의 모든 목회는 설교준비와 맞물려 있었으며, 모든 날이 설교준비의 날이라고 해도 과언이 아니라고 했다.

옥 목사님은 목회자들이 쉬는 월요일 새벽부터 교회에 나와서 설교준비를 했다. 몸이 아픈 이후에는 조금 늦게 나오긴 했어도 항상 월요일에 교회에 나와서 설교준비를 했다. 이는 목사님이 설교에 필요한 모든 부분을 준비하기 위해서는 절대시간을 확보하는 것이 필요하다는 것을 잘 알고 있었기 때문이다. 이처럼 아무리 탁월한 설교자라 할지라도 시간을 투자하지 않으면 탁월성이 발휘될 수 없다. 그래서 바른 준비를 위해서는 설교자에게 설교를 위한 절대적인 양적 시간 투자가 우선적으로 요구된다. 옥 목사님은 이 부분에 대해 철저히 지켰으며,

91 —— 홍정길 외 공저(2003), 앞의 책, p. 198.

설교준비의 절대 시간을 확보하는 데 최우선을 두었다.

옥 목사님은 경험적으로 볼 때 좋은 설교는 반드시 시간 투자와 정비례한다고 보았다. 그래서 미국 상원의 설교가 로이드 존 오길비Lloyd John Ogilvie가 은퇴할 때 기자들에게 한 말 "다시 젊은 시절로 돌아간다면 더 많은 시간을 설교 연구에 투자하고 싶다"고 한 것을 인용하여, 좋은 설교는 설교준비 시간 확보와 비례함을 강조했다.

목사님은 한 편의 설교준비를 위해 사용한 책이 마흔 권이 넘을 때도 있었다. 그것을 다 보진 않더라도 참고하여 사용했다. 목사님은 설교자가 설교의 절대 시간을 확보하지 않을 때 값싼 복음, 값싼 십자가를 만들어 내게 된다며 절대 시간 확보의 중요성을 말했다. 또한 "서재에서의 1시간이 강단에서의 1분"이라는 말로, 설교자가 얼마나 철저하게 설교를 준비해야 하는가에 대해서 말했다.[92] 옥 목사님은 설교의 은혜는 준비를 위한 물리적인 시간 투자의 합이라고 했다.

2) 정확한 말씀 연구

옥 목사님은 설교의 제목과 본문 선정을 월요일에 모두 끝냈다. 그리고 나머지 시간은 설교 전달에 주안점을 두었다. 설교에 있어서 비중의 50퍼센트는 말씀을 정확하게 그리고 철저하

92 —— 옥한흠(2005), 앞의 설교세미나 내용 중.

게 연구하는 데 쏟았고, 나머지 50퍼센트는 전달의 과정을 준비하는 데 쏟았다.

옥 목사님은 귀납법적으로 성경을 연구했다. 본문을 문법적인 연구, 신학적인 연구, 원어적인 연구 등의 단계로 연구하며 주석가들의 주석과 다양한 보조자료를 통해서 그 본문이 말씀하는 정확한 의미와 내용을 파악하는 데 일차적으로 주력했다.[93] 목사님은 바른 설교의 시작은 정확한 말씀 연구에서부터 비롯된다고 보았다.

3) 말씀의 자기화

목회자료실 실장은 옥 목사님의 말씀 연구 다음 단계를 '말씀의 자기화'라고 했다. 이것은 말씀이 성도들에게 전해지는 설교이기 이전에 자기 자신에게 감동과 감화를 주는 은혜의 말씀으로 받으며 깊이 묵상하는 단계를 말한다. 옥 목사님은 바른 설교를 위해 먼저 말씀 안에서 자기 자신이 은혜를 경험하고 누리려고 부단히 애를 썼다. 그리고 말씀의 은혜를 놓치지 않기 위해서 큐티를 깊이 있게 계속했다. 큐티는 설교를 위한 전단계가 아니라 자신만을 위한 은혜의 수단이었고 목사님은 하나님 앞에서 깊은 묵상의 시간을 가졌다.

93 —— 박성원, "옥한흠 목사의 설교연구", 총신대학교 목회신학전문대학원(2006), pp. 59-68.

언젠가 세미나에 참석한 한 참석자가 설교에 있어서 어떤 본문을 선택해야 하는지 그리고 본문이 선정되지 않을 경우에 대하여 질문한 적이 있다. 그러자 목사님은 질문자의 큐티생활을 점검해 주었다. "성경을 놓고 말씀을 사모하는 마음으로 묵상하면서, 시간 시간마다 성령께서 주시는 음성이라고 확신되는 것을 적어놓고 그 본문을 개인의 양식으로 갖고 있는 게 필요하다. 이런 큐티는 매일 할 수 없다. 그래도 3일 정도만 해도 그 가운데서 좋은 설교는 나올 수 있다. 자기 양식이 없으면서 남에게 주어야 하니까 무슨 도리가 있겠는가? 남의 설교를 훔치는 결과밖에 나오지 않는다. 그러니 자기 말씀을 잘 간직해야 한다."[94]

옥 목사님은 경험을 통하여 바른 설교, 깊은 설교는 먼저 설교자 자신이 말씀 안에서 경험되는 은혜를 체험해야 한다는 것을 알았고, 그래서 설교준비 때 말씀의 자기화 시간을 위해 부단한 노력을 했다.

4) 말씀의 성도화

옥 목사님의 설교준비 과정 중에 '말씀의 성도화' 부분이 있다. 이것은 준비된 말씀이 성도들의 삶과 언어에 얼마나 부합하며 적절한지를 연구하는 시간이다. 목사님은 성도들에게 바르게

94 —— 옥한흠(2005), 앞의 설교세미나 내용 중.

전달되는 설교에 대하여 다음과 같이 말했다.[95] "위대한 설교자는 모두 위대한 전달자다. 뛰어난 전달자가 되지 않고 훌륭한 설교자가 된다는 것은 불가능하다. 우리가 설교를 할 때 가장 먼저 할 일은 메시지를 전달하는 것이 아니라, 청중이 어디에서 있는가를 발견하는 것이다. 이것이 바로 incarnation, 즉 성도화다. 청중들은 설교자가 전하는 말씀이 자기와 적절한 관계를 가지고 있다고 느낄 때 그 말씀에 끌리게 된다."

청중이 이해하고 공감할 수 있는 적절성이 확보되지 않은 설교는 청중과 설교자 사이를 분리하는 괴리감을 만든다. 설교자는 최소한 이러한 괴리감의 간격을 줄이기 위해 힘써야 하며, 청중들이 이해할 수 있는 언어로 설교를 재작업하는 일에 많은 시간을 투자해야 한다. 옥 목사님은 청중이 이해하도록 설교의 적절성을 마련하는 것이 중요하지만 대부분의 설교자가 청중의 입장을 고려하지 않은 채 자기 언어로 준비된 설교를 전달할 뿐이라며 현재 설교자들의 상황을 지적했다.[96]

5) 체계화된 설교준비

옥 목사님은 자신이 연구한 설교를 반드시 원고로 작성했다. 그리고 여러 번의 수정을 통해서 완벽한 원고를 만드는 데 최

95 —— 옥한흠(2005), 앞의 설교세미나 내용 중.
96 —— 옥한흠(2005), 앞의 설교세미나 내용 중.

선을 다했다. 목사님은 설교자에게 있어서 원고를 작성하는 일은 고된 작업임을 고백하면서도 완성도 높은 설교 원고 작성이 몸에 배도록 노력했다. 설교를 위한 원고 작성에 대해 다음과 같이 말했다.[97] "제자훈련을 통해 평신도들과 함께 영적으로 발전하게 되고 바운더리가 자꾸 넓어지게 된다. 제자훈련에 눈을 뜬 성도들과 100명, 200명, 300명 늘어나는 성도들의 영적 요구를 충족하기 위해서는 설교를 적당히 할 수 없었다. 그래서 내가 하기 싫은 원고 쓰는 설교를 시작했다. 원고를 쓰는 것은 고된 작업이었고 상당한 진통을 요구했다. 그러나 글을 쓰면 설교의 논리성이 확보되며, 문장력과 어휘력이 달라지게 된다. 이것은 엄청난 시간의 투자를 요구했다." 이렇듯 목사님은 어떤 일이 있어도 설교를 체계적이고 완성도 높은 원고로 만드는 데 주력했다.

6) 신선한 예화 준비

옥 목사님은 예화를 발굴하는 데 있어 탁월한 안목이 있었다. 그리고 이것은 설교 본문 연구와 성도들을 깊이 연구하는 데서부터 나왔다. 설교준비를 체계적으로 했기 때문에 한두 달 전의 설교가 이미 준비되었고, 어떤 경우에는 6개월 이전의 설교가 준비됐다. 그러면 그 기간에 적절한 예화를 찾아 설교와 접

97 —— 옥한흠(2005), 앞의 설교세미나 내용 중.

목했다. 옥 목사님의 설교는 매스컴이나 인터넷을 통해 바로 전파되었기 때문에 다른 설교자가 쓴 예화나 이미 회자된 예화를 쓸 수 없었다. 그리고 옥 목사님은 그런 예화를 사용하는 자체를 원하지 않았다. 항상 신선하고 성도들의 마음에 말씀을 더 깊이 도전할 수 있는 예화를 찾았으며, 예화를 위한 노트를 별도로 만들어 관리했다. 목회자료실 실장은 옥 목사님이 말씀에 대한 완벽함의 도전으로 인해 몸이 많이 상했고, 그분의 설교 한 편은 삶의 진액을 짜내는 작업이었다고 말한다.

7) 전달을 위한 연습

옥 목사님은 전달의 과정을 위하여 청중들 입장에서 생각해보면서 원고를 수정했다. 복음은 평신도를 위한 것이고 평신도가 들을 수 없고 이해할 수 없는 전달이라면 설교 자체가 필요하지 않다고 보았다. 목사님은 배우들이 자기 대사를 전달하기 위해 원고에 매이지 않으려고 노력하듯이, 설교자도 전달할 때 원고에 매이지 않도록 대사와 표정 등을 준비해야 한다고 했다. 특히 시선처리Eye-Contact와 불분명한 발음 등을 고치기 위해 부단의 노력을 기울였다.[98] 옥 목사님은 자신이 준비한 설교를 가지고 5번 정도 설교 연습을 했고 위와 같은 과정을 거친 후에 설교자로서 강단에 섰다.

98 —— 옥한흠(2005), 앞의 설교세미나 내용 중.

옥한흠 목사님의 설교 특징

옥 목사님의 설교는 모든 설교자의 모범이 될 정도로 완벽한 수준을 갖고 있다. 본문 연구에서부터 전달까지 전혀 빈틈이 없는 목사님의 설교는 설교자로서의 기질과 깊은 연관이 있다. 그래서 먼저 목사님의 설교자적인 기질의 특성이 설교에 어떤 영향을 미쳤는지 살펴보고 설교의 주된 특징들을 살펴보고자 한다.

1) 설교자로서의 기질적인 특징

옥 목사님이 목회와 설교에 대해 탁월함을 발휘하며 사역적인 성공을 할 수 있었던 것은 하나님의 은혜 외에도 성실함과, 부단한 자기 싸움과, 노력이 포함되어 있다. 그런데 이러한 노력뿐만 아니라 자연인으로서 목사님이 가진 성격적인 기질이 설교와 사역에 깊은 영향을 주고 있음은 부정할 수 없다. 그래서 먼저 기질적인 특성이 설교자로서의 옥 목사님에게 어떤 영향을 미쳤는지 살펴보는 것이 중요하다고 사료된다.

MBTI를 통해 볼 때 옥 목사님의 ISTJ 성향이 설교자적으로 어떻게 계발되었는지 살펴볼 필요가 있다. 먼저 내향형은 조용하고 신중함을 갖게 한다. 이것은 설교자가 설교 원고를 탄탄하게 하고 말씀을 차분하게 잘 가르칠 수 있는 장점을 가져다준다. 감각형은 실제 경험을 토대로 정확하고 철저하게 일을 처리한다. 이 특성이 설교자에게 주는 장점은 본문을 꼼꼼하게 주해하고 기본 준비 과정과 읽기, 적용을 철저히 준비하게 한다. 사고형은 분석적이고 논리적이며 사실에 주된 관심을 갖는다. 이 특성은 조직신학과 같은 체계적이며 논리적인 신학에 관심을 갖게 한다. 판단형의 특징은 분명한 목적과 방향이 있으며 시간 계획과 정리정돈, 추진력, 신속한 결론 도달 등의 특징을 가지고 있다. 설교자적인 장점은 성실하게 설교를 준비하고 미리 정해 놓은 본문과 틀을 따라 차곡차곡 밟아가며 꾸준하고 연속적인 설교를 선호하게 된다.

이상의 내용을 토대로 볼 때 설교자로서 옥한흠 목사님의 기질은 신중하게 설교를 준비하여 차분하게 말씀을 가르치고I, 설교준비에 있어서 꼼꼼하게 주해하고 기본 연구에 충실하며S 설교의 논리성을 중시하여 기승전결을 분명하게 하고 신학적인 교리를 강조한다T. 그리고 설교준비와 진행에 있어서 계획성이 있고 계획에 따라 준비하며 연속적으로 이어지는 강해설교를 선호한다J. 옥 목사님은 자신이 가진 기질을 훈련을 통해 극대화시킴으로 오늘날의 탁월한 설교가로서 자리매김하게 되었다.

2) 설교에 대한 철저한 소명감

옥 목사님의 설교준비와 설교에 대한 자세를 연구하다 보면, 목사님만큼 설교를 두려워하고 설교에 대해 철저하게 준비하는 목회자도 없을 것 같다. 오정현 목사님은 설교자로서의 옥한흠 목사님의 태도를 다음과 같이 평가했다.[99] "먹이를 찾지 못하면 죽는다는 절박한 생존본능이야말로 설교를 준비할 때 옥 목사님의 모습이다. '내가 제대로 준비하지 않으면 사랑의교회는 죽는다'는 인식이 단순한 머릿속의 관념이 아니라, 굶주린 사자와 같은 생명을 건 생존본능처럼 옥 목사님의 의식을 사로잡고 있었다."

또한 설교비평가인 정용섭 목사님은 옥 목사님의 설교에 대해 다음과 같이 비평했다.[100] "필자는 옥 목사님의 설교를 접하면서 부끄러움을 느꼈다. 도저히 따라가기 힘든 복음에 대한 열정, 말씀에 대한 확신, 성직주의와 권위주의를 넘어서는 원초적 신앙, 겸손한 지도력, 열린 보수주의, 제자훈련을 중심으로 한 목회 철학, 높은 도덕성 등등이 부끄러움의 요인들이다. 그는 설교를 준비하면서 울기도 하고, 가슴 벅차할 때도 많았으며, 말씀이 얼마나 감미로운가 하고 감동할 때가 많았다." 정용섭 목사님이 설교자로서 평가한 옥한흠 목사님은 한마디로 목회자들이 근접하기 힘든 비범함과 탁월함을 가진 설교자라는 것이다. 그리고 이것은 정용섭 목사님뿐만 아니라 대부분의 목회자가 공감하는 부분일 것이다.

99 —— 홍정길 외 공저(2003), 앞의 책, p. 198.
100 —— 〈기독교사상 2007년 8월호〉, 정용석, "제자훈련은 가능한가?", p. 191.

목사님 설교의 탁월함은 그분이 가진 은사나 재능보다도 설교자로서의 설교에 대한 남다른 철저한 소명감에서 비롯되었다. 이러한 사실은 옥 목사님이 설교에 관해서 강의하거나 집필할 때 누차 강조되는 부분이기도 했다. 목사님은 설교의 스킬이나 방법적인 면은 그리 강조하지 않았다. 다만 항상 하나님 앞에서 그리고 성도들 앞에서 바르게 설교하는 것이 무엇인지에 대한 자기고민과 반성을 강조했다. 그래서 목사님이 25년간 설교한 리스트를 찾아보면, 산상수훈을 제외하고는 도덕적인 설교를 거의 하지 않은 것을 볼 수 있다. '겸손합시다, 사랑합시다, 정직합시다, 경건하게 삽시다' 등 도덕적인 설교가 전체 설교의 20퍼센트 미만이다. 그 이유는 옥 목사님 자신의 설교에 대한 두려움 때문이라고 고백했다.[101] 설교자 자신은 그렇게 살지 못하면서 그런 설교를 할 수 있는가에 대한 두려움 때문에 도덕적인 설교를 하지 못했으며, 목사님은 설교자로서 보여야 하는 모범에 대한 몸부림을 설교 우울증으로 표현하며 설교에 대한 자신의 고충을 토로했다. 그러면서 결코 한 순간도 설교를 가볍게 보지 말고 눈물을 쏟아야 하며, 고민이 되고 자기발전을 통한 진통을 경험해야 하는 것이 설교라고 강조했다.

불완전한 존재가 하나님의 말씀을 다루기에 설교자는 말씀을 깊이 연구하는 데 전력을 다해야 하고, 하나님의 말씀을 전

101 —— 옥한흠(2005), 앞의 설교세미나 내용 중.

달하는 자신의 인격을 발전시키기 위해 최선을 다해야 한다. 옥 목사님의 설교 우울증은 그분의 목회 인생 전체를 지배했고[102] 이것은 목사님이 얼마나 설교에 대해 두렵고 경외하는 마음을 가졌는가에 대한 좋은 반증이라 사료된다.

3) 말씀 중심의 강해설교

옥 목사님 설교의 가장 큰 특징은 설교가 말씀에 근거한 탄탄한 강해설교라는 점이다. 이러한 말씀 중심의 강해설교를 살펴보기 위해서는 먼저 간략하게나마 강해설교가 무엇인가에 대한 논의와 정의를 해볼 필요가 있는데, 무엇이 강해설교인가에 대해서는 대체적으로 두 가지 견해가 있다. 그 하나는 성경책을 연속적으로 계속 설교해 가는 것을 강해설교라고 보는 것이다. A. T. 로버트슨A.T. Robertson은 "성경의 어느 한 책을 가지고 연속적인 설교의 한 부분으로 삼는 설교"라고 했고, F. B. 마이어F.B.Meyer는 "한 권의 책을 계속 이어서 강해하는 것"이라고 정의했다.[103]

또 다른 견해는 존 앨버트 브로더스 John Albert Broadus나 해돈 로빈슨 Haddon W. Robinson이 "강해설교란 성경 본문의 배경에 관련하여 역사적, 문법적, 문자적으로 연구하고 발굴하여 알아낸

102 —— 옥한흠(2005), 앞의 설교세미나 내용 중.
103 —— 〈그말씀 1995년 5월호〉, 정인교, "영적 힘이 느껴지는 설교", p. 90.

성경적 개념을 전달하는 것으로써 성령께서 그 개념을 우선 설교자의 인격과 경험에 적용하시며 설교자를 통하여 다시 청중들에게 적용하시는 것이다"라고 본 것처럼 보는 것이다. 이들은 책을 순차적으로 설교하는 것을 강해로 보기보다는 성경 본문을 온전히 드러내고 있는가를 강해설교의 여부로 보았다.[104] 존 스토트 John R. W. Stott 도 강해설교는 설교 본문을 어떤 형태로 취하는가보다 성경 본문을 정확하게 해석하며 바르게 전달하는 데 있다고 보았다. 본문의 연속성이나 본문의 길이를 얼마나 선택하는가보다 더 중요한 것은 바른 해석과 바른 전달이라는 것이다.[105]

옥 목사님은 강해설교에 있어서 후자의 견해에 동의했다. 설교를 잘하는 것보다 더 중요한 것은 바르게 하는 것임을 강조하며, 잘하는 설교가 되기 위해 강해설교가 되어야 한다고 주장했다.[106] 설교를 바로 하기 위해서는 무엇보다도 말씀을 정확히 해석하고 적용할 수 있어야 하며 말씀에서 벗어나서는 안 된다는 것이다. 목사님은 아무리 유명한 설교가라 할지라도 말씀의 본문에서 벗어난 해석이나 비약적인 적용 등에 대해서는 신랄한 비판을 마다하지 않았다. 이는 말씀을 제대로 그리고 깊이 연구하는 것이 설교가에게 있어 가장 중요한 사명임을 알

104 —— 위의 책, p. 90.
105 —— 위의 책, p. 91.
106 —— 〈그말씀 1992년 8월호〉, 옥한흠, "한국교회 강단에 바란다", p. 21.

고 있었기 때문이다.

4) 삶의 변화를 촉구하는 제자훈련 설교

옥 목사님의 사역은 평신도를 깨우는 제자훈련으로 대표된다. 그리고 그 사역의 중심에는 설교가 있다. '제자훈련 설교'라는 말은 그리 흔하게 사용되는 말이 아니며,[107] 이것은 성도들의 상황을 깊이 고찰하는 목회적인 설교이기도 하다.

목사님은 제자훈련의 궁극적인 목적을 다음과 같이 정의했다. "제자훈련은 예수를 닮고 그를 따르는 것이 무엇인가를 배우는 데 그 초점이 모아져야 한다. 예수 그리스도의 인격과 삶을 본받는 신자의 자아상을 확립하는 것이다. 예수처럼 되고 예수처럼 살기를 원하는 신앙인으로 만드는 데 있다. 제자훈련 설교는 설교와 제자훈련의 목적을 동일하게 하며 제자훈련이 갖는 특성과 장점을 설교에 담는 것이다."

또한 오정현 목사님도 설교가 제자훈련의 시작이며 결과라고 말한다. 설교 자체가 제자훈련의 목적을 담고 있으며, 제자훈련과 설교는 함께 한 방향으로 향해 가기 때문이다. 오 목사님은 제자훈련 설교에 대해서 다음과 같이 말했다.[108] "제자훈련 설교는 제자훈련을 위한 설교이다. 설교는 제자훈련 사역

107 —— 옥한흠, 《평신도를 깨운다》(서울: 두란노, 1991), pp. 188, 194.
108 —— 오정현, 《사람을 세우는 설교》(서울: 국제제자훈련원, 2003), p. 12.

을 성공적으로 수행할 수 있는 방향을 제시하며, 그 사역의 시작과 중심은 설교여야 한다."

제자훈련의 목적과 설교의 목적이 한 방향을 향해 갈 때, 교회는 부흥하고 성도들은 예수 그리스도의 사람으로 변화되며 성숙하게 된다. 또한 청중들의 내면 깊은 곳을 이해하게 하고 구체적인 적용으로 성도들의 삶의 변화를 촉구하는 제자훈련 설교는 제자훈련이라는 적용의 장으로 나아가게 하여 삶에서 역동적인 그리스도인으로 살아가게 한다.

제자훈련과 설교의 연관성과 동일성은 부흥과 성숙에 관한 설문조사를 통해서도 잘 나타난다. 예전에 사랑의교회에서 실시한 설교와 제자훈련과의 관계에 대한 설문을 보면, 처음 믿는 사람의 경우에 35퍼센트가 목사님의 메시지를 통해서 예수님을 믿기로 작정했다고 한다.[109] 또한 '사랑의교회를 생각하면 무엇이 떠오르는가?'라는 설립 25주년 기념 설문조사에서는 37퍼센트가 '제자훈련 잘하는 교회', 19퍼센트가 '평신도가 살아있는 교회', 15퍼센트가 '설교가 은혜로운 교회'라고 답했다.[110]

이렇듯 회심한 후에 예수 그리스도의 정병으로 세워지는 성도들의 제자훈련 전 과정은 제자훈련과 설교의 병행적인 사

109 —— 이중표 외 공저, 《교회와 제자훈련》(서울: 국제제자훈련원, 2003), p. 247.
110 —— 사랑의교회 홈페이지 www.sarang.org/poll 참조.

역을 통해서 진행되며, 옥 목사님의 평신도를 깨우는 제자훈련 사역도 제자훈련 설교를 통해서 이루어진 것이다.

5) 탄탄한 논리적 구성과 신선한 예화

옥 목사님의 설교에는 군더더기가 없다. 기승전결이 분명하고 불필요한 예화나 준비되지 않은 부언이 없다. 완벽하리만큼 철저하게 준비된 원고를 중심으로 한 설교이며 탄탄하고 논리적인 구성은 빼놓을 수 없는 장점이다. 그래서 오정현 목사님은 옥 목사님의 설교를 평가하며 단어 선정과 논리성이 뛰어나다고 했다.[111] "설교에 대한 나의 생각은 힘이 들어도 정교한 단어와 엄중한 언어 선택에 마음을 쏟아야 한다는 것인데, 옥 목사님은 이런 나의 생각을 생생하게 구현하는 교과서와 같다. 적절한 단어 사용과 흡입력 있는 논리 전개 그리고 설교를 꿈틀거리게 하는 예화 사용은 본문에 대한 절대적 시간의 묵상이 없으면 결코 나올 수 없는 것이다."

옥 목사님은 설교 세미나 때 설교에 있어서 필요한 논리성에 대해 다음과 같이 말했다.[112] "자신이 아무리 말을 잘해도 글로 원고를 써보면 그것은 상당한 진통을 요구합니다. 원고를 쓰면 설교 전체의 논리에 대해서 생각해 보게 됩니다. 설교에

111 —— 홍정길 외 공저(2003), 앞의 책, p. 198.
112 —— 옥한흠(2005), 앞의 설교세미나 내용 중.

있어서는 마틴 로이드 존스David Martyn Lloyd Jones가 말한 것처럼 불타는 논리가 중요합니다. 말씀도 논리에 따라서 요리해야 합니다. 논리가 없는 말씀은 청중들에게 이해되지 않습니다. 원고를 쓰는 훈련을 계속할 때 논리적인 훈련은 계속됩니다."

한편, 설교 본문에서 말씀을 연구하는 것 못지않게 중요한 탁월한 예화를 찾는 작업은 설교자의 안목에서 비롯된다. 앞서 살펴본 설교준비에서 밝혔듯이 옥 목사님은 예화를 준비하기 위해 노트를 사용했고, 경우에 따라서는 6개월 정도의 말씀 준비와 더불어 함께할 예화들을 정리해 두었다.[113] 목사님은 예화를 책이나 신문 등 주변 자료에서 찾기도 했는데, 성도들과 깊은 공감을 형성하기 위해 자신의 경험이나 성도들이 공감할 수 있는 공감대 형성에 최우선점을 두었다. 그래서 목사님이 사용한 예화는 그분이 했던 설교만큼 많고 다양한데 대부분 공통점을 갖는 것은 성도와의 깊은 공감대를 형성하도록 한다는 것이다. 그 예로, 목사님의 산상수훈 설교 중 '마음이 가난한 자의 복'에 관한 부분을 들 수 있다.[114] 목사님은 이 설교에서 마음이 가난한 것과 육체적으로 가난한 것에 대한 충실한 본문 설명을 마친 후 자신이 실제로 가난을 경험했던 목회 초년 시절의 집을 방문한 경험을 나눈다. 내용적인 흐름으로 볼 때 목사님은

113 —— 오정일, 위의 인터뷰.

114 —— 옥한흠, 《빈마음 가득한 행복》(서울: 국제제자훈련원, 2001), pp. 31-50.

이 설교를 위해 일부러 그 장소를 방문한 듯 보인다. 그리고 그 경험을 토대로 가난이 얼마나 주님을 간절히 찾게 하는지에 대한 설명과 더불어 주림을 성령의 사모함으로 연결하여 '두 손 들고 찬양합니다'라는 찬양으로 설교를 마무리한다. 옥 목사님은 자신이 찬양에 특별한 은사가 없다고 주장했다. 그러나 성도들에게 가난한 마음 빈 영혼으로 주님의 은혜를 갈구해야 한다는 것과, 그 은혜를 경험하게 하기 위해 자신의 환경과 감화력 있는 찬양을 선택하여 공감대 형성을 이루었다.

옥한흠 목사님이 한국교회에 이룬 목회적인 업적과 설교적인 영향은 지대하다. 그렇기에 앞으로도 옥 목사님에 대한 연구는 계속되리라 사료되며, 옥 목사님 설교의 세계가 방대해서 더 깊이 다룰 수 없음이 아쉽다. 또한 이 장에서는 설교에 있어서 목사님이 강조한 신학적인 측면을 깊이 살펴보고 그동안 잘 알려지지 않았던 설교준비와 설교 특징들에 대해 살펴보았다. 설교의 주제 중에 목사님의 본문 연구, 청중에게 전달하는 전달 방법 등은 더 깊이 다루며 연구해야 할 주제이기도 하나 본 연구에서 더 깊이 다루지 못한 것이 아쉽다.

옥한흠 목사님은 정용섭 목사님의 평가처럼 설교자로서 사역자들에게 벽으로 여겨질 수 있다. 그러나 다른 한편으로 희망이 되는 것은, 목사님이 바른 설교를 위해 몸부림친 설교자로서 후배 사역자들을 위해 모본을 보였다는 점이다.

옥한흠 목사님은 자신보다 더 나은 설교자들이 계속해서

나오기를 열망했다. 그래서 예전에 새로남교회에서 주최한 설교 세미나에 참석한 목회자들에게 다음과 같은 말을 전하며 세미나를 마무리했다.[115] "설교를 즐기며 즐겁게 하세요. 정말 생명을 걸고 진액을 뽑아도 즐겁고 기쁘다는 말을 할 수 있도록 하세요. 이 일이 힘들지만 이것보다 더 보람있는 일은 없다고 말할 정도로 여러분이 설교를 즐길 수 있었으면 좋겠습니다. 도살장에 끌려가는 송아지처럼 설교하는 것이 아니라, 순교자가 될 것 같이 신이 나서 설교해야 합니다. 여러분, 세상은 아직 들어야 할 최선의 설교를 듣지 못하고 있습니다. 그 설교를 앞으로 누군가는 하게 될 것입니다. 여러분 자신이 할 수 있습니다. 이런 꿈을 가지고 씨름하십시오. 그러면 하나님께서 여러분에게 은혜와 특권을 주실 것입니다."

115 —— 옥한흠(2005), 앞의 설교세미나 내용 중.

토의 및 생각해 볼 주제들

01 옥한흠 목사님의 설교론을 읽고 배운 점을 기록해 보라.

02 설교란 무엇이라고 생각하는가? 내가 생각하는 설교의 정의를 기록해 보라.

03 귀납적인 방법으로 성경을 연구하고 큐티할 때 유익한 점은 무엇인가?

04 설교자로서 내가 더 계발해야 할 부분은 무엇인가?

05 설교할 때 나의 시선처리는 어떠한가? 원고만 보고 있지는 않은지 자신의 설교 영상을 통해 확인해 보라.

06 내가 설교할 때 나타나는 좋지 못한 태도는 무엇이 있는가? 설교를 들은 가까운 사람들에게 물어보고 피드백을 받으라.

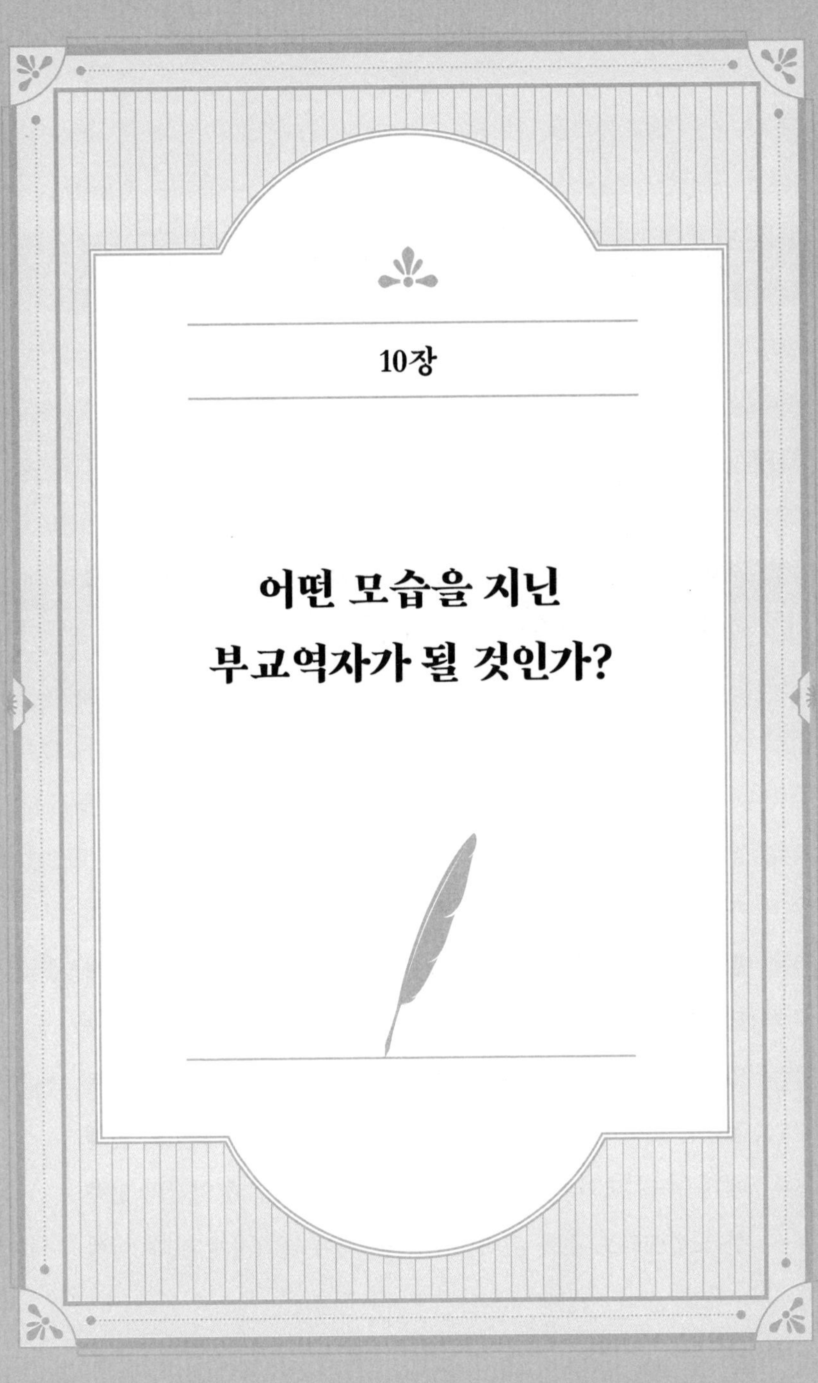

10장

어떤 모습을 지닌 부교역자가 될 것인가?

이번 장에서는 부교역자로서의 자기관리와 상담 사역 그리고 심방 사역에 대해 살펴보도록 하자.

성도는 외모도 본다

지도자의 품격과 위치는 따르는 사람으로 하여금 자부심과 기쁨을 느끼게 해준다. 그렇기에 사역자는 성도들을 어느 곳에서 만나더라도 그들이 자랑스럽게 '우리 목사님'이라고 소개할 수 있도록 해야 한다. 만약 부교역자가 반바지에 슬리퍼 차림으로 동네를 배회하다가 성도를 만났는데 그 성도가 옆에 있던 일행에게 "우리 교회 목사님"이라고 소개하려고 할 때 약간의 멀쑥한 느낌이라도 갖게 된다면 그만큼 격이 떨어지게 된다. 이렇듯 어느 곳에서 어떤 상황에서 성도들을 만나게 되더라도 그들이 자랑스럽게 여기도록 품행을 단정히 해야 한다. 시장에서 물건을 파는 아저씨인지, 놀러 나온 동네 청년인지 구분이 안 될 정도의 옷차림은 사역자로서 바람직하지 않을 것이다. 부교역자는 성도들의 자랑이 되어야 한다. 그러므로 사역자는 언제나 깨어서 목양자다운 이미지를 가꾸도록 해야 한다. 그렇다고 늘 양복 차림으로 다니라는 말은 아니다. 그런데 만일 지도자가 청바지를 입은 모습을 보고 실족하는 사람이 있다면 차라리 양복을 입어서 그런 일이 일어나지 않도록 하는 것이 목회자의 몫임을 기억해야 한다.

또한 현대인들은 냄새에 민감하다. 사역자의 몸이나 입에서 나쁜 냄새가 나지 않도록 늘 청결에 신경 써야 한다. 특히 구취가 심한 사람은 치료를 받아서라도 대화할 때 냄새가 나지 않도록 해야 한다. 정기적인 구강관리를 통해서 입냄새가 나지 않는지 확인해야 한다. 뿐만 아니라 여름에는 땀 냄새가 나지 않도록 주의해야 한다. 부득이하게 노동하는 현장에서 작업을 하다가 성도들을 만날 때 나는 냄새는 이해가 될 것이지만, 심방 때나 일상적인 상황에서 지나친 땀 냄새로 불쾌감을 주지 않도록 해야 한다. 발냄새도 마찬가지다. 심방을 다닐 때는 항상 여분의 양말을 가지고 다니고 사무실에도 여분의 양말을 준비하여 유사시에 갈아 신을 수 있도록 해야 한다. 심방을 했는데 사역자의 발냄새로 인해 서로가 민망해지지 않도록 늘 청결에 유의해야 한다.

냄새뿐만 아니라 하품이나 트림 등도 주의해야 한다. 성도들은 늘 결정적인 순간에 이러한 것을 목격하게 된다. 식사 때 트림이나 코를 푸는 행동은 큰 결례이며 무례한 행동이고, 하품은 사람으로 하여금 게으르게 보이도록 하고 품격을 떨어뜨린다.

사역자는 외모에도 신경을 써야 한다. 옷의 청결 상태, 넥타이, 와이셔츠, 구두 광택 등을 청결하고 깔끔하게 하여 사역자로서의 품격이 유지되도록 늘 관리해야 한다. 사역자가 자기 관리 하는 모습은 성도들에게 좋은 인상과 편안함을 주게 된다. 지도자라면 지도자에 걸맞게 행동하고 품격에 맞게 옷을 입어야 한다.

지방 출신의 사역자인 경우에는 사투리를 고치도록 힘써야 한다. 설교나 대화 시 아무리 좋은 말씀을 전하더라도 듣는 사람이 이해하지 못하면 아무런 의미가 없다. 그뿐만 아니라 자신은 이야기하는 데 어려움이 없어도 듣는 성도들은 이해하기 위해 부단한 노력을 기울여야 한다면, 그것은 성도들에게 또 다른 피해를 주는 것이다. 사역자는 최대한 정확한 발음과 표준어를 구사하여 성도들이 말씀을 듣거나 상담을 받을 때 어려움을 느끼지 않도록 노력해야 한다.

성도들은 예배 시간에 사역자들의 태도에도 깊은 관심을 가지며 보고 있음을 기억해야 한다. 무방비 상태가 되어 졸거나 불량한 자세로 예배에 임해서는 안 된다. 사역자가 예배드리는 동안은 하나님의 몰래카메라가 작동하고 있다는 생각으로 바른 자세를 하여 동역자의 설교를 경청하면서 예배에 참여해야 한다. 성도들은 교역자의 예배드리는 모습만으로도 은혜를 받기도 하고 실족하기도 한다.

이렇듯 지도자는 그 직분에 맞는 격이 있어야 하며, 바른 격을 갖추기 위해서 노력해야 한다.

상담 사역

상담 사역에 있어서 가장 중요한 것은 전문 상담사에게 상담을 맡기는 것이다. 그 첫 번째 이유는 '선무당이 사람 잡는다'라는 속설처럼 엉성한 상담이 더 큰 문제를 만들 수 있기에 그렇다. 상담의 영역은 여러 가지다. 그중 성도들이 원하는 상담은 법률, 세무, 학업, 진료, 신앙, 임상심리, 가정 문제 등이며 목회자가 상담할 수 있는 영역은 신앙과 가정 문제 등에 국한될 것이다. 또한 신앙상담은 교회에서 배운 내용과 경험을 통해 진행해도 괜찮겠지만, 가정과 관련된 문제는 전문성을 요하는 경우가 많고 그 외의 영역도 전문적인 영역의 상담이다.

최근 시대적으로 상담이 주요한 사역의 한 부분으로 등장하고 있다. 그렇기에 더욱더 전문성을 가지고 접근해야 함에도 어깨너머 배운 경험 그리고 자신의 주관적인 관점에서 접근한 상담으로 인해 내담자에게 문제를 야기시키는 경우가 많다. 그러므로 상담의 사안을 파악하여 자신이 담당하기 어려운 전문 영역의 상담일 경우에는 전문 상담사를 연결해 주는 것이 좋다.

두 번째 이유는 목회자가 민감한 상담을 직접 했을 경우에 그 문제가 해결되더라도 그 후에 내담자가 목회자를 멀리하거나 교회를 떠날 수 있기 때문이다. 본인의 치부와 아픔을 알고 있는 사역자를 대할 때 그것이 늘 편하지는 않을 것이다. 이런 이유로 목회자가 직접 상담에 참여하지 않는 것이 더 좋을 수 있다. 상담은 전문 상담사에게 의뢰하도록 하고, 교역자는 내담자를 지지해 주고 격려해 주는 차원에서 관계를 유지하면 상담이 종료된 후에도 내담자가 교역자와 좋은 관계를 유지하며 신앙생활을 무리 없이 잘 할 수 있게 된다.

이렇듯 목회자는 신앙상담을 주로 하고 가정상담이나 기타 필요한 상담은 그 수준을 파악하여 상담 전에 어느 정도를 어떻게 진행할 것인지에 대한 전체적인 아웃라인을 가지고 접근해야 한다. 본인이 할 수 없는 일에 너무 깊이 관여하면 한 사람에게 에너지를 빼앗기게 되고, 또 전문성을 필요로 하는 상담을 잘못 하면 문제가 생길 수 있음을 알아야 한다. 상담은 이론을 배웠다고 되는 것이 아니다. 좋은 상담가가 되기 위해서는 임상 경험이 많아야 하고 임상 경험을 하는 동안 그것을 지도할 수 있는 슈퍼바이저의 도움도 있어야 한다. 상담도 목회 이상의 전문 영역이므로 너무 쉽게 생각하지 말고 신중하게 접근해야 한다. 다음은 교회에서 진행하는 상담 시 주의해야 할 부분이다.

첫째, 비밀을 보장해야 한다. 상담가는 상담윤리를 준수해야 하고 내담자의 비밀을 철저하게 지켜야 한다. 비밀이라는 것이 본인 자신에게는 치명적이지만 다른 사람들에게는 그저 이야깃거리인 경우가 많기에 신중하게 다뤄야 한다. 그런데 비밀보장을 하지 말아야 할 경우도 있다. 내담자가 육체적, 성적 학대를 당하고 있거나 자살 계획이 있다는 징후가 발견되면 전문단체에 요청하고 내용을 알려서 이러한 일이 진행되지 않도록 막아야 한다. 또한 목양적으로 필요한 사항은 담임목사에게 보고하여 알려야 한다. 이러한 경우를 제외하고는 대부분의 상담 내용에 대하여 비밀을 지켜야 한다.

둘째, 이성상담은 금해야 한다. 내담자가 상담을 요청했을 때 가정 문제나 심리적인 문제라면 그것은 공감과 수용이 목적인 경우가 많다. 내담자는 자신의 어려움과 이해받지 못하는 불만을 상담자를 통해 해소하기를 바란다. 그럴 때 상담자가 이성인 경우 마음이 움직일 수 있고, 가정의 불화를 경험하고 있다면 상호의존적인 관계가 형성될 가능성이 아주 높아진다. 특별히 청년 사역자는 자매들의 이성 교제나 결혼에 대한 상담에 주의해야 한다. 그렇기에 가능하다면 동성 사역자나 전문 상담사를 연결해 주는 것이 좋으며, 그것이 어렵다면 만남의 횟수를 정하고 도움이 되는 책을 추천해주는 선에서 결정하는 것이 좋다. 자신이 감당할 수 있는 수준에서 상담의 수위를 정해야 한다.

셋째, 어떤 일이 있어도 신체 접촉을 해서는 안 된다. 눈물을 닦아주거나 손을 잡고 기도해 주고 싶은 마음이 들더라도 절대로 신체적 접촉을 해서는 안 된다. 상담 시 신체적 접촉은 상담에 전혀 도움이 되지 않는다. 특히 이성과의 상담 시 간단한 신체 접촉이라도 발생하면 문제가 전혀 다른 방향을 향해 달려갈 수 있음을 명심해야 한다. 이 외에도 문제가 될 수 있는 상담적 태도로는 개인의 비밀에 대한 민감함, 완고하고 경건한 척하는 도덕적 태도, 배우자 외 사람들과의 일상적인 교제, 배우자와 가족에 대한 무관심, 성적 위험을 소홀히 하고 가정 방문과 만남에 참여, 동료의 충고를 무시하는 경우다.[116] 상담자는 상담 이전부터 자기관리에 충실해야 한다.

넷째, 이중관계 상담은 절대 금지다. 이중관계는 상담자와 내담자가 상담과 별개로 개인적이고 사회적인 관계를 맺는 것을 말하는데, 여기서 가장 큰 윤리적인 문제가 발생한다. 이 관계는 힘의 불균형에 의해 상담자가 내담자를 이용하는 경우로 발전하며, 불필요한 압력을 행사하거나 이성인 경우에는 내연

116 —— 피터 모스고피앤, 조지 올쉬래거, 《현대 기독교 상담 시리즈10 상담 중 일어나는 성적 비행》(서울: 두란노, 1997), p. 88.

관계로 발전하게 되는 경우도 많다. 상담은 상담에서 끝나야 하고 상담과 관련한 별도의 다른 만남을 만들어서는 안 되며, 상담을 통해 알게 된 정보로 내담자를 협박하거나 위협하거나 이용하는 수단으로 사용해서는 안 된다. 이와 관련하여 미국에서는 상담자가 내담자에게 방송선교에 600만 달러를 헌금하도록 강요하여 헌금하게 했다가 반환한 판례가 있다.[117] 교회 안에서 상담을 하게 되면 비밀을 알게 되기 때문에 친해지고 특수한 관계로 발전하게 된다. 그러므로 상담 외에는 절대 다른 만남을 가져서는 안 되며 상담을 통해 알게 된 정보를 관계에 이용해서도 안 된다. 상담은 전문적인 영역이다. 교역자가 자기 내면의 문제에 완전하지 않고 또 상담에 대한 전문적인 교육을 받지 않은 채 상담에 임하면, 심리적인 혼란과 역전이를 통해 내담자뿐만 아니라 상담자 자신에게도 어려움을 초래할 수 있음을 기억해야 한다.

다섯째, 상담 전에 반드시 상담 종료 시점을 정해야 한다. 내담자에게 종료 시점을 고지하고 어느 선에서 상담을 마무리할 것인지 알려야 한다. 교회 안에서 이루어지는 상담이고 교역자가 비전문 상담가라면, 상담은 한두 차례의 단기 상담에서 끝내는 것이 좋다. 그리고 상담을 종료한 후 전문 상담사를 연

117 —— 피터 모스고피앤, 조지 올쉬래거, 《현대 기독교 상담 시리즈 6 상담과 법률》(서울: 두란노, 2000), p. 247.

결해주거나 믿음생활을 독려하고 관련 도서를 읽게 하는 것으로 전환해야 한다. 종료 시점 없이 만남을 지속할 때 사역의 불균형과 두 사람 사이의 부정적인 결과를 가져올 가능성을 높이게 된다.

여섯째, 상담윤리를 실천해야 한다. 비밀을 보장하는 것, 내담자를 보호하는 것 등 상담에 관련된 윤리를 실천해야 한다. 목회자로서 기본적인 소양을 제대로만 실천한다면 상담윤리에 접촉되지 않을 것이다. 전문인에게 요구되는 것은 신뢰다. 내담자가 믿고 상담하러 왔다면 적어도 그 믿음에 대해서는 비밀보장이라는 신뢰로 보답해야 할 것이다.

일곱째, 상담의 은사가 있다면 전문 상담 교육을 받고 상담가로서 교회에서 봉사하는 것이 좋다. 심방을 하거나 만나서 대화하고 이야기를 들어주는 것을 좋아하는 사역자는 전문 상담 교육을 받아 전문성을 마련하는 것이 좋다. 그렇지 않은 경우라면 자신의 수위에 맞게 조절하고 그 범위 안에서만 상담하도록 해야 한다.

심방 사역

국어사전에서 심방尋訪이라는 단어를 찾아보면 '방문하여 찾아보다'라는 뜻이 나온다. 이처럼 심방의 목적은 성도들의 가정 혹은 직장을 방문하여 만남을 통해 영적, 정서적 상태와 가정 형편 등 여러 가지 상황을 파악하고 형편을 살핌으로 그들의 믿음생활을 돕는 것이다.

심방은 직접 방문하여 만나는 것을 원칙으로 하지만 때에 따라 전화나 편지, 메일 등을 이용해도 좋을 것이다. 중요한 것은 방문이나 전화로 만났는가가 아니라 만남을 통해 성도들에게 영적으로 유익이 있는가이다. 만남의 질이 중요한 것이다. 성도의 내면 상태, 가정 형편, 부부관계, 경제적 어려움, 믿음 수준 등을 살펴보아야 한다. 그렇다면 은혜로운 심방은 어떤 것인지 살펴보도록 하자.

첫째, 목적에 맞게 해야 한다. 심방에는 여러 종류가 있고 목적도 다양하기에 목회자는 목적을 파악하여 그에 맞게 진행해야 한다. 새가족 심방이라면 새가족에 대해 충분히 파악하는 데 초점을 맞춰야 하고, 병원 심방이라면 위로와 격려를, 장례 심방이라면 위로를, 양육 심방이라면 그 수준에 맞게 적절히 진행해야 한다. 항상 기억해야 할 것은 어떤 목적으로 하는 심방인지 확인하고 그 목적에 적합하도록 임하는 것이다. 예를 들어 병원 심방이나 출산 심방 같은 경우, 찬송을 부르며 예배를 드리기보다는 성경 말씀을 한 구절 읽고 기도하는 식으로 간단하게 진행하는 것이 환자들을 위해 좋을 것이다. 상황과 목적에 맞게 진행해야 한다.

둘째, 깔끔한 여운이 남도록 해야 한다. 가장 효율적인 것은 심방을 받은 성도에게 심방 이후 기쁨과 행복의 여운이 남아 있는 것이다. 그런데 이는 사역자의 입장에서 평가되는 것이 아니라 심방을 받은 성도의 입장에서 평가되는 것이다. 사역자의 경우에 의무적으로 오늘 몇 가정을 심방했다는 식의 결과로 만족할 수 있겠지만 그것은 잘못된 심방의 태도다. 한 번의 심방이라도 그 성도와 가정에 따뜻한 은혜의 여운이 남도록 해야 하고 심방이 건조하거나 불편했다는 느낌이 들지 않도록 해야 한다. 사역자는 성도가 기쁨과 은혜의 마음을 갖도록 해야 하며 미래지향적이고 축복적인 메시지를 전해야 한다.

셋째, 경청하는 데 많은 시간을 할애해야 한다. 성도의 마음을 알아주는 가장 좋은 방법은 자세히 듣는 것이다. 충분히 들어주는 것만으로도 훌륭한 심방이 될 수 있다. 간혹 심방 사역의 기본을 모르는 사역자가 자기 넋두리만 늘어놓다가 오기도 하는데, 이것은 심방이 아니라 부담을 주는 결과를 가져온다. 성도로 하여금 가정의 어려움, 기도제목 등을 충분히 이야기하게 하고 경청해야 한다. 또한 이야기가 길어지더라도 시계를 보며 부담을 주지 말고 한 번의 만남이라도 충분히 들어줌으로써 제대로 심방을 받았다는 느낌을 갖도록 해야 한다.

넷째, 성도들에게 그 어떤 부담도 주어서는 안 된다. 선물을 바라거나 무엇을 기대하는 듯한 행동과 용어를 사용해서는 안 된다. 농담과 진담을 구분하지 못하게 해서도 안 된다. 성도들로 하여금 사역자에게 무엇인가를 주어야 한다는 부담감을 느끼게 하거나 심방을 빌미로 무언가를 얻어내려고 해서는 안 된다. 명절 전에 친분이 있는 성도의 가정에 심방하러 가서 좋은 물건을 만지작거리는 행위는 무엇인가 경제적인 도움을 바라는 행위로 비치게 된다. 이것은 심방의 가장 큰 폐해이며, 사역자의 품격을 떨어뜨리는 것이다. 성도들은 기본적으로 사역자를 섬기고자 하는 마음을 가지고 있기에, 작은 언어나 행동에서도 무엇을 요구하는 듯한 느낌을 주지 않도록 조심해야 한다.

다섯째, 성도가 동료들 앞에서 상처받거나 자존심이 상하지 않도록 배려해야 한다. 이를 위해 심방 도중에 학력 질문은 신중해야 한다. 만일 대학에 다니지 않은 성도에게 전공을 묻는다면 큰 상처가 될 수도 있다. 민감한 문제를 물을 때는 조심해야 한다. 처음 만날 때 명함을 받기도 하는데, 그 안에 대체로 많은 정보가 담겨 있다. 또한 사역자는 성도의 월급이나 연봉 등을 물어서는 안 된다. 이런 질문은 성도에게 상처가 될 뿐 그 어디에도 유익함이 없다. 심방은 성도들에게 위로와 기쁨이 되도록 해야지, 아픔과 고통을 주어서는 안 된다. 그 외에도 강아지를 키우는 성도의 집에 가서 강아지를 집에서 기르는 것이 잘못되었다고 한다든지, 보신탕 이야기를 하는 행위는 아주 몰지각한 행동이다. 사역자가 개를 싫어하더라도 성도가 개를 기르고 있다면 있는 그대로 인정해 주고 받아줄 줄 알아야 한다. 그뿐만 아니라 부정적인 접근 혹은 질문으로 대화를 진행해서는 안 된다. 심방하자마자 "요즘도 남편과 자주 싸우세요? 요즘도 남편이 술 먹고 들어오지 않나요?" 등의 부정적인 질문으로 대화를 이어가서는 안 된다. 밝고 긍정적이며 희망적인 대화를 해야 한다.

여섯째, 방문한 가정의 아이들에게 관심을 가져야 한다. 부모의 가장 큰 관심은 자녀다. 자녀들의 관심사, 신앙, 학업 등에 관한 심방 질문은 정서적 친밀감을 느끼게 한다. 그렇기에 자녀에게 관심이 있음을 알게 하면 좋다. 교구 목회자들은 자녀가 속해 있는 부서의 목회자들과 연대하여 아이들의 신앙생활과 부모의 신앙생활이 동반성장 하도록 도와야 한다. 그리고 자녀를 대할 때는 부드럽게 하여 마음의 교류가 일어나도록 해야 한다.

일곱째, 반드시 사전에 예고하고 방문해야 한다. 이 시대에는 모두가 바쁘게 살고 있고 또 각자 자기 스케줄이 있다. 평소 가까운 성도라 할지라도 불쑥 찾아가는 것은 결례다. 예고되지 않은 심방은 성도를 당황하게 만든다. 반드시 심방 시간과 목적을 사전에 알려주고 확인한 후에 해야 한다.

여덟째, 주변에 피해를 주어서는 안 된다. 심방은 성도에게 영적인 유익을 주면서 동시에 주변 이웃들도 따뜻한 느낌을 받도록 해야 한다. 예를 들어, 잘못된 주차로 이웃 주민과 실랑이가 벌어지거나 교회에서 심방을 왔다는 것이 이웃 주민에게 불편함이 되어서는 안 된다. 또한 병원 심방인 경우 여러 침대를 함께 사용하는 공용병실에서 환자를 위한 예배를 드리기 위해 찬송을 부르거나 큰 소리로 기도하는 것은 타 종교 혹은 무종교 환자들에게 기독교에 대한 역감정을 불러일으킬 수 있다. 이런 경우에는 찬송보다는 성경을 읽고 위로의 말씀과 기도로 간단하게 하는 방법도 있다. 환자가 움직일 수 있다면 병원 휴게실에서 심방하는 것도 좋다. 또 2인 병실의 경우에는 예배를 드리게 되면 반드시 주변 분에게 상황을 설명하고 양해를 구한 다음에 예배드리며, 같은 병실에 있는 환자의 쾌유를 위해서도 기도해 주어야 한다.

아홉째, 담임목사를 모시고 하는 심방이라면 사전 준비에 대해 철저해야 한다. 성도의 집까지 걸리는 시간과 거리 그리고 위치 등을 정확하게 파악하고 확인하여 정확한 시간에 도착하도록 해야 한다. 담임목사가 차에 타고 있는데 성도에게 전화하여 "집이 어디입니까? 어디로 가야 합니까?"라고 묻는 등 허둥지둥해서는 안 된다. 미리 준비하여 모든 것이 일사천리로 진행되도록 해야 한다. 또한 성도 집안의 화장실을 쓰지 않도록 미리 볼일을 보고, 집 근처의 주차 공간 등 심방에 필요한 것들을 사전에 확인해 두어야 한다.

열째, 담임목사의 심정으로 심방하고 반드시 심방에 대한 피드백이 이뤄져야 한다. 심방한 내용은 반드시 기록으로 남겨서 후임과 동료들에게 안내와 축복이 되게 하고 특별한 사안은 담임목사에게 즉시 보고한다. 또한 자신의 잘못된 버릇이나 태도가 있다면 본인만 모를 뿐이지 함께한 성도들은 알고 있다. 항상 피드백을 통해 자신을 돌아보고 더 나은 사역자와 심방이 될 수 있도록 노력해야 한다. 다음은 각 심방별로 필요한 사항이다.

1) 사역자의 준비

첫째, 모든 심방 일정은 2-3일 전에 미리 연락하여 심방대상자가 부담스럽지 않게 준비하도록 한다. 둘째, 심방대원은 심방대상자와 관련된 성도, 미리 정한 심방대원들로 하며 사전에 연락한다. 셋째, 약속된 심방 시간을 준수하여 신뢰감을 주도록 한다. 넷째, 예배는 심방의 기본 취지에 충실하도록 한다적실성, 적합성. 다섯째, 심방자의 거주지 위치와 주차장 위치 등 필요한 모든 것을 사전에 파악한다. 여섯째, 여분의 양말을 준비하여 심방 시 몸에서 냄새가 나지 않도록 하고 화장실도 미리 다녀오도록 한다.

2) 새가족 심방

첫째, 새가족 심방은 교회와의 첫 만남이기에 밝고 친절한 모습으로 그들을 대해야 한다.

둘째, 새가족 심방은 각 가정을 방문하는 것을 원칙으로 한다. 대상자가 이성인 경우에는 반드시 동반 1인과 함께하며 단독 심방은 금한다단, 교회 내 또는 개방된 공공장소에서는 가능하다.

셋째, 교우들의 신상 형편을 소상히 파악하되 지혜롭게 질문한다. 절대로 취조한다는 느낌을 받지 않게 해야 한다. 신상 형편은 다음의 사항을 통해 자세히 알아보도록 한다. ①양가의 부모: 연세, 거주지, 종교 ②부부의 형제 현황남매 수/출신 학교 및 전공/직장 상황 등 ③등록자와 자녀들의 신급 현황세례년도/세례교회 ④인근 교회에서 등록 시 교회를 옮기게 된 사유 파악 ⑤중직자장로/권사-감리교 권사는 제외의 경우 이명증서를 받을 것 ⑥이전 출석 교회의 이름과 직분 파악이단 유무 ⑦새가족반과 다락방 소개 및 참여 독려

넷째, 심방 후 교적부와 전산에 기록하여 정리한다.

다섯째, 최근 이단 신천지에서 교회로 위장 침투하는 경우가 많으므로 이전 교회에 대한 내력과 필요한 내용들을 충분히 점검한다. 새로남교회의 경우에는 새가족 등록 시 등록지를 두 개로 만들어서 하나는 일반적인 내용을 기술하고, 다른 하나는 이단성을 조사하기 위해 필요한 질문을 하고 있다. 이단은 예방이 최선이다. 이단 방지를 위한 새가족 등록서는 11장에 '부교역자를 위한 목회 행정' 부분에 수록되어 있다.

3) 이사/개업/일반 심방

목적에 따라 심방하고 일정과 심방대원들을 확인하여 축복하며 격려가 되도록 예배를 인도한다. 이사와 개업의 경우에는 교회 주보에 있는 교우소식란에 올린다.

4) 환우/출산 심방

산모 및 환우의 상태를 확인하며 간단한 말씀 증거와 기도로 진행하고, 여의치 않으면 목회자의 기도와 간략한 예배 순으로 진행하되 주변 여건과 환경을 고려한다. 사전에 주변 사람들에게 양해를 구하여 진행할 수도 있으며, 합심기도의 경우에는 더욱 주의한다. 출산 심방은 산모의 건강을 살핀 후 심방하고 출산 소식을 교회 주보에 있는 교우소식란에 올린다.

5) 장례 심방

장례 심방은 유가족들을 위로하고 천국 소망을 갖도록 한다. 식장에 들어가면 교역자가 먼저 헌화하고 성도들이 이어서 한다. 헌화가 끝나면 상주의 동의를 얻어 장례예배를 진행하고, 예배가 어려운 경우에는 기도만 할 수도 있다. 예배 후에는 가족 대표에게 인사의 기회를 주고 가족소개로 이어지게 한다. 가족소개 후에는 상주 가족들과 방문자들이 서로 인사할 수 있게 한다. 장례예배에 대한 절차는 11장에서 세밀하게 다루고자 한다.

토의 및 생각해 볼 주제들

01 부교역자의 품격을 위한 자기관리에 대해 토의해 보라. 나는 어떻게 관리하고 있는가?

02 목회적인 상담의 잘된 사례와 잘못된 사례를 찾아보고 그 원인을 점검해 보라.

03 상담 시 주의할 점 중에 내가 더 숙지해야 할 부분이 있다면 무엇이라고 생각하는가?

04 나의 사역 현장에서 심방의 잘된 예와 그렇지 못한 예를 기록해 보라.

05 심방에 관한 글을 읽고 난 후의 느낀 점과 적용할 점을 기록해 보라.

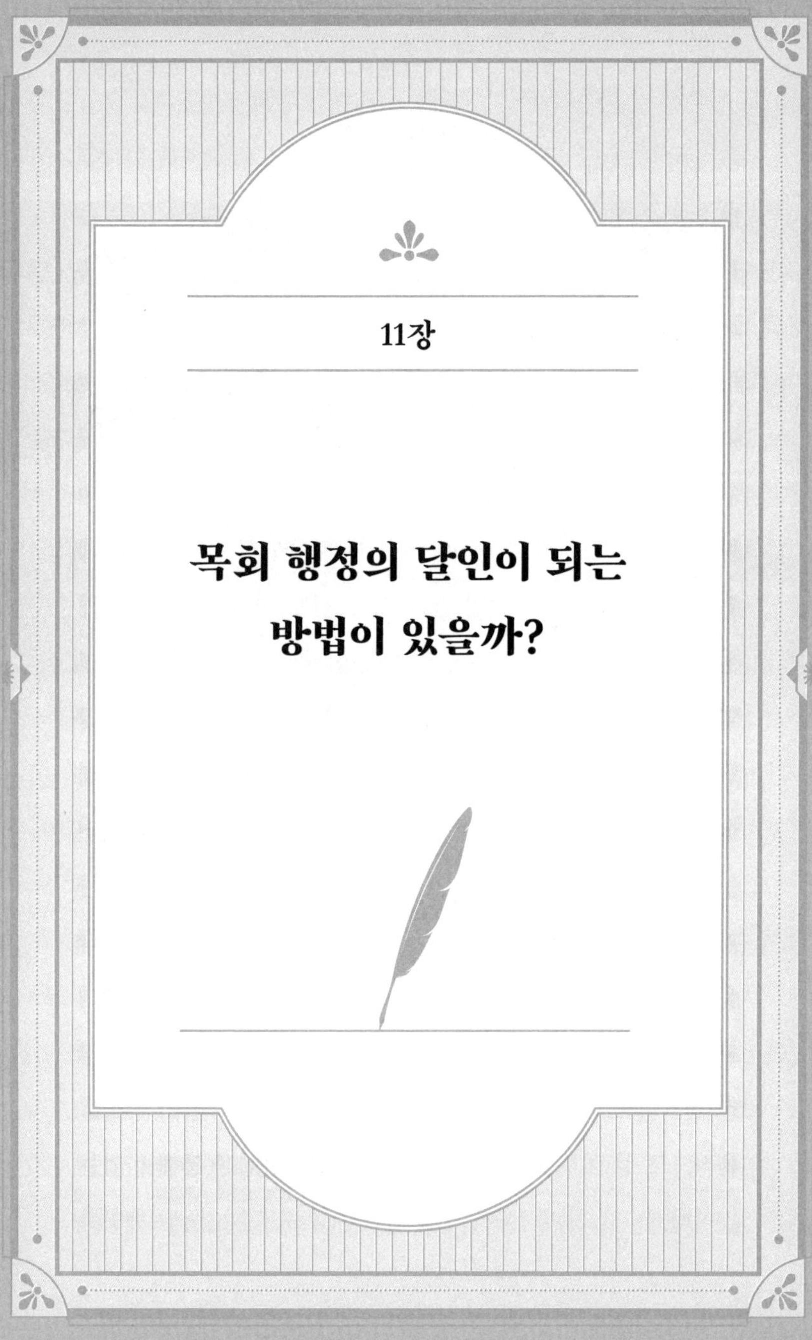

11장

목회 행정의 달인이 되는 방법이 있을까?

목회 행정은 교회가 추구해야 하는 영혼 구원의 목적을 이루기 위해 교회 안의 업무, 교인 관리, 교육, 선교, 재정 지출, 조직 편성 등으로 목회 사역을 진행하는 것을 말한다. 즉 교회에서 교역자들이 담당하는 섬김과 봉사를 가리킨다. 행정의 어원인 라틴어 'administrate'가 봉사한다는 의미를 가지고 있기에 목회 행정 자체가 곧 목회자로서 성도들을 바르게 잘 섬기는 과정인 것이다. 교회가 조직체냐 유기체냐 하는 논란이 있지만, 교회는 가정과 같은 생명공동체로서 유기체인 동시에 조직체의 모습을 가지고 있음을 알아야 한다. 그러므로 목회 행정은 교회의 고유 사명인 영혼 구원과 하나님께 예배하는 예배 사역이 가장 잘 진행되도록 돕는 것이며, 교회가 갖고 있는 목회 비전이 효율적으로 잘 이루어질 수 있도록 제도적인 방법을 통해 섬기는 것이다.

목회 행정에 필요한 주요 요소들은 조직 관리, 인사, 재정 등을 통해 살펴볼 수 있다. 조직 관리는 교회 내 부서들을 관리하는 부분이고, 인사는 부교역자 인선을 비롯하여 교회 내 직분자를 세우는 부분이며, 재정은 각 부서의 재정 출납에 관한 부분이다. 담임목사는 교회 전체를 목양하게 되면 재정, 인사, 조직 등 모든 부분에 관여하지만 부교역자는 대체로 교회가 사역적으로 원활히 진행되도록 돕는 조직 관리 행정에 더 많이 집중하게 된다.

지역 교회는 담임목사의 목회 철학과 비전의 확대판이다. 담임목사가 어떤 비전을 가지고 무엇을 강조하며 어떤 체계로 사역을 진행하는가에 따라, 행정에 관한 많은 부분도 다르게 이해될 수 있을 것이다. 이번 장에서는 목회 행정의 원리와 부교역자에게 필요한 목회 행정을 살펴보고자 한다. 그리고 각 교회에서 사역하는 데 도움이 될 만한 행정 서식이나 양식도 함께 나누고자 한다.

모든 조직은 소통이 생명이다

조직의 생명력은 소통에 있다. 구성원들이 어떻게 소통하는가, 함께 주인의식을 가지고 참여하는가에 그 공동체의 사활死活이 걸려 있다. 교회 안에는 여러 부서와 조직이 있다. 이러한 모임들이 순기능을 발휘할 수 있는 것은 소통이다. 그렇기에 사역자가 담당하고 있는 부서나 교구, 교회에 관계된 모든 성도가 하나로 소통되어야 한다. 지도자의 이야기가 다른 사람에게 전달될 때 왜곡되고, 대화 자체가 되지 않는 불통의 조직은 공동체로서 생명을 다하게 된다. 또 어떤 부서는 일을 하려고 계획하면 그것이 실행되기까지 여러 단계의 회의를 거치다가 결국은 지쳐서 아무 일도 하지 못하는 경우가 있는데, 이러한 조직체에서는 그 어떤 역사도 일어나지 않는다. 그렇다면 자신이 속한 부서와 담당하는 교구에 원활한 소통이 이루어지기 위해 더 관심을 가져야 할 부분들은 무엇인지 생각해 보자.

첫째, 관료주의를 청산해야 한다. 관료주의란 전문적 지식을 갖춰 임명된 관료집단이나 사회집단 등의 내부에서 나타난 기능적 장애 및 병적 행동양식이나 의식 형태를 말한다. 교회 안에서 관료주의 형태가 나타나는 증상은 다음과 같다. "문제가 있음을 알고도 고치려 하지 않고 과거의 모습을 그대로 답습한다. 소수의 부류가 특권층처럼 군림하며 행사한다. 형식주의가 모든 것을 지배하여 비능률적이다. 권위주의적이다. 사역의 능률보다는 자리를 지키기에 급급하다. 합리적인 소통보다는 직위를 이용한 상명하복을 강조한다. 독선성, 보수성, 비밀주의, 형식주의, 법률만능주의, 선례 답습 등의 사역 태도를 갖고 있다." 이러한 문제는 제도나 오래된 형식이 주는 영향도 있지만, 사역자 개인의 태도에서도 기인한다. 소통이 되지 않는 공동체의 성도들은 매번 숨통이 막히는 것 같은 고통을 느끼게 되기에 이러한 장애물을 하나씩 제거해 가야 한다.

둘째, 자주 만나야 한다. 소통의 문제는 커뮤니케이션의 문제다. 그렇기에 가능하면 자주 심방하고 상담하면서 양 떼를 살피는 것이 중요하다. 부서나 사역자 사이의 갈등이나 오해도 자주 만나지 않는 것으로부터 시작된다. 마음이 담긴 심방과 만남은 성도들에게 삶의 활력과 의미를 부여한다. 개와 고양이는 반가울 때 하는 행동이 다르다. 개가 꼬리를 흔드는 것은 고양이에게 공격의 사인이며, 고양이가 반가워서 꼬리를 세우는 것은 개에게 공격의 모습이다. 이와 같이 사람들도 자기 문화와 이해 안에서 모든 것을 해석하므로 잦은 만남을 통해 서로를 알고 이해해야 한다.

셋째, 정보를 공유해야 한다. 교회가 지향하는 방향이나 목표, 비전 등을 공유해야 한다. 기밀을 요구하는 특별한 사안 외에는 모두가 알고 참여할 수 있도록 정보가 투명하게 흘러가야 한다. 어느 특정 계층이 정보를 알고 있으면서도 그것을 알려주려 하지 않는다면 불신을 조장하는 원인이 된다. 메시지나 광고, 만남 등 여러 가지 형태의 접촉을 통해 우리 공동체가 나아가야 하는 방향과 현재의 중요 사안을 정확하게 알리고 동참할 수 있게 해야 한다. 모든 것을 공유할 때 진정한 공동체로서의 능력을 발휘하게 된다.

인사 검증 시스템을 세우라

옥한흠 목사님의 제자훈련 중 가장 큰 공헌은 평신도들을 깨워 사역 현장으로 나오게 했다는 점이다. 제자훈련을 통해 평신도가 목회자와 동일한 비전을 갖고 사역에 동참하게 된 것은 과거 교회 조직에서 볼 수 없던 획기적인 방법이다. 평신도들과 함께 일하는 것은 사역의 짐을 더는 것일 뿐만 아니라 그들에게 사역의 기쁨과 섬김 그리고 봉사의 기쁨을 주는 것이다. 또한 평신도 지도자를 세워 함께 일하는 공동체는 성경적인 공동체이며, 교회의 모습을 잘 실현하는 공동체이다. 그러나 평신도들이 사역에 등장하는 것이 무조건 좋은 것만은 아니다. 그렇기에 반드시 훈련을 통해 세워야 한다.

훈련되지 않은 성도를 세우는 것은 재앙을 초래하게 된다. 한국교회의 가장 큰 문제는 훈련되지 않고 지도자의 위치에 선 사람들이 많다는 점이다. 교회에 대해, 성경에 대해 그리고 목양에 대해 배움 없이 어깨너머로 익힌 개인의 경험만으로 지도자가 되면 문제가 발생한다. 훈련 없이 사역이 주어지면 문제가 발생하는 것이다. 이는 결국 사역을 돕는 일꾼이 아니라 옥상옥屋上屋이 되어 사역에 부담만 가중시키는 직분자가 된다. 그러므로 지도자를 세울 때는 신중해야 하며 반드시 훈련되고 검증된 사람을 세워야 한다. '인사가 만사'라는 말이 있다. 좋은 지도자를 세우면 모든 사역이 원활하게 진행된다.

새로남교회에서는 직분자를 세우는 과정을 엄격하게 하고 있다. 순장이 되려면 교회에서 제자훈련과 사역훈련을 통해 검증받아야 하며, 이렇게 세워진 순장 중에서 다시 훈련을 통해 직분자로 세운다. 다음은 새로남교회에서 직분자를 세운 과정에 관한 이야기다. 《새로남교회 일꾼 이야기》에서 부분 발췌했으며, 이를 통해 직분자를 세우는 과정에 대해 살펴보도록 하자.

1) 임직자들은 이렇게 준비됐다[118]

한 교회의 부흥과 성장과 쇠퇴를 이야기하려면 지도자의 리더십을 빼놓고는 설명할 수가 없다. 그만큼 리더십은 부흥을 일으키는 최초의 나비효과 같은 역할을 하게 된다. 그뿐만 아니라 '공동체의 영성은 리더의 영성을 절대 능가할 수 없다'는 불문율처럼, 리더의 자질과 준비됨은 공동체의 정체성과 직결된다. 그래서 교회를 이야기할 때 사역자와 중직자, 특히 당회를 구성하는 목사와 장로를 빼고는 설명할 수 없다. 교회의 부흥도 이들로부터 시작되고 교회에 분란이 일어나고 싸우고 무너지는 것도 이들로부터 시작되기 때문이다. 담임목사의 중요성은 아무리 강조해도 지나침이 없을 것이며 장로와 직분자의 역할과 중요성도 모두가 공감하는 사실이다. 그럼에도 불구하고 일부 교회는 직분자를 세우는 일에 대한 세심함의 부족으로

118 —— 오정호, 《새로남교회 일꾼 이야기》(서울: 해피데이, 2006), pp. 62-65.

세운 후에 어려움을 겪는 것을 보기도 한다. 이렇듯 한 교회에서 임직자, 특히 장로를 세운다는 것은 곧 경건한 평신도 사역자의 모델을 세우는 것을 의미하며, 임직자의 모델이 건강하여 세운다는 의미이기도 하다.

2) 장로님 한 분, 권사님 한 분이 섬기던 교회

새로남교회는 1992년에 대전시 변동에서 탄방동으로 이사 올 때 임직식을 가졌다. 그때 교회에는 여덟 분의 장로님과 세 분의 권사님이 세워졌다. 그러나 전임목사님의 사임 그리고 필자의 부임 이후 다시 전임목사님이 대전으로 내려오는 일들이 진행되면서, 다섯 분의 장로님이 떠나고 남은 세 분 중 한 분은 이민 가고 한 분은 소천하여 결국 장로님 한 분만 교회를 지키게 되었다. 권사님도 세 분 중에 한 분만 남아 교회를 섬기게 되었다. 그러나 이후 교회는 제자훈련을 통해 튼튼하고 내실 있게 성장해 갔으며 계속되는 부흥과 성장을 감당할 수 없게 되어 지금의 만년동 예배당 건축을 준비하게 되었다.

3) 임직자를 세울 수 없었던 시간들

일각에서는 새로남교회에 장로님이 한 분인 것에 대해 담임목사가 독재하는 것이 아니냐는 루머를 만들기도 했다. 그러나 사실은 장로님이 처음부터 한 분이었던 것은 아니다. 그때 교회가 계속 부흥과 변화를 경험하고 있었기에 임직자를 세울 만한 적절한 기회가 없었다.

그 후 2004년, 대전시 만년동에 새로남교회 새 예배당 건축이 완공되었다. 일반적으로 교회는 예배당 건축이나 큰일을 앞두고 더 많은 헌신이 필요할 때 장로를 피택하는 경우가 있다. 하지만 필자는 담임목사로서 장로의 중요성을 강조했다. 그리고 평신도 지도자는 그 어떤 영향도 받지 않고 순수한 신앙과 경건의 본이 되는 자들이 되어야 한다는 목회 철학에 따라, 임직자 세우는 일을 입당식과 맞추지 않기로 했다. 당시 많은 성도가 건축에 다함이 없는 헌신으로 참여하여 아름다운 교회를 세웠다. 그런데 예배당 건축 이후 곧바로 임직이 진행되면 자칫 교회의 직분이 논공서열에 대한 보상으로 비칠 수 있고, 헌신하신 분들의 헌신이 오해의 요소로 작용할 수도 있기에 새로운 성전에서 교회가 안정될 때까지 기다려야 했다. 그리고 건축위원회에 참여했던 모든 사람이 기쁜 마음으로 이 뜻을 받아들여 건축위원회가 공식적으로 해산되고 교회가 안정되어 가는 가운데, 교회 설립 20주년을 맞이하여 직분자를 세우게 되었다.

4) 축제와 기쁨의 임직투표

새로남교회에서 임직자를 세운 투표 과정은 지도자 그룹인 순장부부, 남녀 다락방을 인도하고 있는 소그룹 인도자 모임에서 1차로 추천하고 교역자 모임에서 2차 그리고 최종적으로 당회의 인준을 받아 공고하여 공동의회 투표를 통해 확정했다.

시무장로 대상은 제자훈련 1-3기, 안수집사는 제자훈련 1-6기까지로 정했다. 제자훈련은 교회 모든 사역의 근간이 되며 제자훈련 과정을 지나다 보면 훈련생의 인격과 신앙, 섬김과 헌신 등 모든 것이 증명되기에 순장모임에서 1차 추천을 받게 했다. 교회는 평신도 지도자의 중요성에 걸맞게 여러 절차를 거쳐 신중하게 임직자를 선출한 것이다. 그러다 보니 새로남교회 임직자 투표는 임직 예정자 개인의 당락 차원이 아니라 새로남교회 당회의 신임투표나 다를 바 없었다. 그리고 선정된 임직자들을 교회가 공고하고 반대하는 사람들에게는 표시하도록 했는데, 감사하게도 100퍼센트에 가까운 99퍼센트의 찬성표를 얻어 임직자 개인 뿐 아니라 교회가 온 성도의 신임을 얻는 계기가 되었다.

일반 교회에서 직분자 선출 시 무기명 투표를 하거나 해당자 중 찬성이 3분의 2가 넘는 자들만 피택하는 방법과 달리, 일괄적으로 당회에서 먼저 선정한 것은 이미 성도 수가 3천5백명이 넘어서면서 서로를 아는 것에 한계가 있고 또 일정 찬성을 받은 사람만 뽑는 것은 떨어진 사람들에게 상처가 되고 투표의 부정적인 면들이 강조되기 때문이었다. 그래서 교회가 임직자를 세우는 일에 있어서 축제가 될 수 있도록 배려한 것이다. 이렇듯 임직 과정은 교회의 부흥을 가로막게 해서는 안 되며, 오히려 교회 성장과 부흥에 긍정적인 영향을 주어야 한다.

그리하여 2005년 12월, 당회의 추천안에 대한 유효 투표수 중 99퍼센트에 가까운 찬성으로 장로 6명, 안수집사 12명, 시무권사 14명, 명예권사 13명 전원을 임직자로 선출하게 되었다.

5) 말씀과 기도로 임직을 준비하며

선출된 임직 예정자들은 교회에서 오랫동안 섬김과 헌신에 인정되고 말씀과 기도생활에도 본이 되는 사람들이었다. 그런데도 교회는 영성훈련과 말씀훈련을 비롯하여 그들에게 필요한 교육을 실시했고, 임직 예정자들은 매 주일 저녁예배와 수요예배 전후에 철저한 준비와 훈련으로 임직에 임했다.

훈련은 담임목사와 훈련 담당 교역자를 통해 진행되었다. 먼저 칼빈의 기독교강요 강의를 통해 개혁신앙의 뿌리와 건강한 교회관을 다시 한번 정립하도록 하고, 임직자 소양교육을 통해 교회 내에서 실제적인 협력 사역과 역할모델로서의 각오를 새롭게 했다. 또한 20일 전부터는 새벽기도회를 마친 후 별도의 장소에서 1시간 동안 교역자들과 함께 임직자들을 위한 특별기도회를 실시했다. 새벽예배를 드린 후 다시 담임목사의 인도로 진행한 2부 임직자기도회는 직분자에게 필요한 말씀을 다시 들으며 기도하는 시간이었다. 교역자와 임직자가 함께 손을 잡고 교회를 위해 기도하며 하나님 나라를 위해 충성할 것을 다짐하는 시간을 가졌다. 새벽기도회를 마친 후에는 임직자들과 교역자들이 조찬을 나눈 후 각자의 직장으로 혹은 사업장으로 출근했다.

6) 축제가 되는 임직식

평신도 지도자를 세우는 것은 개인뿐만 아니라 교회 차원에서도 영광스러운 일이 아닐 수 없다. 임직은 교회에서 축제 그 자체가 되어야 했다. 그래서 임직식을 축복하는 일은 인터넷에서부터 시작되었다. 임직자들의 사진과 개인별 간단한 소감, 각오를 홈페이지에 올리고 성도들이 축하의 댓글을 달면서 격려의 시간을 가졌다. 그뿐만 아니라 제자반, 사역반, 순장반에서는 임직자들에게 바라는 마음을 글로 적었다. 그리고 이것을 책자로 만들어 임직자들에게 기념으로 전달했으며, 요약본은 임직식 기념으로 출간하는 책에 실어서 하나님 앞에서 서로가 바라는 축복이 무엇인지를 생각하게 했다.

일반적으로 한국교회는 임직식을 준비하면서 관례적으로 임직자들에게 할당된 헌금을 은근히 강요하기도 한다. 그러나 이러한 헌금은 교회나 임직자 모두에게 유익하지 않기에, 새로남교회는 임직자 감사헌금을 개인 자율에 맞기고 일체 관여하지 않는 원칙을 고수했다. 그리고 임직자들의 헌금은 전액 총신신대원 장학금으로 전달되었다. 교회에서는 임직자 축하선물로 성경 한 권과 기념패, 임직기념 책자를 증정했다.

여전히 부족함이 많지만 새로남교회는 계속해서 하나님 앞에서 반듯하게 쓰임 받기를 원한다.

교회 행사 기획과 준비

행사 진행이나 수련회 준비는 부교역자들이 교회에서 가장 많이 하는 사역 중 하나로 새해 은혜집회, 새생명축제, 체육대회, 수련회, 훈련생 헌신의 밤, 각종 특별 세미나 등 여러 가지가 있다. 교회 행사는 조금만 신경 쓰면 다른 어떤 사역보다도 쉽게 할 수 있다. 일 년을 주기로 반복되기에 한 해의 자료를 잘 정리해 두면 그다음 해에는 더 나은 행사를 진행할 수 있는 것은 자명한 일이다. 그렇다면 행사의 진행과 기획에 필요한 몇 가지 사안을 살펴보도록 하자.

첫째, 행사를 해야 하는 분명한 목적을 고민하여 계획해야 한다. 모든 행사는 목적과 이유가 있다. 그 행사의 비용이 성도들의 눈물과 헌신으로 이루어진 헌금이라는 것을 기억한다면, 행사를 통해 얻고자 하는 것을 분명히 얻을 수 있도록 철저히 준비해야 한다. 상당수의 사역자들은 행사를 치르는 목적을 고민하며 계획하기보다는 기존에 해왔기 때문에 어쩔 수 없이 하는 경우가 많다. 그러나 분명한 목적과 목표 없이 진행된 행사는 당장의 결과와 만족은 있을지 몰라도 교회 발전적인 관점에서는 열매를 거두기 쉽지 않다. 반대로 목표의식을 가지고 준비한 프로그램은 당장에 원하는 결과물이 나오지 않더라도 누적될수록 열매를 맺으며 성도의 성숙과 교회 성장에 기초가 된다.

둘째, 참석 인원을 파악하고 준비하는 것이 매우 중요하다.

행사를 기획할 때 우선순위는 프로그램의 내용과 재정이다. 그런데 실제 행사 때 참석이 저조하거나 좋은 강사를 선정하지 못해서 모임 분위기가 어려워지는 경우가 빈번하다. 그렇기에 먼저 점검해야 할 것은 행사 목적에 따른 정확한 참석 인원 예측이다. 감이 부족한 사역자들은 참석자 수를 추상적으로 파악하여 실제와 많은 차이가 나기도 한다. 연합회나 노회의 행사도 보면, 많은 경우 주최 측이 예상한 인원과 실제 참석자 수의 차이가 크다. 이런 행사는 기획 자체가 잘못된 것이다. 행사 참석 인원을 예측했으면 그 인원이 참여할 수 있도록 홍보 및 연락 등의 노력을 해야 한다. 참석자가 없는 행사는 아무런 의미가 없다.

셋째, 좋은 강사를 선정해야 한다. 말씀 집회의 경우, 좋은 강사를 선정하는 것이 행사의 질을 결정한다. 그 모임에 가장 적합한 강사를 선정하여 모시는 것이 기술이며 능력이다. 좋은 강사를 모시기 위해서는 발품을 팔아야 한다. 평소에 교계 내에서나 동료들을 통해 좋은 강사가 어떤 분인지 잘 살펴야 하고 정중하게 요청하여 모실 수 있어야 한다. 유명한 강사라는 평판보다는 그분의 사역, 인격, 평판 등 모든 것을 고려하고 한 번의 집회가 아니라 그분이 떠난 이후에도 은혜가 계속되도록 해야 한다.

넷째, 은사를 중심으로 사역을 진행해야 한다. 사역자와 성도들은 저마다 은사가 있다. 그런데 찬양을 못하는 사역자에게 집회의 찬양을 맡긴다거나, 기획에 은사가 없는 사역자가 서열이 높다는 이유로 행정을 담당한다면 서로에게 고통이 되고 사역도 망치게 된다. 그렇기에 행사가 진행될 때 의전이나 비품 준비, 찬양, 차량 안내, 장식 등 각 부분에 은사가 있는 사람을 배치하는 것이 중요하다. 또한 섬김의 은사가 있는 사람에게 사역이 가중되지 않도록 주의해야 한다. 그들은 싫다는 말을 하지 못하기 때문에 사역자가 시키는 대로 모두 순종한다. 그러나 이것이 지나치게 되면 말없이 교회를 떠나게 되기에, 잘 순종한다고 무조건 시키는 것이 아니라 형편을 살펴 은사대로 사역을 맡겨야 한다.

다섯째, 점검하고 또 점검해야 한다. 이전 행사자료를 통해 장단점을 분석한 후 그것을 반영해야 한다. 그리고 큐시트를 만들어 행사 진행을 분 단위로 점검하고 시간이 늘어지지 않고 깔끔하게 진행되도록 해야 한다. 기획이 엉성한 행사는 시간이 길어지고 생명력이 없어진다. 그러나 철저하게 준비되고 기획되어 분 단위로 정확하게 진행되면 참석자들은 기쁨을 누리게 된다. 또한 행사가 끝나면 반드시 설문조사를 통해 피드백 받아야 한다. 좋았던 점과 개선할 점 그리고 다음 행사 시 반영해야 할 점들을 모두 점검하여 정리해 두어야 한다. 이렇게 행사를 진행하면 동일한 행사인 경우에 몇 년 지나지 않아 아주 깔끔하고 훌륭하게 진행할 수 있게 된다.

교회 비품 및 건물 관리

담임목사와 부교역자의 차이는 교회 비품에 대한 인식에서도 나타난다. 담임목사는 성도들의 헌신과 눈물의 열매로 지켜온 교회와 앞으로 지켜나가야 할 교회의 관점에서 관리하는 데 비해, 많은 부교역자는 현재 처한 상황에서 교회를 관리하는 경우가 많다. 그러나 부교역자는 교회 비품과 건물 관리에도 담임목사의 심정으로 신경 써야 한다. 교회 마당이나 복도에 떨어진 휴지를 보고 그냥 지나간다든지, 복사 용지를 무분별하게 사용한다든지, 사람이 없을 때도 사무실 냉난방기를 틀어놓는다든지, 교회 비품 일부를 자기 집으로 위치 이동시킨다든지, 교회 화초가 말라도 내버려둔다든지 하는 현상들은 자신의 교회가 아니라 잠시 머물다 이동할 곳으로 여기기 때문에 나타나는 것이다.

교회는 담임목사의 교회가 아니라 하나님의 교회다. 부교역자로서 그곳에서 사역하게 되었다면 마음을 담아 교회가 아름답게 쓰임 받을 수 있도록 교회 환경, 비품 관리, 건물 관리, 에너지 절약 등에도 최선을 다해야 한다. 부서 비품 중 다른 부서에서 사용할 수 있는 것은 함께 사용하고, 잘 정리해 두었다가 다음에 또 사용할 수 있도록 창고 정리나 비품 정리를 깔끔하게 하는 훈련이 되어 있어야 한다.

통계와 보고서 작성

교회에서 통계를 작성하는 이유는 더 나은 방향을 위한 자료로 사용하기 위함이다. 통계는 교회의 흐름을 파악할 수 있는 기초자료 역할을 하며 자료를 통해서 어느 부분을 보완해야 하는지, 어떤 부분을 강화해야 하는지 계획할 수 있다. 매주 혹은 매달 전입과 전출의 통계 뿐만 아니라 월별 성도 동향을 파악해 놓는다면 교회가 계획하고 있는 프로그램을 시기에 맞게 더 효과적으로 준비할 수 있으며, 연령 인구 통계를 통해 어느 프로그램을 도입할지에 대해서도 파악할 수 있다.

통계의 생명은 정확성이다. 그러나 불행하게도 한국교회에는 허위 통계 작성이 만연하다. 교회의 크기를 외부에 과시하기 위해, 자기 부서와 자신의 목회 능력을 자랑하기 위해 통계를 허위로 부풀리는 일들이 일어난다. 이런 통계는 그 어디에도 쓸 수 없다. 또 담임목사의 평가가 두려워서 허위로 수를 조작한다면 그 사역자의 사역은 이미 끝난 것과 마찬가지다. 그렇기에 통계가 자신을 돌아보게 하고 아프게 하더라도 진실함으로 딛고 일어서야 한다. 그 통계를 기초로 더 나은 부흥을 위해 전진할 수 있는 사역자가 되어야 한다.

한편, 보고서나 기획안을 작성할 때 기억해야 할 것은 목적이 무엇인가이다. 그 목적이 가장 잘 드러나도록 작성하면 된다. 교회 차원에서는 각 부서의 보고서 양식을 통일해야 하고 보고서는 보고하는 사람이 아닌 보고받는 사람이 빠르고 정확하게 파악할 수 있도록 해야 한다. 그렇기에 통일된 틀에 내용만 다르도록 양식을 정하여 만드는 것이 좋다.

보고서는 육하원칙으로 쓰되, 목표하는 바를 구체적이고 객관적으로 써야 한다. 일반적으로 목표는 S.M.A.R.T 목표 설정 기법에 따라 Specific구체적인 목표인가?, Measurable측정 가능한 목표인가?, Achievable현실적 성취 가능한 목표인가?, Relevant핵심 가치/철학과 관련성이 있는 목표인가?, Time-bound시간 제약이 있는 목표인가?의 기준을 두고 설정한다면 보다 효과적으로 할 수 있다.

형용사나 부사가 많은 보고서는 감정의 영향을 받아 객관적 사실을 드러내는 데 문제가 있다. 특히 수련회나 행사 참석 이후에 작성하는 보고서는 시간이 지날수록 의미가 과장되거나 절하되기 때문에, 행사 직후 당일에 결과보고서를 작성하고 1-2주 정도의 정리 기간을 가진 후 종합 결과보고서를 작성하면 행사의 평가를 확실하게 할 수 있다. 또한 미래적인 관점에서 육하원칙 하에 무엇을 보았는가?관찰, 무엇을 느꼈는가?해석, 사역에 어떻게 적용할 것인가?적용 등 이 세 가지 큰 틀 안에서 평가한다면 발전적인 결과보고서가 될 것이다.

의전과 목회 예절

의전은 각종 행사 등에서 예禮를 갖추어 행해지는 예법을 말한다. 넓게는 사회 구성원으로서 개개인이 지켜야 할 건전한 상식에 입각한 예의범절을 포함한다. 교회 행사나 외부 손님이 왔을 때 그 대상자에 대한 바른 예절이 의전이며, 그것을 보면 그 교회의 수준을 알 수 있다.

일반적으로 의전에서 중요한 것은 서열이다. 서열은 크게 공식적인 서열과 관례상 서열로 나눌 수 있는데, 공식적인 서열은 공무원 등의 신분별 지위에 따라 공식적으로 인정된 서열이며, 관례상 서열은 일반 사회생활에서 의례상 정해진 서열을 말한다. 서열에 따른 예우는 지위가 비슷한 경우에 여자는 남자보다, 연장자는 연소자보다, 외국인은 내국인보다 상위에 세우고 여자들 간의 서열은 기혼 부인, 미망인, 이혼 부인 및 미혼자 순위로 하며 원만하고 조화된 좌석 배치를 위해서는 서열 결정자의 원칙을 다소 조정할 수 있다. 또한 내빈이 윗사람인 경우에는 자신의 집무실이라 하더라도 윗자리에 앉지 않고 함께 얼굴을 바라볼 수 있는 자리에 앉아 대화한다.

자동차 승차 시에는 뒷자리가 상석이다. 뒷자리 중에서도 조수석 뒷자리가 상석이고 그 다음은 운전자석 뒷자리, 조수석 순이다. 단 운전자가 서열이 높은 경우 그 옆자리가 상석이 된다. 수행원은 차 문을 연 후에 반대편 좌석으로 돌아가서 앉도록 한다.

복도에서는 내빈보다 두 걸음 앞서 안내하며 걸음의 보조를 맞춘다. 계단이나 방향이 바뀔 때는 손으로 방향을 표시해 준다. 엘리베이터의 경우에는 내빈이 먼저 타고 내리며, 문의 경우에는 당겨서 여는 문은 문을 열고 내빈이 들어간 이후 안내자가 들어가고 미는 문은 안내자가 밀고 들어가서 연 후 안에서 안내한다. 회전문일 경우에는 내빈이 먼저 통과하게 한다.

인사할 때는 정중한 자세로 천천히 하며 소개할 때는 하급자를 상급자에게, 연소자를 연장자에게 소개하도록 한다. 악수의 경우에는 아랫사람이 먼저 청해서는 안 되며 윗사람이 악수를 청할 때는 손에 힘을 주지 않고 가볍게 잡으며, 두 손으로 손을 잡지 않는다. 여성의 경우에는 먼저 악수를 청하지 않고 여성이 악수를 청할 때는 가볍게 악수한다.

1) 교회에서 강사를 모실 때의 의전

첫째, 강사를 최대한 존중해야 한다. 강사가 교회에 방문했을 때 잘 왔다는 생각이 들고 존중받고 있다는 느낌을 받도록 해야 한다. 좋은 분을 모셨다면 거기에 맞는 예우를 해야 하는 것이다. 마찬가지로 사례의 경우에도 합당한 예우를 해야 한다. 강사를 모셔놓고 상식 이하의 사례를 지급하거나 교통비조차 지급하지 않는 황당한 경우도 있다. 강사료는 새 지폐로 준비하고 감사의 편지를 동봉하여 전달하도록 한다. 또한 강사료를 드리는 봉투에도 존중하는 마음이 담기도록 해야 한다. 식사도 강사는 따로 모셔서 편안하게 식사할 수 있도록 해야 한다. 담임목사가 외부 손님과 만남 및 식사 자리에 배석하게 될 경우에는 내빈의 질문이나 담임목사의 지시, 질문이 있기 전에는 담임목사와 내빈이 편안히 대화할 수 있도록 먼저 말을 꺼내지 않는다.

둘째, 교회의 소식지를 미리 보내어 공동체를 알게 해야 한다. 강사가 선정되면 주보와 교회소식지를 보내서 모시는 교회의 정보를 제공해 주어야 한다. 더 나아가 당일 참여 예상 숫자와 연령대, 교회의 여러 상황 등을 정리하여 전달해 드린다면 초청된 교회와 성도들을 더 깊이 이해하고 가장 적절한 말씀을 전할 수 있게 된다. 그리고 강사가 강의를 마치고 돌아간 후에도 반드시 서신이나 전화로 감사의 뜻을 전할 수 있어야 하고 강사의 교통 편의도 담당자를 세워 소홀함이 없어야 한다. 모실 때는 정성껏 모시고 가실 때는 최대한 존중의 모습을 보여야 한다.

2) 부교역자가 담임목사에 대해 가져야 할 목회 예절

부교역자에게 있어서 담임목사는 부교역자로 있는 동안 하나님께서 허락하신 섬김의 대상이다. 그러므로 최대한 담임목사에게 존중을 표해야 한다. 그에 대한 사안은 다음과 같다.

첫째, 언어생활을 점검해야 한다. 군대를 다녀온 사람은 상관에 대한 언어를 '까'와 '다'로 끝나도록 해야 한다는 것을 배웠을 것이다. 이와 마찬가지로 교역자로서 격에 맞는 언어를 사용해야 한다.

둘째, 공적인 자리와 사적인 자리를 구분할 수 있는 지혜가 있어야 한다. 식사 및 교제시간에 딱딱하게 군기 든 모습은 부담을 주게 된다. 반대로 공적인 자리에서 담임목사와 농담하려는 태도는 삼가야 한다.

셋째, 담임목사를 가까이에서 보좌해야 한다. 담임목사가 외부에 혼자 있을 때는 동행하며 돕고, 멀리서 지나갈 때는 담임목사가 인지하지 못하더라도 정중하게 그곳을 향해 목례를 해야 한다. 담임목사가 혼자 식사를 하고 있다면 함께 자리하고 일부러 피해 다녀서는 안 된다. 이 외에도 담임목사의 집무실 방문 시에는 문을 열어 인사한 후 들어가고, 나올 때도 문을 닫기 전에 목례를 하고 뒤로 나오도록 한다. 공적인 자리에서는 담임목사가 묻기 전에 먼저 말하지 않고, 질문하면 거기에 대해 정확하게 답변하도록 한다.

대표기도 이렇게 하라[119]

대표기도는 대표성을 가진 기도이므로 공적인 요소가 포함돼야 한다. 그러므로 개인적인 기도가 되지 않도록 주의하여 준비해야 한다.

1) 대표기도 방법

① 기도로 준비: 대표기도는 공적인 기도이므로 대표자로 서기 위해 먼저 하나님께 기도드려야 한다. 기도자로서 자신의 삶과 자세를 돌아보는 회개, 성령님의 도우심과 인도하심을 구하는 간구 그리고 공동체를 위해 무엇을 간구해야 할지에 대해서도 기도해야 한다. 하나님께 대표로 드리는 기도를 위해 개인기도로 준비하는 것은 아주 바람직한 행동이다.

② 내용: 공동체적인 내용이 포함되어야 한다. 간혹 기도의 형식과 절차를 중시하다가 정작 중요한 내용이 빠지는 경우가 있기에 기도의 간구와 고백의 내용을 잘 살펴보아야 한다. 또한 주일 공예배 시에는 교회의 주된 관심사전도, 복음 전파, 행사 등을 포함하고 예배 자체를 위해 기도해야 한다. 바른 예배가 드려지고 예배를 통해 하나님께서 영광 받으시도록 그리고 설교자의 말씀 전파를 위해 기도해야 한다. 설교자를 위해서는 설교자의 능력 강화를 위한 기도보다는 설교자의 말씀에 성도들이 준비되고 열매 맺을 수 있도록 기도해야 한다. 대표기도자는 예배나 예식의 성격을 명확하게 파악하여 가장 중요한 내용이 기도에서 빠지지 않도록 점검해야 한다. 일반적으로 주일예배 시 포함되는 주요 내용은 성도

119 —— 오정호, 《특별한 대표기도문》(서울: 생명의말씀사, 2008), pp. 13-21.

들의 신앙, 국가와 민족사, 교회의 부흥과 행사, 예배, 설교자를 위한 내용이 있다.

③ 용어: 공동체 기도문이기에 '나' 혹은 '제가'라는 표현은 좋지 않다. 기도는 하나님께 드려지는 것이지, 기도를 통해서 나 자신을 나타내거나 과시하는 수단이 아니기 때문이다. 모든 용어는 '우리' 혹은 '저희'라는 공동체적인 표현으로 진행되어야 한다. 또한 '부족하지 않게 하옵시며'와 같이 부정적이거나 수동적인 표현보다는 '넘치게 하옵시며'와 같은 긍정적이고 능동적인 표현이 좋다.

④ 시간: 개인기도는 시간 제약이 없다. 길게 할수록 좋을 것이다. 그러나 대표기도는 공적이고 공적 예배 가운데 드려지는 것이기에 시간이 아주 중요하다. 대체적으로 개인기도를 많이 하지 않는 사람이 대표기도를 길게 하는 경향이 있다. 이는 기도로 자신을 높이고자 하여 교훈하거나 훈계하려는 잘못된 마음에서 나타난다. 대표기도 시간은 주일예배를 비롯하여 3분을 넘기지 않도록 해야 한다. 그러기 위해서는 기도문을 작성하여 미리 연습해 보고 시간을 체크해야 한다. 강단에서는 미리 작성된 기도문을 읽어야 한다.

⑤ 문장과 발음: 기도할 때 공동체를 염두에 두고 기도해야 하

고 기도의 속도를 조절하여 정확한 발음을 하도록 노력해야 한다. 또한 또박또박 소리를 내고 천천히 발음하여 모든 사람이 기도에 참여하게 해야 한다. 사투리나 은어, 비어 같은 단어는 쓰지 않는다. 공적이고 품격 있는 단어를 사용하고 적절한 수식어를 사용한다. 과도한 미사여구를 써서 기도의 내용이 무엇인지조차 모르게 하는 것은 바람직하지 않다.

⑥ 주의점: 훈계성 기도가 되지 않도록 해야 한다. 마치 설교하듯, 남을 나무라듯, 공동체에 교훈하는 듯 하는 것은 대표기도자로서의 자세와 위치를 망각한 행위이며 하나님께도 불충한 행위이다. 같은 맥락에서, 성경구절을 과도하게 인용하여 설교하듯 해서도 안 된다. 기도는 정선된 단어로 품격 있게 그리고 하나님께 드려지는 내용을 명확하게 기술해야 한다. 이상의 주의점은 기도문을 작성해보면 대부분 해결된다.

2) 대표기도 시 유의점

① 예배 순서의 흐름에 잘 맞춰야 한다: 예배 사회자의 인도에 따라 예배의 전체 흐름에 맞도록 한다. 기도 순서가 오기 전 준비된 자리에서 대기한다. 사회자가 "찬송을 부르신 후 OOO님의 기도가 있겠습니다"라고 알리고 찬송을 부르면 마지막 절이 끝날 때쯤 사회자 바로 옆에 선다. 찬송 후 곧

바로 기도가 연결될 수 있도록 한다.

② 마이크를 잘 사용해야 한다: 마이크의 높이를 점검해서 자신의 목소리가 잘 들리도록 해야 한다. 높이 문제로 기도 소리가 들리지 않거나 사회자가 다시 마이크 위치를 맞추는 경우가 없도록 유의한다. 또한 마이크와의 거리를 유지하여 가장 좋은 음성으로 기도할 수 있도록 한다.

③ 기도문 낭독 시 정확하게 읽어야 한다: 기도문 낭독은 또박또박 천천히 한다. 이때 기도문 종이를 만지는 소리가 마이크에 들어가지 않도록 한다. 또한 준비된 기도문 종이는 들지 말고 강대상과 밀착되도록 한 상태에서 읽는다. 영상으로 볼 경우에 기도문을 든 모습이 보기 좋지 않기 때문이다.

④ 최고의 목소리로 기도를 드린다: 당일에 목소리 관리에 최선을 다한다. 갈라진 목소리나 잔기침 등이 나오지 않도록 미리 물을 마시고 가장 좋은 발음과 목소리를 준비한다.

⑤ 정장 차림의 단정한 복장을 한다: 대표기도자는 정장 차림의 복장으로 예의를 담는다. 다소 자유로운 모임의 경우에는 단정한 옷을 입어 하나님과 성도들 앞에서 예의를 다한다.

⑥ '하나님 아버지'라는 호격을 사용해야 한다: 기도의 분명한 대상은 하나님이시다. 기도할 때 그 대상을 명확하게 하여 불러야 하므로 '하나님 아버지'라는 호격이 정확하게 들어가야 한다.

⑦ 구구절절한 표현을 사용하지 않는다: 대표기도는 공적인 예배에서 대표성을 가진 기도다. 그러므로 간결하며 정리되어 있어야 한다. 개인기도와 혼돈하거나 대표기도를 가볍게 생각할 때 구구절절 늘어지게 되는 경향이 많다.

⑧ 상투적인 용어는 가급적 사용하지 않는다: 예배가 시작된 지 한참이 지났는데 '이제 예배가 시작되었사오니'라는 표현을 사용하는 것은 적절치 않다. 또한 '미참한 성도들의 발걸음을 재촉하시고'는 아직 오지 않은 사람들이 빨리 오라고 드리는 기도인데 이것도 습관화된 기도문 중 하나다. 대표기도는 예배에 집중된 기도를 드려야 한다.

⑨ 단문을 사용한다: 문장이 간결하고 짧을 때 성도들이 더 깊이 공감할 수 있다. 그리고 "아멘"으로 화답할 수도 있다. 너무 긴 복문으로 구구절절 늘어놓으면 무슨 내용인지 잘 이해되지 않는다.

⑩ 부서 기도는 평소에 한다: 대표기도 시간에 각 부서의 이름을 불러가며 기도하는 경우가 있다. 이것은 기도 시간을 늘리게 된다. 각 부서를 위한 기도는 평소에 한다.

⑪ 설교식의 기도는 바람직하지 않다: 앞서 말했듯이 기도는 하나님께 드리는 것이다. 그런데 성도들이나 목회자를 향해 설교 혹은 훈화하듯 하는 대표기도는 아주 잘못된 예다. 하나님께 정제된 언어를 사용하여 기도를 드려야 한다.

⑫ 자신의 스트레스를 푸는 식의 기도가 되지 않아야 한다: 위의 설교식 기도와 맥을 같이 하는 것으로, 교회의 정책이나 방향 혹은 자신이 못마땅하게 생각하는 내용을 기도 시간을 통해 성토하는 것은 아주 잘못된 예다.

⑬ 기도 시간을 엄수해야 한다: 대표기도 시간이 길면 예배뿐만 아니라 성도들에게도 은혜보다 부담이 되는 경우가 많다. 그렇기에 3분 정도가 적당하다. 기도자의 기도 순서 전에 여러 기도제목을 두고 합심기도를 하게 될 때에는 앞서 기도한 내용들은 가급적 피하고 예배만을 위해 기도드린다. 그러면 대체로 1분에서 1분 30초에 마무리된다.

⑭ 용어에 특별히 신경 써야 한다: 성도들이 듣기에 쉬운 용어

를 사용해야 한다. 너무 어려운 용어나 미사여구의 반복은 오히려 예배를 방해한다. 또한 천편일률적인 용어의 반복도 피해야 한다. 좋은 언어를 정제해서 하나님께 올려드려야 한다.

⑮ 시기를 고려해야 한다: 경우에 합당한 말은 아름답다. 그렇기에 시의적절한 내용과 용어가 사용되어야 한다. 날씨와 계절, 교회 행사와 목회 일정 등 시의적으로 적절한 내용들을 살펴본다.

⑯ 반복되는 말을 사용하지 않는다: 사회자가 "OOO님이 대표로 기도하시겠습니다"라고 말하고 내려왔는데 그 자리에 서서 다시 "기도드리겠습니다"라고 하는 것은 적절치 않다. 이런 경우에는 곧바로 기도문을 낭독하면 된다.

⑰ 불필요한 소리가 나오지 않게 한다: 기도문을 적은 종이를 꺼내다가 부스럭거리는 소리가 들리지 않도록 사회자 뒤에서 기다리는 동안에 종이를 잘 펴서 준비하고, 올라오면 바로 강대상에 놓고 천천히 읽도록 한다.

이단 대책 사역

최근 한국교회는 교회 내에 침투하는 신천지 이단으로 인해 골머리를 앓고 있다. 필자 또한 신천지, 구원파로부터 법정 소송을 당한 경험이 있으며 대전광역시 이단사이비대책위원장으로 섬기기도 했다. 새로남교회는 이단에서 빠져나와 신학을 공부하는 사역자를 이단 전문 사역자로 세워 지속적으로 예방교육과 상담을 하게 하고, 회심자 그룹이 모여 침투하는 이단을 확인하고 회심한 사람을 돕도록 하고 있다. 여기에서는 이단에 대한 내용보다는 행정적으로 이단을 막을 수 있는 방법에 대해 살펴보고자 한다.

이단을 예방하기 위해서는 새가족이 등록할 때 철저히 살피는 것이 중요하다323쪽 교적부 II 신앙활동내역 참고. 이전 교회의 정보와 신앙의 내력을 세밀하게 조사해 두는 것은 이단이 들어오는 것을 막을 수 있고, 속이고 들어온 이단이 있을 시 추후 일벌백계할 때 귀중한 자료로 사용할 수 있다. 또한 교회 안에 이단 사상에 빠진 자들을 찾기 위한 설문자료도 있다319쪽 이단 예방 설문조사 자료 참고. 이 자료를 한 차례 정도 공예배 시간에 기록하게 하여 지속적으로 침투하는 이단들을 찾고, 성도들을 위험으로부터 예방하는 것이다.

이뿐만이 아니라 이단 대책 성경공부 자료로 부서모임이나 소그룹을 진행하여 이단에 대해 공부하며 예방할 수 있도록 한다. 이에 관하여 대전광역시 이단사이비대책위원회에서 발간한 《우리시대의 이단들》은 소그룹에서 이단에 대해 공부하며 예방할 수 있는 좋은 교재이다.

❖ 이단 예방 설문조사 자료

진리수호와 건강한 신앙생활을 위한 설문지

요즘 이단들은 과거와 달리 여러 가지 교묘한 방법으로 교회 내부에까지 깊숙이 침투하고 있습니다. 성도로 가장한 그들은 성도들을 미혹할 뿐 아니라 이단단체로 흡수시키려고 갖은 방법을 동원합니다. 새로남교회는 목회자나 교회에 대한 부정적인 말을 퍼뜨리며 교회의 분열을 조장하는 이단들의 활동을 더 이상 방치하지 않을 것입니다.

이에 이 설문을 통해 근본적으로 이단들을 색출하고 건강한 신앙생활 환경을 조성하고자 합니다. 하나님의 교회를 건강하게 세우고 이단으로부터의 피해를 막기 위해 실시하는 것이므로 마음을 담아 성심껏 작성해 주시기를 부탁드립니다. 작성자의 신분은 절대 보장되며 목회적인 차원의 자료로만 활용될 뿐 외부 유출은 이루어지지 않습니다.

1. 현재 본 교회 내부에서 시행하고 있는 훈련 프로그램 외에 외부의 각종 성경공부, 큐티모임, 영성훈련, 기도모임 등에 참여하고 있거나 참여한 경험이 있다면 그 기관 및 단체에 대해 적어주세요.

1) 단체명 혹은 장소 :

2) 참석 기간 및 일시 :

3) 참석 시 훈련 내용 :

4) 참석을 권유한 이 :

2. 현재 본 교회에서 신앙생활 하는 가운데 본 교회 목회자가 아닌 외부 목회자(목사, 전도사, 선교사 등) 중 신앙상담에 탁월하거나 신유, 방언, 영적 능력이 탁월하다며 한번 만나보자고 권유한 사람이 있다면 아는 대로 적어주세요.

1) 권유한 사람 :

2) 관계 및 알게 된 동기 :

3) 권유 받은 외부 목회자 이름이나 소속단체 :

3. 여러 가지 정보업체나 인터넷 사이트(앙케트, SNS, 각종 동호회, 인터넷카페 등)에서 알게 된 사람 혹은 주변 친구나 지인 중에 목자를 통해 성경구절이나 위로의 글을 받았다고 하거나 친절과 관심을 베풀면서 잦은 만남을 유도하거나 접근하고 있다면 아는 대로 적어주세요.

1) 접근하는 사람의 이름과 관계 :

2) 접근하는 방법과 내용 :

3) 접근하는 사람과 알게 된 경로(카페 혹은 사이트명 등) :

4. 기도하던 중에 귀하의 모습이나 기도제목을 알게 되었다고 말하거나, 무심코 전화한 번호라면서 기도해 주겠다고 기도제목을 묻거나, 교제를 하자며 접근한 사람이 있다면 아는 대로 적어주세요.

1) 접근한 사람의 이름 :

2) 접근한 방법과 내용 :

5. 현재 본 교회의 성도 가운데 교회 외부에서 실시하는 각종 성경공부나 큐티모임, 기도모임이나 영성훈련 등에 참여하고 있는 사람을 알고 있다면 아는 대로 적어주세요.

1) 참여하는 사람 :

2) 참여하는 단체나 훈련명과 내용 :

3) 참여하는 단체의 모임 장소나 주소 :

6. 최근 신앙생활을 하면서 주로 이단들이 사용하는 방법(담임목회자나 사모에 대한 비방, 부교역자에 대한 비방, 교회 및 다락방에 대한 비방과 불만, 성도 간의 이간질, 교회 외부의 각종 성경공부나 훈련에 대한 참여 권유, 가나안 정복이나 씨 뿌리기 등의 용어를 자주 사용하는

자 등)을 통해 접근한 사람이 있다면 이름을 적어주세요.

7. 현재 본 교회에서 신앙생활을 하고 있는 성도 중 신천지 혹은 각종 이단으로 의심되거나 이단임을 확증할 수 있는 사람이 있다면 적어주세요.

1) 의심되는 사람(혹은 확증되는 사람) :

2) 의심되는 내용(혹은 확증되는 증거) :

8. 현재 지역 내에 있는 교회나 각종 단체 중 이단이라고 의심되거나 이단이 가장한 교회(위장교회 포함), 단체, 훈련프로그램 중 아는 것이 있다면 모두 적어주세요.

1) 교회명이나 활동 단체명, 훈련명 :

2) 위치 혹은 주소 :

* 교회 건강을 위한 설문에 성심껏 응답해 주셔서 감사드립니다.

교적부 II 신앙활동내역

이름:　　　　　　　　　　　　　　전화번호:

직분:　　　　　　　　　　　　　　다락방(소속):

• 우리교회 등록 전, 지난 10년 동안 출석했던 교회를 기록해 주시기 바랍니다.

교회명	소속교단	위치	출석기간

• 과거에 이단단체에 가입했거나 훈련받은 경험이 있다면 기록해 주시기 바랍니다.

이단단체명	기간	교육내용

• 귀하의 가족이나 친척 중에 이단단체에 가입되어 활동하는 분이 있다면 기록해 주시기 바랍니다.

이단단체명	이름	관계	교육내용

• 본인이 현재 본 교회 외부에서 하는 성경공부나 큐티, 영성훈련 등에 참여하고 있거나 과거에 참여한 경험이 있다면 그 기관이나 단체에 대해서 기록해 주시기 바랍니다.

단체명 / 장소	기간	교육내용

하나님의 교회를 건강하게 세우며 이단으로부터의 피해를 막기 위한
본 설문에 성심껏 응답해 주셔서 감사드립니다.

장례예배 인도

성도들을 대상으로 진행되는 애경사 행사로는 결혼식, 장례식, 고희연, 돌잔치 등이 있는데 그중 장례식에서의 예배 인도에 대해 살펴보고자 한다. 장례예배는 유족들을 하나님 안에서 위로하기 위해 드리는 것으로, 장례예배를 인도할 때 주의해야 할 것은 고인을 위한 기도는 드리지 않아야 한다는 것이다. 그리고 부활신앙과 인생을 하나님 앞에서 돌아볼 수 있는 시간이 될 수 있도록 한다. 다음 도표를 통해 장례예배의 절차와 내용을 점검해 보길 바란다.

❖ 소천 보고서 예시

OOO 집사(배우자 이름) 부친 소천

(당사자 소그룹 이름 / 배우자 소그룹 이름)

1. 소천자 : 故 OOO 성도(직분 표기: 집사/권사) (OO세)

2. 소천일 : 2024년 10월 8일(목) 오후 1시 경

3. 사유 : 노환(지병, 사고 등)

4. 유족 : 배우자(소천자 관련)

자녀 O남 O여(당사자 중심으로)

5. 빈소 : 대전 성모병원 장례식장 특3호

6. 장지 : 옥천 선산

7. 집례 : 유교식, 불교(기독교식 집례일 경우, 집례교회 이름)

8. 위로예배 : 2024년 10월 8일(목) 오후 8시(타 지역일 경우, 교회 출발 시간)

9. 입관(예배) : 2024년 10월 9일(금) 오후 1시

10. 발인(예배) : 2024년 10월 10일(토) 오전 7시

11. 연락처 : ○○○ 집사(핸드폰번호)

12. 담당 : ○○○ 목사 / ○○○ 전도사(핸드폰번호)

❖ 장례예배 인도 절차

	지침사항	TIP	본문	찬송	참고사항
운명前	**1.** 가족들의 마음을 안정시킨다. **2.** 장례준비 시 대화는 금물.	**1.** 설교는 짧게 한다. **2.** 고인이 즐겨 부르던 찬송과 복음적 찬송을 부른다.	• 고후 5:1-2 〈내세를 준비하는 인생〉 • 계 14:13 〈참 안식〉	**〈천국〉** **235** 보아라 즐거운 우리 집 **246** 나 가나안 땅 귀한 성에	**병상 세례** 가족의 요청이 있을 경우, 복음소개 / 분명한 신앙고백을 받은 다음 세례를 베푼다.
입관예배	**1.** 찬송음원을 틀고 염습하도록 한다. **2.** 입관예배는 질서 있고 경건하게 드린다.	**1.** 염습은 대개 장례식장 측에서 준비한다. **2.** 염습시간과 입관예배 시간을 재확인한다. • 장소: 시신 보관 냉동실, 빈소	• 요 14:3-4 〈영원한 안식처〉 • 살전 4:13-14 〈주 안에서 안식〉	**〈소망〉** **479** 괴로운 인생길 가는 몸이 **480** 천국에서 만나보자 **488** 이 몸의 소망 무언가 **491** 저 높은 곳을 향하여	**입관예배** 수습한 시신을 관 속에 넣고 뚜껑을 덮어 함봉하고 드리는 예배
발인예배	**1.** 순서지를 만든다. **2.** 운구행렬은 영정/집례자/관/상주/유족 순으로. **3.** 조문객은 운구 행렬 좌우로 서서 찬송으로 위로한다(찬338).	**1.** 교우들이 많이 참여하도록 배려한다. **2.** 사전에 운구위원이 있는지 확인하고 없으면 교우들로 준비시킨다. **3.** 영결식장이 있는지 확인한다.	• 롬 11:36 〈하나님께로 돌아가는 인생〉 • 히 11:15-16 〈본향〉 〈고향 앞으로!〉 • 영결식장에 유가족이 함께 하도록 • 담임목사 인도 시 상황 미리 확인, 미리 찬송한다. • 예배 후 영정차량이 떠날 때까지 지켜보다가 인사하고 돌아온다.	**492** 잠시 세상에 내가 살면서 **493** 하늘 가는 밝은 길이 **494** 만세 반석 열리니 **〈장례〉** **606** 해보다 더 밝은 저 천국 **608** 후일에 생명 그칠 때	**발인예배** 장지로 향하기 위해 관이 장례식장을 떠나기 직전에 드리는 예배

	지침사항	TIP	본문	찬송	참고사항
화장	**1.** 화장장 도착 후, 들어가기 직전에 간단하게 기도를 드린다. **2.** 2시간 후, 유골이 나오면 납골당으로 가서 마지막 안치예배를 드릴 준비를 한다.	**1.** 화장이 진행되는 동안 쉬면서 기다린다. **2.** 안치예배까지 최선을 다하는 집례자의 모습을 통해 유가족들의 마음이 열린다.		**〈그 외〉** **373** 고요한 바다로 **487** 어두움 후에 빛이 오며	**문상예배** 본문 • 시 37:23-26 • 요 12:24-26 • 교통사고死, 찬373
하관예배	**1.** 산역이 끝나고 지실이 조성되었으면 봉띠를 풀어 하관한다. **2.** 집례자가 머리 쪽에 서고 우측에 유가족, 좌측에 교우/조문객이 서게 한다.	**1.** 자리 정돈 후 셋째 횡대를 열고 하관예배를 시작한다(순서지 준비). **2.** 예배 후 횡대를 덮고 집례자/상주/유가족 순으로 취토한다. **3.** 순서지 준비(야외)	• 요 11:25-26 〈영원한 생명〉 • 살전 4:16 〈하나님의 계획〉 • 야외일 경우 목소리를 크게 하여 압도하도록 한다. • 엄숙하고 은혜롭게 • 선산일 경우 집안 어른들께 감사 표할 것		집례교회일 경우 장례집례표를 만들어 찬송과 성경본문이 중복되지 않도록 한다.

토의 및 생각해 볼 주제들

01 내가 소속된 부서와 교구에는 어떤 소통의 문제점이 있는가? 그리고 그 문제를 해결하기 위해서는 어떻게 해야 할 것인지 토의해 보라.

02 새로남교회의 직분자를 세운 과정을 통해 깨달은 바를 기록해 보라.

03 부서의 행사 기획 준비에 있어서 더욱 세밀하게 살펴야 할 부분은 무엇인가?

04 외부 손님에 대한 의전과 담임목사에 대해 가져야 할 목회 예절 가운데 사역 현장에 적용할 점은 무엇인가?

05 우리 교회에서 진행하고 있는 이단 대책 사역과 그 사역의 장점에 대해 나누어 보라.

부록

더 읽어야 할 추천도서

1장 하나님께서 기뻐하시는 부교역자는 어떤 사람일까?

- 옥한흠, 《평신도를 깨운다》, 국제제자훈련원
- 옥한흠, 《이것이 목회의 본질이다》, 국제제자훈련원
- 리처드 클린턴, 폴 리벤워스, 《평생사역을 꿈꾸는 리더》, 진흥
- 마이크 보넴, 로저 패터슨, 《부목회자의 비전과 리더십》, 청림출판
- 존 F. 맥아더, 《하나님이 계획하신 교회》, 생명의말씀사
- 크레이그 그로셸, 《생명력 넘치는 교회》, 두란노
- 리처드 백스터, 《300년 동안 목회자의 가슴을 울린 참 목자상》, 생명의말씀사
- 앤디 스탠리, 레지 조이너, 레인 존스, 《성공하는 사역자의 7가지 습관》, 디모데
- 찰스 스펄전, 《목회 황제 스펄전의 목사론》, 부흥과개혁사
- 키이스 앤더슨, 랜디 리스, 《영적 멘토링》, IVP
- 하워드 헨드릭스, 《사람을 세우는 사람》, 디모데

2장 소명의식을 가진 부교역자인가?

- 고든 스미스, 《소명과 용기》, 생명의말씀사
- 칩 잉그램, 《위대함, 크리스천의 소명》, 디모데
- 오스 기니스, 《소명》, IVP
- 옥한흠, 《소명자는 낙심하지 않는다》, 국제제자훈련원

3장 나는 어떤 유형의 지도자일까?

- 존 파이퍼, 《형제들이여 우리는 전문직업인이 아닙니다》, 좋은씨앗
- 전옥표, 《크리스천 경쟁력》, 생명의말씀사
- 존 브래들리, 제이 카티, 《달란트 발견 완전 정복》, 국제제자훈련원

4장 부교역자는 어떻게 관계를 맺어야 할까?

- 오브리 맬퍼스, 《리더가 된다는 것은》, 국제제자훈련원
- 데이브 핑, 앤 클립파드, 《마음을 여는 경청기술》, 국제제자훈련원
- 게리 콜린스, 《크리스천 코칭》, IVP

- 조이스 허기트, 《경청》, 사랑플러스
- 존 맥스웰, 짐 도넌, 《존 맥스웰의 위대한 영향력》, 비즈니스북스
- 샘 고슬링, 《스눕》, 한국경제신문사
- 데일 카네기, 《카네기 인간관계론》, 씨앗을뿌리는사람
- 한상복, 《배려》, 위즈덤하우스
- 이종선, 《멀리 가려면 함께 가라》, 갤리온
- 이민규, 《끌리는 사람은 1%가 다르다》, 더난출판사

5장 어떤 성품의 사역자가 될 것인가?

- 앤디 스탠리, 《성품은 말보다 더 크게 말한다》, 디모데
- 달라스 윌라드, 《마음의 혁신》, 복있는사람
- 제리 브리지스, 《하나님의 성품연습》, 아가페출판사
- 존 비비어, 《존 비비어의 순종》, 두란노
- <라일락>, 새로남행복연구원

6장 윤리적으로 탁월하기 위해 무엇이 필요할까?

- 노먼 가이슬러, 라이언 스너퍼, 《기독교 윤리로 세상을 읽다》, 사랑플러스
- 맹용길, 《예수의 윤리》, 살림
- 강인한, 《기독교윤리 다이제스트》, 기독교연합신문사
- J. 다우마, 《개혁주의 윤리학》, CLC
- 목회와신학 편집부, 《기독교윤리》, 두란노아카데미

7장 전문성을 가진 사역자인가?

- 덕 필즈, 더피 로빈스, 《십대의 마음을 꿰뚫는 설교》, 국제제자훈련원
- 베스 에딩턴 휴잇, 《빨려드는 어린이 설교》, 좋은씨앗
- 짐 와이드만, 《어린이 사역 이렇게 하라》, 국제제자훈련원
- 데이빗 스탈, 《어린이들을 예수님께로》, 프리셉트
- 덕 필즈, 《청소년 사역을 시작한 처음 두해》, 디모데

- 양형주, 《청년 리더 사역 핵심파일》, 홍성사
- 김광석, 《좌충우돌 청소년 제자훈련 이야기》, 국제제자훈련원

8장 영성이 있는 부교역자는 어떠해야 할까?

- 로렌 커닝햄 외 공저, 《큐티와 목회의 실제》, 두란노
- 리처드 포스터, 게일 비비, 《영성을 살다》, IVP
- 조엘 비키, 《개혁주의 청교도 영성》, 부흥과개혁사
- 게리 토마스, 《내어드림의 영성》, CUP
- 애들 알버그 칼훈, 《영성훈련 핸드북》, IVP
- 케네스 보아, 《기독교 영성 그 열두 스펙트럼》, 디모데
- 토니 존스, 《하나님을 읽는 연습》, 예수전도단
- 존 파이퍼, 《하나님을 맛보는 묵상》, 좋은씨앗
- 켄 가이거, 《주님을 만나는 기쁨》, 디모데

9장 어떻게 설교할 것인가?

- 권성수, 《성령설교》, 국제제자훈련원
- H.J.C. 피터즈, 《청중과 소통하는 설교》, 합신대학원출판부
- 켄트 앤더슨, 《설교자의 선택》, 성서유니온
- 유진 피터슨, 마르바 던, 《영혼을 살리는 설교》, 좋은씨앗
- 켄트 에드워즈, 《강단의 비타민 일인칭 강해 설교》, CLC
- 허셀 W. 요크, 버트 데커, 《확신있는 설교》, 생명의말씀사
- 데이브 스톤, 《청중을 사로잡는 13가지 맛깔스런 설교 레시피》, 국제제자훈련원

10장 어떤 모습을 지닌 부교역자가 될 것인가?

- 게리 콜린스, 《크리스천 카운슬링》, 두란노
- 닐 앤더슨, 《내가 누구인지 이제 알았습니다》, 죠이선교회
- 송인규, 《자아가 자아를 엿보다》, 생명의말씀사
- 데이빗 A. 씨맨즈, 《상한 감정의 치유》, 두란노

- 리처드 윈터, 《지친 완벽주의자를 위하여》, IVP
- 브루스 리치필드, 넬리 리치필드, 《하나님께 바로서기》, 예수전도단
- 이관직, 《개혁주의 목회상담학》, 대서
- 정태기, 《아픔 상담 치유》, 상담과치유
- 프리셉트성경연구원, 《심방설교 핵심파일》, 프리셉트

11장 목회 행정의 달인이 되는 방법이 있을까?

- 대한예수교장로회총회 편집부, 《표준목회행정서식 편람》, 대한예수교장로회총회
- 이성희, 《교회행정학》, 한국장로교출판사
- 권오서, 《교회 행정과 목회》, KMC
- 박재호, 《21C 현대교회행정》, 비전북
- 김석한, 《교회행정학 개론》, 영문
- 대전광역시 기독교연합회 이단·사이비대책위원회, 《우리시대의 이단들》, 두란노

MEMO

MEMO

국제제자훈련원은 건강한 교회를 꿈꾸는 목회의 동반자로서 제자 삼는 사역을 중심으로 성경적 목회 모델을 제시함으로 세계 교회를 섬기는 전문 사역 기관입니다.

부교역자 사역스쿨

초판 1쇄 인쇄 2024년 10월 31일
초판 1쇄 발행 2024년 11월 10일

지은이 오정호

펴낸이 오정현
펴낸곳 국제제자훈련원
등록번호 제2013-000170호(2013년 9월 25일)
주소 서울시 서초구 효령로68길 98(서초동)
전화 02 3489-4300 **팩스** 02 3489-4329
이메일 dmipress@sarang.org

ISBN 978-89-5731-914-7 03230

※ 책값은 뒤표지에 있습니다. 잘못된 책은 구입하신 곳에서 교환해드립니다.